學會紫微斗數就看這一本

紫微斗數現代思路及實例解析

三禾山人——著

寫在前面的話

學習紫微斗數的朋友，都有過這樣的感受：紫微斗數可操控性質差、缺乏技法、似乎是需要死記硬背的學問，而正是這樣的感受，擊退了很多初學者，讓大家對紫微斗數汗牛充棟的資料望而生畏。本書就是爲了解決這個問題而來的。

本書希望給學習紫微斗數的朋友一些啓發，激發大家的靈感；也希望為紫微斗數的傳承和延續盡一點綿薄之力。所以，本書的特點——

1、以例題為主，技法和思路，都用實際例題來演示。

2、直接告訴讀者斷某種事，需要觀察什麼宮，需要觀察什麼星。

3、並且告訴讀者，信息成立的條件。

在預測學門類中，八字和紫微斗數都是善於進行超長期預知的學問。但是，這兩種預測方法有著明顯的不同。那麼，八字和紫微斗數有什麼區別？紫微斗數的實質到底是什麼？

1、八字是氯化鈉，是化學。紫微斗數是食鹽，是物理學。

2、八字描述的是能量的轉化，即陰陽和五行的變化。紫微講述的是能量的型態，是圖解能量。

也正是有鑑於此，應該說，紫微斗數是最能直讀的，也是容易學會的。所以，後學者不要被汗牛充棟的紫微斗數基礎知識嚇到，其實，紫微斗數眾多的星曜，就是社會中形形色色的人，能融入社會的正常人都可以學會紫微斗數。

紫微斗數之所以神祕，是因為物質決定意識的唯物論佔有主導，在唯物論眼裡，星曜是物質的，不該有情緒和意識。所以，紫微斗數也就神祕起來了。不過，隨著人類的發展進步，未來的幾百年以後，當機器人有了主觀意識有了感情，人類的世界觀將會有大的更新和進步，紫微斗數也就會被所有人理解和接納。

三禾山人　己亥年冬月

於中國陝西省寶雞市

目錄

第二章 廟旺利陷新論

第三章 三方四正新論

常見凶格

第一章

星情新論

艮
丑
寅
甲
癸

第一章 星情新論

什麼是星情

先賢們發明紫微斗數，是以周易思維為核心的，並使用了天文觀測和邏輯推理。

萬事萬物都是有性格和性情的，斬骨刀它硬它鋒利，而硬、鋒利就是它的個性和性情。樹木的枝條是柔軟的生機盎然的，而柔軟、生機就是木的性格和態度。火是上升、熱情和溫暖的，而溫暖就是火的性格和內涵，諸如此類等等。這不唯心論，這很客觀。

星情不會憑空的產生，那是五行及其旺度支撐的產物。所以，只要搞清楚五行屬性就好理解和記憶。情緒氣質是在外的表現，五行及其力量才是內在的骨架和依託。比如繡花針是金屬，而戰刀也是金屬，砍柴刀也是金屬，這三者同為金屬，但是它們的含意或者給人的感受就不一樣。這是因為金的「旺度」不同。不過，不管是繡花針還是戰刀、砍柴刀，它們與盆栽的花卉、公園的坪草、馬路旁的大樹等給人的感受完全不同。這是因為它們不是相同的五行。

紫微斗數涉及到了哲學、天體物理、天文學、曆法曆算等領域。要學好紫微斗數，不光要對天文學和曆法感興趣，還要有很好的形象思維，因為在紫微斗數世界裡，星曜是被比喻成為人的，而星情就是人的情緒、態度、觀點等。

紫微斗數盤是虛擬的投影

紫微斗數把全天分為北斗、南斗、中天三個區域，來談這些星曜對太陽系或地球的影響。這種分法也是很獨特的，與古今中外都不同。

紫微斗數在選擇用星的時候，視角是很獨特的。比如按照現代星座分類方法，紫微斗數的南斗星系統，是南天的人馬座，它處於銀河系的銀心附近，是最亮的星之一。而北斗星系統，是北極供星的大熊座和小熊座，它是地軸處、北極附近最亮的星。雖然大熊座不在黃道上但是在黃道附近。

紫微斗數的星曜不是單個恆星，而是一組星，一顆星曜表示現代的一群星星，比如文昌星它就是由七顆星組成的。所以說，紫微斗數星是虛擬的，與現代星曜不能一一對應。

我們所用的紫微斗數命盤，其實是個投影、是虛擬化的，不是天象本身。但是注意一點，這裡所說的「虛擬」並不是「虛構」。之所以說它是虛擬的，有兩點：第一紫微斗數的星曜不是一個實體的單個的星曜，而是一群星曜。第二天盤是立體的，不會有和地球平面一樣的方向，總之我們研究的星盤其實是一種投影盤，不是實際的天星本身。因為天體能量到地球受到了地球自身的山嶽、河流等地形地勢的影響，會有所改變。

紫微斗數星曜名字是特別製造的

紫微斗數的星曜的名字很有趣，是有意為之的，是一種專業術語、是一種特製的語言體系，其目的就是便於說明星情。星曜名字含有豐富的內涵，大部分星曜只從名字就能概括它的主要星情，比如巨門，巨大的門，出入方便，所以好說好，吹大話，出國，說謊，口舌，命歸西天。其他仿此。所有的星曜的名字都特別具有彈性，可以廣泛的引申和推演。這是紫微斗數創造者的匠心所在。

星曜的五行屬性怎麼來的

星曜的五行屬性是怎麼來的？是根據亮度以及所在位置總結來的。星曜廟旺的位置，它的位置可以用地支表示，而地支是有五行屬性的。星曜五行屬性表，見下面——

星曜五行屬性表

五行 星曜	土	金	水	木	火
紫微	土				火
天機		金		木	
太陽				木	火
武曲	土	金			火
天同			水		
廉貞		金		木	
天府	土		水		
太陰		金	水		

貪狼			水		火
巨門		金	水		
天相			水	木	
天梁	土			木	
七殺	土		水		火
破軍			水		火
天鉞		金			火
天魁			水		火
文曲		金	水		
文昌		金	水		
左輔	土		水		
右弼	土		水		
擎羊	土				
陀羅	土				
火星					火
鈴星				木	火
祿存		金	水	木	火
天馬		金		木	
地空		金			火
地劫		金			火

天刑		金		木	
天空		金			火
截空		金			火
天福		金			
天官					火
天德	土				火
紅鸞			水	木	火
天喜		金	水	木	火
龍池			水	木	
鳳閣		金	水	木	
天姚		金		木	
三台		金			火
八座		金		木	火
恩光	土			木	火
天貴	土	金	水		火
解神		金		木	火
天哭		金		木	
天虛		金		木	
天才		金	水	木	火
天壽	上			木	

注意：每顆星曜的五行屬性都不是一種，最少是兩種，最多的四種，但是有一個主次之分。在不同的宮位元會顯示不同的五行和星情。但是，不必要再分陰陽去對應天干。

星情是怎麼來的

星情不是硬規定的。星情是天文經驗和社會思想、生活經驗的總結，完整星情的產生要素包括：星曜的五行屬性及其廟旺利陷程度、同宮星曜、宮支、宮納音、三方四正的星曜。

星曜在不同的宮位出現不同的旺衰狀態，而呈現出不同的意義。也就是在不同位置有時候吉利有時候凶惡。

星情不同取象就不同

在不同的宮位產生不同的星情，從而出現不同的象。比如擎羊可以是暴徒，也可以是保鏢。

在實際取象時要考慮完整星情的所有要素。

一個宮位之中不同的星曜之象

一個宮就是一個小團夥。這個團夥有整體的場態一致對外。主星就像是領頭羊一樣帶領眾星發動或者承受，沒有領頭羊的時候，效率就低，尤其是宮中星曜少的時候。

一個宮之中不同的星曜之間，透過五行進行生剋作用，並表達星情。同時，只有同五行星曜才會收納，比如你不能讓一棵纏藤和一把寶劍在一起就變得堅硬起來。同理，相生相同的五行才可以收納，從而使原來的旺度改變，星情也就變化。具體在論述時，只看主星和六個吉星和六個凶星之間的作用就可以了。小星曜之間主要是星情的支持，可以不考慮五行。

命宮用神

取用神的時候多注意一個問題，在充分瞭解命宮主星曜情的基礎上，並站在主星的視角來選擇用神，因為星曜在這裡完全是人格化了的，星曜有自己的喜好。我們只是一個中庸的觀察者。而星曜用神一般也是從強弱、剛柔、正邪等角度考慮的，總之，是朝著星曜缺乏的一面去尋找，這就像人一樣，有了女孩就盼望再生一個男孩等等。當然，用神只能是一顆星，而不適合說是某五行，就比如說你吃蘋果不能說你吃木五行一樣。

星情不是唯心的而是唯物

星情會因為宮位不同而改變，這裡的宮位，包含這些內容：廟旺利陷、宮支、納音、同宮的其他星曜、三方四正。正是這些宮位元素加上星曜五行屬性，才綜合產生了星情，也就是說，星情的產生是有是物質前提的，也是物質的產物。寬泛一點說就是先有物質後有意識。

在這裡我們插入一點其他知識，是為了讓大家能清楚「星情」的來源，以不至於誤解「星情」為莫須有和唯心，

在教科書上的物質和意識——

辯證唯物主義認為，物質決定意識，意識是客觀存在人腦中的主觀映象；意識對物質具有能動作用，它不僅能夠能動地認識世界，而且能夠能動地改造世界。正確的意識對事物發展起著促進作用，錯誤的意識對事物發展起著阻礙作用。

正確理解意識：

1、意識的內容來自於客觀世界，所以意識的內容是客觀的；意識是人腦對客觀存在的反映，所以意識的形式是主觀的。

2、從意識的主體來看，對同一事物或現象，不同的人因立場、思維方式、知識構成、世界觀等主觀因素不同，會形成不同的意識。

3、意識從性質上來看，有正確的意識與錯誤的意識，它們的區別在於是否如實反映了客觀事物的本來面目，而不在於是否對客觀事物做出了反映。錯誤意識的內容也來自於客觀存在，不過它是對客觀存在歪曲的反映。

4、「意識是人腦對客觀事物的反映」，而不能說「意識是大腦對客觀事物的反映」。

人腦與動物的大腦在構造上有著質的區別。這些區別說明了人腦是產生意識的物質器官，意識是人腦的機能。沒有高度發達、完善的人腦這種特殊的物質器官做為基礎，是不可能產生意識的。

5、意識的形成離不開社會實踐。意識是人腦對客觀存在的反映，而人只有生活在一定的社會環境中，客觀存在透過人的實踐活動作用於人腦，人腦才會形成客觀存在的反映，也才會產生意識。

前沿科技中的物質和意識：

1、物質、能量、意識是構成宇宙的三大基礎，物質為陽，意識為陰，陰陽互根，陰陽共存。物質在適當的條件之下產生意識，意識反作用於物質。意識的根源並不產生自大腦，而是高緯度宇宙的映射。

2、一位奧地利的物理學家路德希維提出「玻爾茲曼大腦」的理論，說宇宙可能存在意識，宇宙中的已知的低熵態宇宙是來自於熵的漲落，這一漲一落之間就會產生宇宙的意識。熵這個參量，在物理學中表徵物質狀態，是體系混亂程度的度量，越有順序，熵越低，越是混亂的話，熵越高。

3、量子學認為：人類意識與宇宙思維或為糾纏關係。

4、德國物理學家 Bernard Haisch 的團隊在研究真空空間的量子場時，發現這種能量流動本身具有「自主意識」。換句話說，它不僅僅是一種物質現象，更是一種生命現象。

5、科學發現一些星系擁有強烈的自主意識。

6、美國國家航空航天局（NASA）發表了一組對比照片，其中一系列圖像是星系中宇宙進化遺留痕跡，而另一個系列則是老鼠的大腦神經元連接圖像。而兩者完全是一模一樣。轟動了當時的天文學界與腦科學界。星系網路與人類神經網路，不但具備高度相似的「外表」，而且它們的資料與框架特性也可以說是幾乎一模一樣的。高等動物的大腦，與宇宙整體之間存在著某種關係。

7、宇宙可能以與大腦相同的方式生長——星系之間的連接方式就像大腦神經細胞一樣。

8、加州大學聖芭芭拉分校的塔姆亨特和喬納森舒勒一起創立了所謂的「意識的共振理論」，他們認為：共振（即同時振動）是人類意識的核心。如果把不同的、正在振動的物體放到一起，就會發生一些有趣的現象：過了一會兒之後，它們就會開始以相同的頻率振動。這種「同步」的過程稱之為「自發性自組織現象」。宇宙萬物都處在持續不斷的振動之中。就連看似靜止的物體實際上也在以不同頻率振動、振盪，或共振。共振是一類運動形式，特點是在兩種態之間來回振盪。歸根到底，一切物質其實都是其所在場的振動。因此可以說，自然萬物都在不同的尺度上振動。

9、生物體能夠透過多種生物物理通路快速交換資訊，可以是電的形式，也可以是電化學的形式。而非生物體只能透過熱通路進行內部資訊交換。

10、如果我們真是被設計出來的，那真相到底是什麼呢？現在科學家們主要有兩種猜測，第一種是我們的世界，包括我們人類自己都是被虛擬出來的，我們只是一個個具有自我意識的程式，類似於人工智慧，在設計好的虛擬世界裡運行，而我們世界裡的物理法則也是被設計出來的。

11、對於石頭、樹木、星球等宇宙萬物是否都有意識，存在很多不同的看法。現在的人們一般認為，除了人類外，動物也是有意識的。

12、中國農業大學昆蟲學系教授高希武領導的課題組最新研究發現，植物甚至有類似人類的感情，它們在遭到傷害時，會迅速向周圍的同伴報警，提醒同伴採取防禦措施。他對25種不同的植物和果樹進行測試，包括萵苣、洋蔥、橘、香蕉等，得到的是一樣的結果。類似的研究還有美國托雷多大學教授海蒂．阿佩爾、巴黎第七大學教授法蘭西斯科．鮑蒂尤、美國加州大學大衛斯分校教授理查德．卡爾班、以色列特拉維夫大學植物生物科學中心生命科學系主任丹尼．查莫維茲等等，都有過對動物或者植物的意識的研究，並得出相似的結論。

13、其實有很多恆星的運動軌跡並不是與物理規律所描述的完全一致，它們的軌跡大都會與物理定律中所規定的軌跡有一定的偏差。它們似乎在以一種更為「舒適」和「愜意」的姿態去運轉。

「舒適」和「愜意」強調是一種主觀感受，恆星所體現出這樣的一種特徵恰恰是它們具有意識的體現。

14、既然萬物同為原子構成，那動物、植物、石頭、星球等本質上都是一樣的，都是一堆原子而已，那又有什麼區別？延伸到超弦理論也是同樣的結論：一切不過都是超弦的振動而已，本質上又有什麼差別？

動植物都是有自主回饋和交流的。但是電子電路、人工智慧的回饋和交流是非自主性的，是由程式控制的。至少是在程式的編譯下的所謂智慧。如果真的有一天它們能夠自主的回饋和交流，那麼石頭、泥土、鋼鐵乃至宇宙都有意識的觀點就可以接受了。

15、現代科學研究發現，大腦神經細胞中有很多微管骨架，這些微管十分精細，足以產生明顯的量子效應，大腦微管中的量子計算產生了意識。從唯物主義的觀點看，大腦中的物質和計算中的物質都是物質，並沒有什麼本質的區別。因此不能認為電腦一定不會產生意識。量子電腦一旦研製成功，離有意識的機器人的出現也就不遠了。

綜合以上的資料，我可以得出這些結論：人、動物、草木、山水、星辰，這些物質之間是具有同構、共振屬性的，意識不會無緣無故產生，意識是由物質生發的，意識是在物質處於最佳狀態下的時候才生發的。意識也不會脫離物質而存在，意識和物質之間存在著交流和轉化。意識可以對物質有所敢於甚至控制物質的未來、或制訂物質的藍圖。

好的，讀到這裡，我想讀者朋友該知道「星情」這個詞不是唯心的，星曜是可以有情緒的，它的情緒叫做星情，而這種星情，就像人的情緒一樣，可以互相感染和交流，這裡的「感染」和「交流」就是星曜表現出來的生剋與吉凶。

第二章

廟旺利陷新論

第二章 廟旺利陷新論

「廟旺利陷」是什麼？

在紫微斗數體系的「天地人」觀念中，銀河系被比喻成人類社會或者世界，而星曜處於「人」的角色，也就是把星曜比喻稱為人，12個宮位處於「地」的角色，也就是把宮比喻成房屋，星曜坐宮，就是一個人進入了一個房間。

廟旺利陷是用來描述星曜在不同宮的亮度的。同一顆星，在紫微斗數不同的宮位，會顯示出不同的亮度。

一顆星曜，亮度高，表示它的狀態非常好，很順利，如魚得水。那麼它優秀品質就容易呈現，同時它的缺點被壓制下去；而亮度不高，表示抵抗煞星的能力弱，容易被煞星感染而變壞，那麼它的缺點就會肆意瘋長，同時它的優秀品質就隱藏。所以「廟」和「旺」是相對較好的，「利」好壞參半，「陷」偏壞。

廟旺利陷的字面含意

廟：星燦爛，氣數最強，吉星極吉，凶星不凶（不包括六凶星）。
旺：星較明，氣數較強，吉星吉，凶星不凶（不包括六凶星）。
得地：星光明，氣數適中，吉星平和，凶星不凶（不包括六凶星）。
利益：星尚明，氣數漸弱，吉星失勢，凶星漸凶（不包括六凶星）。
平和：星光低微，氣數已弱，吉易力微，凶星肆凶（不包括六凶星）。
不得地：星光已暗，氣數最弱，吉星無力，凶星愈凶（不包括六凶星）。
陷落：星無光，氣數皆無，吉星隱遁，凶星最凶（不包括六凶星）。

廟旺利陷的分級檔次

廟旺利陷，這些描述星曜亮度等級的名詞，各派的說法也不一致，不過，大同小異，大概有這幾種：

第一種七級亮度：廟、旺、得、利、平、不、陷。
第二種五級亮度：廟、旺、平、閑、陷，或者，廟、旺、得、平、陷。
第三種四級亮度：廟、旺、平、陷。
本門紫微斗數的星曜亮度使用的是第一種。

廟旺利陷的天文學實質

紫微斗數的廟旺利陷怎麼來的？至今日是一個謎團。有人說是來自於五行生剋，包括宮支與星的五行生剋，也包括宮位納音五行與星的五行生剋。但是不符合五行生剋規則的情形佔一半之多。

其實，星曜的廟旺利陷狀態，來自於天文觀測，沒有五行因素介入。因為是天文觀察的，無法用五行解讀。觀測一顆星，不僅要觀測它的出沒時間，還要觀測它的亮度，以及出現以後會對地球的人事產生什麼影響，對人、事、物產生是吉利還是凶險的影響等，而廟旺利陷理論就是對這些內容的整體表達。

其實，紫微斗數「廟旺利陷」制訂的理論，就是對地球自轉的表達。廟旺利陷產生於地球自轉，廟旺利陷描述的是陰陽的量變。廟叿利陷來自於天文學以及曆算。比如紫微斗數中的太陽星、太陰星，其實就是我們生活中見到的太陽和月亮，在紫微斗數中，對於它們的廟旺利陷的制訂與平時我們見的太陽、月亮的起落規律一樣。而這個規律就是地球自轉形成的。同樣的道理，其他星的廟旺利陷也是從星曜對地球的光照變化訂出來的。有了地球的自轉才有了植物的光合作用，才有了生物圈，才有了生命。地球不光是接受來自太陽和月亮的能量，還同時接受來自太陽系外的其他星曜的能量。

廟旺利陷的價值

所以很多人不相信廟旺利陷，極端者棄之不用。但是也有一部分人一直強調廟旺利陷的作用，說廟旺利陷決定了你的命格高低。這讓學習者不知所從。

本門的觀點是廟旺利陷是紫微斗數的重要框架之一，有著重要的實用價值和意義。星的亮度其實就是清晰度，其實，就是距離遠近，就是引力和斥力大小。廟旺利陷是在自轉過程中對地球獲得或者承受的力量及其變化。所以，「廟旺利陷」是必須要考慮和使用的。廟旺利陷表不能不用，也不能隨便修改，這些資料都來自於天文觀測並非五行的生剋制化。

「廟旺利陷」的使用原則

吉星遇廟，逢凶化吉；吉星遇陷，事倍功半；

凶星遇廟，凶性減弱；凶星遇陷，凶性突顯。（不包括六凶星）

廟旺利陷的用處

廟旺利陷有什麼用處？

第一廟旺利陷確定了星曜的初級旺衰和吉凶；也就是五行能量場的強弱以及由此衍生出來的情緒的吉凶傾向。

第二廟旺利陷決定了星曜的五行屬性。

第三廟旺利陷是動或靜變化的依據之一。比如廟旺的星，若是再次被化祿就從靜變成動，就可以飛星。

第四廟旺利陷是宮氣的重要組成部分。宮氣的成分主要包括：宮支、納音、星的廟旺利陷、同宮星的多少。而星曜的廟旺利陷是很重要的宮氣成分。

第五廟旺利陷是星情的來源之一。星情有內容和內容的吉凶兩方面，而吉凶，其中一部分是來自廟旺利陷的。

第六本命盤12宮中，旺的宮越多一生的機會也會越多，命運往往也就更好一些。

第七命宮主星的廟旺利陷對於選用神有重要意義。

星曜的五行的來源

五行，金、木、水、火、土。

它可以表示組織成分或者含有的化學元素，比如金屬含有鐵銅銀鎂等成分。火的產生與氧氣、氫氣等有關。這些就是成分和元素。

它可以表示場的屬性，這裡的場包括磁場、電場、能量場等。

在紫微斗數中，五行的概念以後者為主。同時，還包含以人為主體的自我感受的特點，比如看到切菜刀，就有一種強硬凜冽的感覺。看到火苗就有一種暖暖的感覺。看到花草樹木就有一種生機勃勃的感覺等。這些感覺也具有屬性特點。

星曜的五行是怎麼來的？

我們可以由草藥的歸經屬性來聯想。草藥的五行屬性是根據成熟季節、花的顏色、草藥根莖或者果實的口味，以及果實的顏色、形狀等因素總結和推理來的。可想而知，星曜的五行是根據所在方位，處於最亮狀態下的位置，以及星曜的形狀等諸多因素總結出來的。比如太陽星五行為火，那是因為這顆星在中午時分最亮，午為火，處於南方，南方為離為火。同理，其他的星，在地球觀察的時候，最亮的時間和所處的方位決定了它的五行屬性。

再舉例說明天文和五行的關係：任何一個普通的中國人，都應該聽說過這些詞：夏至、三伏天、初伏。而對於初伏的規定是這樣的，夏至後第三個庚日開始初伏。當然大家都知道初伏就是開啟桑拿天模式。我不知道大家是否思考過這個問題，為什麼是「夏至後第三個庚日」，這樣的規定是否符合氣候、物候、氣溫、氣象、天氣等的實際情況呢？而事實上它是符合的，這樣的規定是符合中國大部分地域的。而這是政策性規定嗎？不是的。它來自天文曆算和氣候氣象推理，並不是社會需求的規定，而是氣候溫度的事實。那麼，這裡的「庚」，這個詞就是五行金的意思，金能生水，水濕，濕氣較重，暑濕，不光是溫度高而且濕氣大，表述了這段時間的主要氣溫特點。但是每年的三伏庚日並不是同一個陽曆或者農曆日期。由此可見五行與天文、氣象有著深刻的淵源。

星曜在不同狀態下的表現

吉星也有不吉利得時候，凶星也有不凶的時候，全看氣數和力量。但是，星的吉和凶各自表現在哪些方面呢？

紫微，旺的時候表示權力權威，弱的時候表示霸道色情。

天相，旺的時候表示幫助輔佐，弱的時候表示虛偽助惡。
天機，旺的時候表示聰明智慧，弱的時候表示狡猾或愚笨。
巨門，旺的時候表示話語權，名揚，弱的時候表示口舌是非。
貪狼，旺的時候表示智慧發揮，弱的時候表示色情貪婪。
太陽，旺的時候表示成功地位，弱的時候表示疾患或失去。
太陰，旺的時候表示聰慧高潔，弱的時候表示無能緩慢。
武曲，旺的時候表示發財順利，弱的時候表示衝突矛盾。
天府，旺的時候表示有錢，穩重，弱的時候表示陰沉空虛。
天同，旺的時候表示愛心文藝，弱的時候表示娛樂，玩物喪志。
破軍，旺的時候表示突破進步，弱的時候表示消耗破費。
廉貞，旺的時候表示圓滑權力，弱的時候表示奸詐是非。
七殺，旺的時候表示敢作敢為威權，弱的時候表示傷害是非。
天梁，旺的時候表示才華穩健，弱的時候表示色情衰老。
擎羊，旺的時候表示邊緣前沿，正直，弱的時候表示傷害是非。
陀羅，旺的時候表示執著毅力，弱的時候表示糾纏或緩慢。
火星，旺的時候表示科技或靈感，弱的時候表示傷害或災難。

鈴星，旺的時候表示警覺衝勁，弱的時候表示衝突傷疤。

文昌文曲，旺的時候表示文憑高，名揚，弱的時候表示色情，不務正業。

左輔右壁，旺的時候表示貴人幫助，弱的時候表示節外生枝，歧路。

天鉞天魁，旺的時候表示保護助力，弱的時候表示幫兇傷害。

天刑，旺的時候表示權力威嚴，弱的時候表示是非官非。

祿存，旺的時候表示累積財富，弱的時候表示慢性病傳染病或毒藥。

這裡的「旺」指的是「廟、旺」兩種狀態；這裡的「弱」指的是「平、不得地、陷」三種狀態。「得、利」這兩種狀態屬於中間的狀態，六神無主，全看同宮和三方四正的其他星曜的引導，遇吉則吉，遇凶則凶。

廟旺利陷的吉凶的含意

一般來說，我們說的「吉、凶」更多的是指在社會屬性面前，在處理人與人，人與社會之間關係的時候的表現和結果，並不是指自己的屬性。如果讀者您能很細心，就能發現一個問題，那些凶星，比如七殺、破軍、擎羊、鈴星、火星、陀羅，這幾顆星，就算是旺的時候，我們使用的表述語言，也僅僅是說具有某種個人的屬性和素質，但是這些詞彙對於人與人之間的關係，和相互對待關係沒有顯示吉利的特點。也就是說，這些星在旺的時候也並不吉利。比如七殺在旺的時候表示敢作敢為、勇猛，但是這些詞彙對於軍隊適用，但是對於不法分子、暴徒和黑社會組織也同樣適用，那些壞人也同樣是膽大異常敢作敢為的，而且幹架也是相當殘暴心狠手辣的，這些詞並不具備很好的社會屬性，換言之，這些詞沒有明顯的吉利特點，說到底，七殺就是一個凶星，凶是它的基本屬性，無論是旺還是弱都能體現凶的結果。所以說，星曜本身是有吉凶屬性的，只不過旺的時候更加明顯，弱的時候就變得隱蔽一些罷了。

廟旺利陷的使用

使用時，每一顆星曜的廟旺利陷，不需要死記硬背，排盤軟體自動就為你顯示好了，所以直接觀察就可以。

廟旺利陷在預測中的使用

1、主星中的巨門、七殺、廉貞、貪狼為亦正亦邪的星，只要陷落就會顯示全部壞的意義。旺的時候可以有部分優點。而六煞星：地空、地劫、羊陀火鈴只有在旺的時候才會顯示凶惡的意義，陷落了就出現一部分正面的意義。注意區別這些不同點。

2、讀取星情時候注意，要考慮同宮陷落星的反面意義。但是三方四正運算中的三合、六合、六沖只考慮廟旺的星。

3、特別容易被感染的星曜，紫微、巨門、貪狼、廉貞、七殺、天相、天機。當這些星弱的時候，就會被廟旺的六煞星感染帶壞而呈現反面意義。

4、貪狼巨門這樣的中態星適合稍微弱一點（平和、不得地）。破軍、廉貞、七殺不適合旺。吉星適合旺度最大化。純粹的凶星要弱一些才好，比如六煞星。

5、主要看廟旺的星情，陷落的星可以不看，或者看其反面意義。

6、廟旺一般是好事，關注陷忌，這是導火線。

7、廟旺利陷決定五行屬性，而五行屬性也會決定星的作用方向。注意這一點。

8、陷落的星曜化祿無用，有而如無。

9、星不是亮度大越好，主要看星情。

10、星旺度太過就會出爆，比如廟勢的主星被兩次化祿，出爆指的是死亡、血光、出軌等。

廟旺利陷不是地面能量場的最終表達

廟旺利陷是地球自轉的描述，這種能量狀態在地球表面也會受到地理因素影響，比如太陽陷落了，黑夜了，確實無法立刻讓太陽升起來，但是夜裡的能量場也會因為地理環境、經緯度不同、山水格局不同等而不盡相同，比如同樣是黑夜有的地區溫度高有的地區溫度低，有的在下雨有的在乾旱中。

地球上不同的地點天氣不同，這一點說明地域、地理等對於天體能量場的影響，所以廟旺利陷屬性不是能量場的最終表達。

第三章

三方四正新論

天市
天廚
艮
丑
寅

第三章　三方四正新論

三方四正的實質是什麼？

三方四正的實質就是地支之間的生剋沖合的作用。具體說包括六合、六沖、三合、三會。

三方四正就是宮支的生剋沖合，三方四正的信息不會憑空到來，它需要媒介，那就是五行能量。這個能量就是宮支的生剋作用。

三方四正的作用力量真的存在嗎？真的有用嗎？

是的。比如單純用某一個宮的星，無法正確解釋性格和身高等情況，而加入三方四正的因素以後就能接近真實。

任何一顆星情都不是單指一個宮一顆星，而是三方四正和本宮一起綜合判斷的，也就是說星情是綜合分析的。一顆星的基本星情會受到周圍環境的影響而變化。

三方四正為動態信息，每個宮都有三方四正的分析。

三方四正怎麼操作的？

三方四正就是三合、三會、六沖、六合。

三方四正的作用有明確的方向性質，我們從接收的角度和方向來看，注意下面的宮位以及組合情況指的就是宮支的生剋作用方向。

子宮，申辰丑宮為主。

丑宮，未宮為主。

寅宮，申亥宮為主。

卯宮，亥酉宮為主。

辰宮，戌宮為主。
巳宮，亥宮為主。
午宮，寅子宮為主。
未宮，丑午宮為主。
申宮，巳宮為主。
酉宮，巳丑辰宮為主。
戌宮，午辰卯宮為主。
亥宮，未宮為主。

以上宮位根據力量大小論先後和顯現情況。

其他宮位要想輸送資訊需要能量分值在15以上才可以。否則不用考慮它。當然，就算上面所列的宮輸送資訊那也同樣需要有一定的氣數，否則就是虛的。如果三方四正都是弱宮同時只有自身強宮，那就要考慮自身輸出的方向了。

地支三合的時候注意下面的幾個問題：

1、三合注意方向，也就是施與受；比如亥卯未三合，這個三合之中亥與卯是生合關係實施的是亥水，若是亥水氣數不足就無法成為三合。比如巳酉丑三合，酉金和丑土是生合但是實施的是丑土，假如丑土宮氣數不足就難以進行三合。其他仿此。

2、一個三合局可以被兩組強旺的六沖破壞，尤其是前面兩個地支的受沖，比如寅午戌三合被申金和子水沖，就會破壞，論為六沖的含意。

3、星氣流行：

亥卯未，亥生卯克未土，是一個方向。

巳酉丑，巳酉半合而且剋，丑來生，巳去酉，丑來酉。是兩個作用和方向。

寅午戌，寅生午或者午生戌。是一個方向。

申子辰，申生子，辰剋子，是兩個分別的作用和方向。

4、三合、六沖、六合到底為什麼要進行這種運動變化，說到底還是陰陽和五行量變，是一種轉化，達到一定能量程度就會發生變化，作用下去，一直到能量被重新平衡為止。

5、在三合、三會、六沖、六合之中，到底哪個在發生，先看三合，再看六合，再看六沖，如果三合宮弱或者沒有主星，不能構成，那就看六合是否能構成，如果不能構成最後看六沖。

6、三會宮，強宮強星相臨形成三會。三會以後能量相互支持。並協作聯手。亥子丑宮當都是強旺宮的時候注意，子宮會被亥宮和丑宮夾。

寅卯辰宮當都是強旺宮的時候注意，卯會被寅宮和辰宮夾。

巳午未宮當都是強旺宮的時候注意，午宮會被巳宮和未宮夾。

申酉戌宮當都是強旺宮的時候注意，酉會被申宮和戌宮夾。

這裡的夾，其意義就是需要考慮實施夾的另外兩個宮的「加會意義」。

7、三合要進行深入研究，比如申子辰氣聚集在子水，這個時候子水還可以有其他作為比如沖午火宮。亥卯未三合，是亥生卯剋未土，就算是未土很弱也會去剋。其他仿此。

8、三合細緻論：

亥卯未，生變剋，變成中間支的五行，所以前兩個必須旺，後一個弱一點沒事。

巳酉丑，一生一剋，兩個都朝向中間的支，所以兩頭的支必須旺。

寅午戌，兩個順生關係，所以前兩個必須旺，後面的可以不太旺。

申子辰，兩頭的朝向中間的發力，所以兩頭的必須旺，中間的可以不太旺。

三合不成，不能合併星情。三合成功，則星情合論。

9、六沖發起者只要旺就可以，一般六沖是永遠存在的。

10、六合，子丑、寅亥、卯戌、巳申、午未、辰酉，只要發起者旺另一個有氣就可以。

總之注意方向，也就是施與受。

11、當三合宮位置遇到宮中有兩顆星，同時，其中一顆星很弱，而另一顆星旺的時候，弱的星就不會參與三合進入下一個宮了。因為沒有發動性。

12、子午沖宮，若是午宮旺可以被沖動，午去合未土。而丑未沖未不可以去合，這是發動權。

13、遇到三合宮成功以後，不再實施生剋，但是會接受生剋，比如較強的六沖在三合的前兩之中出現，會把三合破壞。

14、如果遇到兩組三合同時成功，而每顆星都是廟旺的，那麼，兩兩對立，對宮星情還是要參考的。

15、被雙星夾的宮，是否參與三合？這要看這個宮的宮氣大小，要看夾的雙星是增力還是減力。

16、五合之中，如果子丑相合，而丑宮沒有主星或者有主星卻陷落，同時，子宮星情旺，那就需要子年來臨值，了宮發動來合，才會星情合論。其他仿此。

17、發動星的星氣進入其他宮以後，這幾分的星氣因為帶有五行能量，所以，它也會尋找去幫助同氣的星，但是在新的宮中沒有同氣的星，就會順著三合的路線進入下一個宮。

18、三合、六沖、六合等是能量傳遞的路線，傳到哪裡為止，這要看哪個宮中的主星旺度分值了。弱宮吸收動來的能量沒有達到中和也會引發新的變化。弱星吸收能量以後中和就停止傳變。中和星吸收能量後變成旺星就會繼續順著自己的三合、六合、六沖路線傳變。因為每顆星都有這樣的三合、六沖、六合的路線。

總之一句話，發動的能量傳變到中和為止。

19、星氣駕臨，第一看星情是否融合，意義是否接近。第二是看五行生剋。其結果是增加了壞的煞氣，還是增加了吉利之氣。

三方四正的價值有多大？

三方四正是星的力量的補給泉源，也是原星情變化的起因，而自身的星情和宮才是星情的具體內容。

什麼是星力轉移？

三合四正位置的六沖、六合、三合等，在實施作用的時候，星氣會轉移運動，而這裡的所謂轉移和運動是五行力量的轉移和運動。當然，這個前提是：有沒有能力生、有沒有能力剋。加會、會照也是要看清楚施與受，沒有力量只能承受，有力量就實施。還要看清楚受納情況，如果星氣進來之後，先看主星，主星間沒有接納時，星氣五行去生剋小級別的星曜，不過結果也可能被小星曜剋掉。

首先是有沒有這個路徑（指的是六沖六合三合等），再看能否順利接納，主星不接納，再看小的星曜。

發送星情去其他宮是耗費星的五行能量的，一般減少4分值。

有兩個特殊情況需要注意：

被化忌對照了要發動，要減少4分氣數，結果因為失去氣數較多而使得原宮的星情變壞，這也是為什麼星宮怕被忌沖的道理所在。

另外，那些分值太高的星，比如廟旺的星因為宮氣旺臨流年而發動，來梳洩氣數，這期間，凶星有被沖起來的可能，就算是陷落的凶星也有被沖起應事的可能，所以暴旺的星（比如廟狀態的星被化祿加上宮納音氣數等就會暴旺）發動一般也會有凶事發生。

能量是信息的載體和軌道

三方四正的作用是五行能量的作用，但是，能量攜帶著資訊。資訊就是星情。星情的吉凶大小受到能量大小和作用結果的影響。

兩個宮互相對照，分別站在雙方，那麼星情是一樣嗎？

兩宮互照，站在兩個互照的宮來看，其結果是不同的。所以站在這個宮照來的是吉星，而站在對立面的宮照來的是凶星，所以吉凶有別。另外，照來的星越旺越好。

互照的兩個宮是怎麼融合星情的？是全部加到一起解釋嗎？

如果對宮的星弱，就照不過來，只有廟旺的星才可以進行照。而解釋星情加會的時候也是只增加對方的廟旺的星情，忽略那些衰弱的星情。

借宮，是怎麼操作的？

沒有主星的空宮才會借星。空宮借星的時候，只是借了廟旺的星，陷落的星本來就無力，是借不到的。

被借宮時，氣數的損耗在2—4分左右，也就是一個或者兩個檔次。要看原宮和被借宮兩者情況而定，借宮前宮氣太弱的時候，會借對方的全部氣數，

互照和借宮的區別是什麼？

借宮是互照的一種特殊形式，其實也是互照。借宮是因為沒有主星只有副星或者小星曜，

所以才借對宮或者六合宮的星。

互照是兩個宮都有主星，互相作用對立並保持平衡。兩種特殊情況：

一是不空而空。有主星但是陷落，副星少而無力，需要借宮，借對面的宮或者六沖宮來解說。有主星而需要借宮的條件，分值在6以下的時候才可以借宮。

二是空而不空。空宮沒有主星但是副星多而廟旺，不需要借宮。

三合宮成格局的時候注意

加會的星成格局的時候，比如殺破狼，這個時候注意，殺破狼三星之間有五行作用，命宮是貪和命宮是破軍，兩個結果不一樣。這是五行在起作用。

比如寅午戌三合殺破狼成功，命宮在戌土和在寅木，這個殺破狼格局的結果是不一樣的，因為前者三合運動以後氣聚集在戌宮，所以這個宮的力量就很大，或者在無法收納這些五行之氣的時候戌土還會發動去辰土宮。

有個別星特別怕動，比如七殺、破軍、擎羊、鈴星、火星

七殺、擎羊、鈴星、火星怕沖動，比如對宮化忌時候或者臨值發動，這個時候，這幾顆星就算是陷落的狀態，也會被激發而應事。

第四章 十干四化新論

艮
丑

第四章 十干四化新論

「四化」的來源是什麼？

四化方法沒有反映五行和生剋的規律，沒有體現星的五行流變。那是因為天空中的這些星都在公轉，並且會相互掩映、遮蔽照射到地球的光芒，所以不會按照正常的五行規律來呈現。沒有五行規律就無法用五行解讀。四化來自於觀測和記錄，並且最少十年以上的天文觀測和記錄。

四化的天文學原理是什麼？

紫微斗數研究的是銀河系，星曜都在自己軌道上進行公轉，星的軌道大多不是正圓的，這些星錯落交織，這其中，不是所有星曜都有機會直面太陽系和地球，它們之間存在互相掩映和遮蔽的現象，這其中，它們與太陽系和地球的相互距離和角度也在發生變化，所以對地球的作用力也在變化，地球受到的作用力變化會兌現成地球氣候和氣溫的變化，最終影響植物、動物、人的命運。

在十干所在的年限，某些星距離太陽系近了，而同時，某些星距離太陽系遠了，同理也是距離地球近了或者遠了。

四化，是闡述在十干所在年限，與其他星的距離變化所造成的能量場的變化，三吉化是說與這幾顆星距離變小引力和斥力變大，化忌是說距離這顆星變遠以及引力場和斥力場變小。

化祿，是沒有被掩映，直接面對了，並且距離變近。

化科化權，是距離變遠，或者未完全被掩映，單一方面。

化忌，是完全被掩映，沒有直接面對，同時距離變遠。

四化是怎麼產生的？

四化能量是因為星與星的相互角度、距離等發生變化，其原來的能量狀態被改變、平衡被打破，並進而引起全局變動。

四化的實質是什麼？

三方四正是內部因素的，四化是外部因素的。

三方四正是地支對星的干擾。四化是天干對星的干擾。

三方四正是體現地支作用的，四化是體現天干作用的。

四化是星的四化而非宮的四化，但是四化本身不是星曜。

四化相當於六爻中的動爻。有動就有變。四化又是變化量多少的標誌符號。

四化也可以理解成星曜自身的生命節律，消長盛衰的規律等。

四化自身沒有發財或者升官的功能，只是增加力量減少力量的符號。

參與四化的星曜有哪些？

參與四化的星曜有15顆。分別是：紫微　天機　太陽　武曲　天同　廉貞　太陰　貪狼　巨門　天梁　破軍　文昌　文曲　左輔　右弼　。

紫微　乙化科；壬化權。

天機　乙化祿；丙化權；丁化科；戊化忌。

太陽　甲化忌；庚化祿；辛化權。

武曲　甲化科；己化祿；庚化權；壬化忌。

天同　丙化祿；丁化權；庚化忌。

廉貞　甲化祿；丙化忌。

太陰　乙化忌；庚化科；丁化祿；戊化權；癸化科。

貪狼　戊化祿；己化權；癸化忌。

巨門　丁化忌；辛化祿；癸化權。

天梁　乙化權；己化科；壬化祿。

破軍　甲化權；癸化祿。

文昌　丙化科；辛化忌。
文曲　已化忌；辛化科。
左輔　壬化科。
右弼　戊化科。

用平實的語言來比喻一下四化

四化，比喻成一天之內的時間，化祿就是正午，化忌就是子夜，化科就是凌晨，化權就是傍晚。

四化，比喻成四季，化祿是夏天，化忌是冬天，化科是春天，化權是秋天。

四化的四個檔次

四化有四個能量的等級，依次是化科、化祿、化權、化忌四種檔次。

四化自身不帶什麼內容和意義，但是，實踐證明，化科與戀愛、學習有關。化權與地位、名譽有關。化祿與財運、成功有關。化忌與失敗、損失、蟄伏有關。

四化的基本含意

四化是天干的四化不是地支的四化。

四化自身不是星曜。

四化自身也不具有五行屬性，否則就會因為五行屬性只是強化同五行星曜。

四化以主星為主，副星四化為次。

四化只是能量變化的表述，或者理解成四化是星曜自身能量流變的規律。

四化的實質就是增減力量，哪顆星被四化就會增加或者減小該星的旺度。

四化的基本特點

1、本命有四化。
2、大運四化從年柱另排。
3、流年有四化。
4、四化根據旺衰情況確定飛星。
5、流年四化可以飛到大運和本命，取象於同名流年宮。
6、本命四化可以飛到流年，取象於同名流年宮。
7、大運四化可以飛到流年。取象於同名流年宮。

分析四化的步驟

第一先看四化所在宮的星情和星力，這個決定了四化的虛實大小等。
第二看這個宮流年層，確定信息內容和吉凶。

第三看這個宮大運層和本命層的飛星，在流年同名宮應事。

流年取象方法

在進入本命大運流年三盤分析時，大運和本命需要取象於流年，也就是反觀流年同名宮位來兌現事件。

如果流年四化了本命，那流年宮名就是事情的原因和起因。

四化的用處和價值

有些派只看星情以及三方四正而不看四化，這也能看準部分資訊。但是成功率也不是很大。四化是必須要論及的。

四化是星曜的旺衰再次補給的管道之一。星的旺衰補給的管道有五個：同宮副星，宮支，納音，三方四正，四化。

四化是星情的決定因素之一。決定星情的因素有五個：星的廟陷分值，喜忌，同宮的星，三方四正，四化。

四化是分析命運、切入命運的思路之一。比如預測流年，先看流年命宮及三方四正，再看流年四化。或者，先關注那些星情很差和很旺的宮，尤其是命宮，再看流年四化。前者為靜態信息，後者為動態信息。流年化忌落宮和化祿落宮來尋找信息，再反觀大運同名宮，再反觀本命盤同名宮，以確定這個內容的吉凶程度的大小。

四化是解盤手法之一。比如知道癸水的四化中有：破軍化權、貪狼化祿、天府化科、廉貞化忌。其中，破軍化權和廉貞化忌這兩四化容易引發是非。而60花甲表中，癸水為天干的有六個：癸酉、癸未、癸巳、癸卯、癸丑、癸亥，接著分析廉貞和破軍這兩顆星所在宮的整體星情。若是宮的星情不好那就可以確定癸水年份出現是非和不利。但是，是哪一個癸水年呢？癸水年份有六個呢！再把這六個地支定位成命宮，看看哪個命宮星情為凶，比如在六個地支中卯宮星情不好，那麼就是癸卯這個干支組合的年份會有是非，癸卯干支對應的是哪一年？是西曆 1963 年，這樣就斷定 1963 年有是非。同理，接著分析貪狼所在宮和天府所在宮的整體星情，看看是否可能發財。由四化開始，知道事件吉凶內容，然後分析星情，這樣分層的：確定事件，確定天干，確定地支，確定干支組合，確定流年年份。事件有了、時間有了，就能具體表述了。

四化分值

四化分值方法，祿加2、權加1、科加1、忌減2。

四化對星、宮的作用

天空中的星曜之所以保持目前的結構，是因為相互之間有引力也同時有斥力，並且兩者達到平衡。也就是說力量是相互的、雙方的。

四化的實質是某種外力改變了這幾顆星的能量場。四化能量是對主星力量的補泄。

四化能量使得其中四顆星的旺度被改變。

四化因為增大或者減小星力，破壞原有的動態平衡，所以才會引起六合三合六沖位置的星也發生運動而求取新的動態平衡。而「動」就會有或吉或凶的情況發生。

某宮的星化忌以後對宮來沖的時候，星體之間也會發生五行作用。

我們常說的忌沖，其實質，是被引動，目的是求取新的整體平衡，其實是整體都會動，但是對宮動得厲害，一動就減去4分值。發動過去以後，生剋其中的星還會減去分值，所以，誰都怕動，換言之：誰都怕化忌。

天機、破軍、太陰、太陽等被四化，就會更加具有動的性質，可以帶動其他星運動起來。

四化的結果是什麼？

四化的結果是五行的量變；四化的結果是能量的疏泄；四化的結果是新的動態平衡的實現。

發起四化的天干有哪些？

四化有生年干發起的、大運干發起的、流年干發起的。同一顆星，可以被一個天干四化，也可以被兩個或三個天干同時四化。實際預測時，哪一個天干擁有發起四化的權力，那要看這三個天干，在生剋沖合作用之後，哪一個能脫穎而出，生剋鏈條上的實施者可以發起四化。在進行四化的時候，當四柱天干力量相當，也就是說沒有一個特別有力量的五行的時候，力量比較平均，那就注重生年干四化。當生年干、大運干、流年干這三干的力量相當的時候，那就注重流年干四化。

這裡注意四個問題：

第一、生年的四化是永久存在的，若是在三干生剋沖合的作用以後失去主動權，那也只是不再有飛星的權力，而四化是還存在的，只是暫時隱藏。

第二、當命宮干支不是生年干支的時候，命宮干支不具有發起四化的權力，也沒有參與三干生剋的權力，因為很多情況下命宮干支並不是生年干支，也就是說命宮干支和生年干支不是一回事。

第三、大運宮干不具有發起四化的權力，也沒有參與三干生剋的權力。而大運干支是要重新從年柱排的。

第四、六十花甲中，不是所有的干支組合都能四化。60個干支組合只有34個，實現了四化，其他的沒有四化。見下面「六十花甲四化的分佈圖」：

甲干，甲申甲寅
乙木，乙酉乙卯
丙干，丙寅丙申
丁干，丁卯丁酉
戊干，戊寅戊子戊申戊午
己干，己卯己丑己酉己未
庚干，庚午庚辰庚子庚戌
辛干，辛未辛巳辛丑辛亥
壬干，壬申壬辰壬寅壬戌
癸干，癸酉癸巳癸卯癸亥
發起四化需要天干先有力量，如果天干力量不足，這個四化機會無法啟動，為虛。

宇宙秩序井然，不存在12個宮所有星曜同時被四化的情況，也不可能12個宮的星曜隨你的需要而隨時去四化，那不符合宇宙秩序，失去了秩序就不會存續下去，所以宮干四化不成立。本命盤的命宮宮干、大運盤的命宮宮干，兩者都不具有四化權力。命宮雖然在12宮中具有特殊地位，但是不等於說它可以代替其他的宮，所以不能這一個宮的天干起四化，更不能12個宮四化滿盤飛。

大運四化重新從年柱起。

陽男陰女，從生年下一組干支開始順數下去，比如壬午年生男，第五步大運丁亥。其他仿此。

陰男陽女，從生年的上一組干支逆數上去，比如甲辰年生女，第三步大運辛丑。其他仿此。

本命四化要點

生年四化是基礎數，會保持一生，影響一生，會體現在每一個大運和流年上。

生年四化在兩種情況下可以被改變：

第一、生年的天干在四柱中，進行生、剋、沖、合的作用，被剋合、被剋制、被合化為他物，這個時候就會關閉其四化功能。

第二、生年四化星在大運或流年上再次被化忌，而造成這顆星的分值被還原，這個時候失去四化能力。

也就是說，生年四化要穩定下來需要通過兩關，一是四柱天干運算、二是流年和大運天干運算。但是，一般情況下，大運和流年對生年的作用結果可以讓它不能飛星。但是無法取消四化。

換句話說，四柱的天干、大運和流年天干都要進行生剋作用，之後，最後獲得勝利或佔優勢的天干獲得四化權。

四化天干的運算步驟和方法

四化到底論生年干還是流年干還是大運干？

這取決於三個天干的生剋結果，但是第一步運算是先看生年干在四柱的四個天干中是否受剋受合，若是有這兩者之一就失去了生年的四化，然後只論大運干合流年干就可以了；如果生年干在四柱的四個天干中不受傷害，那麼就論為生年干、流年干、大運干這三個天干的生剋沖合。若是在上面兩步驟獲得兩個或者三個天干力量相當，這個時候怎麼取捨，再看天干自身的力量，就是下面的表：

四化的分佈圖：

甲干，甲申甲寅

乙木，乙酉乙卯

丙干，丙寅丙申

丁干，丁卯丁酉

戊干，戊寅戊子戊申戊午

己干，己卯己丑己酉己未

庚干，庚午庚辰庚子庚戌

辛干，辛未辛巳辛丑辛亥

壬干，壬申壬辰壬寅壬戌

癸干，癸酉癸巳癸卯癸亥

這個表意義就是說天干不是都有力量進行四化，因為納音力量的增減和地支力量的增減，使得天干的力量更加具體化。

這樣三步下來，其實最後能實現的四化只有一個或兩個，一顆星被三次四化的情況較少。

為什麼說「四化自身沒有發財或者升官的功能」

1、疾厄宮化祿化權等，與發財升官有關係嗎？

2、四化在幼年1～3歲的時候也遇到過，你能說化祿是掙錢了？只能說這一年因為化祿而表現得身體健康。

3、掙錢那是中年壯年的事情。到晚年，沒有掙錢能力了，化祿也只是順利和安康而已。

為什麼說四化是「星的四化而非宮的四化」

1、兩個主星的宮，有的兩顆星被四化了，而更多的時候是一顆星被四化了，如果是宮的四化那爲什另一個主星不被四化呢？

2、無主星的宮一般是沒有四化的。

爲什麼說「四化主要是主星」

四化是主星的事情，雖然同樣情況下相關副星也有氣數變化和增減，但是變化的力度上看，只有主星明顯並具有左右大局的力量，副星就沒有左右大局的力量。

四化對於宮支有影響嗎？

四化自身不生剋宮支，宮支五行也不會生剋四化。

什麼是祿出

祿出有兩種形式，一種是化祿落在命宮及三合位置之外的其他宮，會耗財破財。

另一種是當化祿的星旺度超過15分值會發動飛星，也是不存財不聚財的。

四化結果有程度的區別

化祿的含意是規律、成熟、成功，但是它的程度和結局的大小，有賴於星的廟旺利陷的基礎分值。比如，你成功了，人家也成功了，但是你做了局長，人家是做了部長，這個結果差距源於不同的星自身的旺度。

總之，見到祿不一定吉利。見到忌不一定凶，全靠氣數。

四化互化的情況

1、本命祿被流年化忌，是壞的流年。本命忌在流年被化科或者化祿是好事。

2、雙化忌，指的是在被化忌以後再次出現化忌，表示又反回原來的狀態了。

3、化忌只有化祿可以改變，而化科、化權不行，因為彼此分值不同。化科和化權是1分的。而化忌、化祿是2分。

4、一顆星遇到兩級或三級四化的時候，若是在看流年，那麼星的分值增減是疊加的，若是在看大運就只看本命和大運的分值。

5、流年和大運同時化忌本命盤；本命和大運同時化忌流年盤；這樣的星情吉凶是最明顯的。

6、一顆星同時被進行了兩層四化，比如本命四化為天機星化忌而今年流年化祿天機星，那前面的化忌就抵消了，所以本命的四化目的沒有達到。

7、在一個宮之中，某個主星被本命、大運或流年兩級四化，必須有個先來後到，忌科和科忌是不一樣的。

一個宮兩顆星四化怎麼處理

一個宮中有兩個主星進行四化，兩個主星各自消長、各自增減力量、各自兌現資訊。要特別注意這樣的宮，激烈動盪。引發對宮變化。

同宮同星三級四化的互涉

大運對本命，這決定了本命有沒有能力去四化流年。
大運對流年，這決定了流年有沒有能力去四化本命。

本命、大運和流年的四化作用關係

1、大運對於本命的作用，是十年之中的事，需要等待流年引發，這個作用為虛。
2、大運對流年作用直接，當年應事。
3、流年對大運，當年應事。
4、流年對本命有作用，並當年應事。
5、本命對大運有作用但是是十年之內的事，需要等待流年引發，這個作用為虛。
6、本命對流年，當年應事。

四化的施受

流年干發起四化，四化於大運和本命的宮，流年為施，大運和本命的宮為受；
生年干發起四化，四化於大運和本命的宮，生年為施，大運的宮為受；
大運干發起四化，四化於流年和本命的宮，大運為施，流年和本命的宮為受。

四化的真假

發起干處於旺地，四化為真。發起干處於弱地，四化為假。

本命對大運的四化，大運對本命的四化，二者皆假。

針對流年的四化、流年發起的四化，二者皆真。

廟勢的星化忌可以飛星，為真飛。

陷落的星化忌不能飛星，為假飛。

廟勢的星化祿可以飛星，為真飛。

陷落的星化祿不能飛星，為假飛。

四化的虛實

被化星衰弱、分值低，四化為虛。

被化星廟旺、分值高，四化為實。

四化的成與敗

同一顆星被兩層四化，先化忌後化祿或者先化祿後化忌，前者失敗失效，後者成功有效。

同一顆星被兩層四化，先化祿後化科權或者先化科權後化祿，前後兩者都成功。

四化的大與小

同等情況下，化祿為大，化科、化權為小。

同等情況下，化祿為大，化忌為小。

廟勢的星被化忌影響力小。廟旺的星不怕化忌。

陷落的星被化祿影響力小。陷落的星化祿無益。

四化的先與後

同一顆星被多層四化，本命為先，大運為後。
同一顆星被多層四化，大運為先，流年為後。

四化的實質

四化是對星增減力量，
四化是星的能量消長變化。
四化自身不是星曜，
四化自身不具有五行屬性。

四化的虛實大小

有的旺極不怕化忌。有的弱極也不怕化忌。只有中和狀態的對四化敏感。關注那些中和狀態的星。

四化的前提

1、生年在四柱天干生剋中獲勝而脫穎而出，或者不受傷害。

2、生年干、流年干、大運干，三者生剋中獲勝並且脫穎而出。如果生年干衰弱，被剋或者合，就會被放棄，而只論流年干和大運干的生剋。

四化的形式

流年四化本命。

流年四化大運。

大運四化流年。

大運四化本命。

本命四化流年。
本命四化大運。

四化取象順序

本命向大運四化，只說明大運好壞，在大運取象，在流年不取象。
本命向流年四化並取象。
大運向流年四化並取象。
大運向本命四化，只說明大運好壞，在大運取象，在流年不取象。
流年向本命四化並取象。
流年向大運四化並取象。
落在大運和本命盤的四化，還要取象於流年的同名宮位。

四化與飛星的聯繫和區別

流年四化，可以同時「化」宮中三盤（大運盤、本命盤、流年盤），而在流年盤的四化叫做四化，在大運盤和本命盤的四化叫做飛星，會飛去同名的流年宮。

第五章 飛星新論

第五章　飛星新論

宮干四化不成立的天文原理

天干，其實質，就是木星圍繞地球轉動過程中的十個不同的點，四化，是地球遙對這十個點的時候所承受的場和力。而宮干四化是在太陽圍繞地球轉動的12個不同的點上所承受的力（宮干12個，有2個是重複的）。可以看出宮干四化毫無道理。（注意：在紫微斗數創立的那個年代，先賢們大腦中儲存的是「地心說」。）

再通俗的來解釋一下宮干四化為什麼不成立

在字面上，宮干是：甲乙丙丁戊己庚辛壬癸，而生年天干也是：甲乙丙丁戊己庚辛壬癸，這看上去似乎是一回事，但是，我們打個比方說：大馬路有個人在喊叫「張三」，而這個時候公車駛過來，車上正好也有一個叫做「張三」的人，那麼，這個張三和馬路上所呼喚的張三有關係嗎？答案是：沒有。

首先，我們說，目前所見到的飛星知識，是建立在宮干四化基礎上的，而飛星在實操中實際上是在飛宮，拋開星了，沒有星也可以飛。飛宮，雖然會有一部分資訊與事實相符，但是起碼已經丟失了百分之五十的資訊內容。所以，飛宮不能單獨使用，不能離開星去飛。

宮干存在於命盤上的12個宮中，十個天干都有，飛星或者叫飛宮，其實質還是宮干四化，如果按照目前所見到的飛星知識，是隨時、隨地、隨意的在飛化，那麼可想而知：

1、每顆星都被四化了。

2、每個宮都存在著若干個四化。

3、十個天干同時在飛四化，滿盤亂飛。

那麼，我想問這像是宇宙秩序嗎？

不能說你讓哪個天干飛星就飛起來了，宮干四化不會無緣無故發生，也不會當你需要它的時候就來發生。宮干四化，在目前所見到的飛星知識中，就是大運四化，但是請大家注意，大運信息，只有「當運」時候才會呈現資訊，之前的大運資訊是隱形的，同時，未來的大運資訊也是隱性的，過去的和未來的大運資訊是封裝的，是不能用飛星呈現的。所以，宮干四化不成立，同理，把宮干四化做為大運四化也不成立。

天干與飛星的關係

天干只是催發四化和飛星，只是給了一個通道和條件，主要決定於星曜自身的力量，力量足夠大就可以飛星。

飛星和四化的關係

那些四化以後變得能量更大的星，它們為了進一步疏泄自己的能量才去飛星的。飛星是四化的一種，飛星是四化的延伸和發展，也是四化的其中一種結果。飛星是四化的一種特殊形式。四化可以和飛星同時存在。

飛星的目的是疏泄自身的旺氣。飛星的結果是對其他宮位產生明確干預。

有的四化可以飛星，而有的四化不能飛星。全靠氣數，沒有力量只在本級四化，不飛星。比如生年大運流年三干作用以後，某干雖然脫穎而出但是力量不夠大，那只是四化本層的宮而不進行飛星。

四化和飛星有時候是同時進行同時存在的。

飛星的目的和原因

飛星的起因是星的旺度達到一定的程度，飛星的目的是使得宮氣向外疏泄，揮泄自己的旺氣，以求達到一種整體的平衡狀態。

四化飛星實現的前提

四化和飛星，與天干力量有關係，同時，與星曜的氣數有關係。四化是星自身的陰陽消長，力量足夠大的四化才可以飛星。

1、天干不受剋、不受合。比如若是大運和生年相合，兩者就不會再飛星，天干被剋不飛。

2、四化必須為真、為實。但是，在不飛的情況下，其四化還是存在的。

3、星自身廟旺。星具有不低於16分值的氣數。弱星不飛。比如廟旺的星化祿可以飛星。廟勢的化忌能飛星，其他不能飛但可以進行四化。

飛星取像的原理

紫微盤的「本大流」三宮四化是立體的系統模式，比如市級有46個單位，包括稅務局、教育局、財政局等等。市委可以直接領導市級的各個局，但是，各個局同樣受到本體系的上一級領導，比如市財政局受到省財政廳直接領導，其他仿此。四化飛星的時候，與上面模式相仿。

四化和飛星在三盤的呈現

流年四化，可以同時「化」宮中三盤（大運盤、本命盤、流年盤），而存在於流年盤的四化叫做四化，針對大運盤和本命盤的四化叫做飛星，會飛去同名的流年宮。

大運四化，可以同時「化」宮中三盤（大運盤、本命盤、流年盤），而存在於大運盤的四化叫做四化，針對流年盤的四化叫做飛星，會飛去同名的流年宮。

本命四化，可以同時「化」宮中三盤（大運盤、本命盤、流年盤），而存在於本命盤的四化叫做四化，針對流年盤的四化叫做飛星，會飛去同名的流年宮。

飛星的明與暗

飛星，有兩種，一個是四化飛星，這個為「明」。還有一種不是四化飛星，而是星的自身旺度足夠大而飛的。比如處於廟旺的主星，受到宮納音和宮支的生助，就算沒有被四化但是當其宮支臨太歲的時候，也會發起飛星。

飛星的路線

1、本命、大運、流年的飛星只是飛往同名的流年盤。

2、暗飛星，是按照六合、六沖、三合的路線飛的。在三合、六沖、六合三個路線之中，哪個與本宮的感應力量大，就會飛往那個宮。這裡說的感應有兩個含意，一是宮氣旺衰的感應，二是星氣感應。

飛星到底飛多遠？

流年飛到大運取象於流年同名宮。

流年飛到本命取象於流年同名宮。

大運飛到流年取象於流年同名宮。

本命飛到流年取象於流年同名宮。

飛星的真假

廟勢的星化忌可以飛星，為真飛。

陷落的星化忌不能飛星，為假飛。

廟勢的星化祿可以飛星，為真飛。

陷落的星化祿不能飛星，為假飛。

飛星的價值和用處

1、飛星四化的實質，飛星四化有助於說明人物之間的關係和事件的起因歸宿。

2、飛星進入其他的宮，有兩個變化，一個是造成飛入宮的星情變化，內容可以用星情合併與延伸兩種方法解讀。另一個是五行分量的變化。當星情和五行統一的時候才會發生很大的事情，比如飛星介入以後，使得宮內星情變化，同時飛星五行剋這個宮的主星五行，那麼這一個宮就會發生大事。

為什麼飛星會干預其他的宮和星？

十二宮的狀態是一種動態的平衡，一顆星減少氣數或者增加氣數，達到一定程度，就會引發關係宮（三合六合六冲位置的宮）一系列的變動以求取新的平衡。而飛星是獲得平衡的一個法門。飛星所到之處，因為飛星自身帶有星情和五行屬性，所以會對該宮原有的星情和五行產生影響，甚至改逆本宮的星情。簡言之，主要看飛來的是吉還是凶，再參合宮名訂出含意。飛來的是吉星則內容為吉利，飛來的是凶星則內容為凶險。

到底是在飛星還是飛宮？

目前所見到的飛星知識嚴格說應該叫做飛宮，因為它們不談星直接飛的是宮名，沒有用到星。拋開星去飛，就好比拋開人卻說這個衣服很合身一樣。

脫離星而單獨說宮位飛化就丟失了很多內容，因為宮位是說明內容的，但是星曜是說明吉凶的。一個內容沒有吉凶的傾向是不完善的，比如飛星四化方法論述夫妻緣份很多情況下是不準的。

飛星注意這幾點

1、飛星不是星的實體進去其他宮，而是星的能量場（磁場、氣場等類型的能量）介入其他宮，而星本身沒有變化地方。

2、飛星帶走自己的四化和氣數直接進去，但是在新的宮位上不會變化廟旺利陷狀態，也不會再次飛往其他宮。

3、飛星的介入對這個宮的意象傾向和意象吉凶，進行改善或改變。

4、飛星是一種能量轉移和疏泄。

5、飛星是飛的單顆星而不是整個的宮星都飛去了。

6、飛星進入一個宮後，也同時要注意它會對對宮與三方四正產生影響。

第六章

格局新論

第六章 格局新論

紫微斗數的格局，是綜合了星與星、星與宮、星宮與四化的三種關係而分離出來的一些固定的模式。這些固定模式本身帶有貴賤、貧富、吉凶的特點。這些固定的模式我們稱之為「格局」。研究格局的意義在於：它能先入為主的確定命盤的地位和命運趨勢、命運結局等，這對於我們順利的展開命運的各項內容是有指導意義的。格局大體上可以分為兩類，一是吉格，一是凶格。格局的成立與否有著嚴格的入格條件，大家要特別注意這一點。

格局確立的整體原則：是以命宮及其三方四正來定的。一個命盤可以被歸納入多種格局之中。同時，被歸納入的吉格越多，那麼，富貴層次就越高，成就也就越大。反之，被歸納入的凶格越多，地位和成就也就越低。但是，凡諸吉格，若遇四煞劫空忌星會照（火貪格等除外），均屬破格，富貴難以兩全，或因富貴致禍，或人生另有其他缺憾。

古人傳下來的格局名目繁多，但是大體上可以把格局分為：富貴格局、凶險格局。

不入格的那些命盤大多屬於普通人，但是，大運好的時候仍然可以富貴（雖然不入富貴格局），大運差的時候也會受傷殘疾或者事業倒閉等（雖然不入凶險格局）。

另外注意，如果格局沒有大運的扶持，也不容易嶄露頭角。其次，有些格局被破，其富貴情況還不如不入格的人。

常見吉格

一、紫府同宮格

入格條件：

1、安命在寅申。

2、紫微、天府同宮，並與祿存、左右、昌曲、魁鉞以及科權祿加會。

3、不見吉星和吉化，不入此格。

格局特點：

1、主大富大貴，組織領導能力強，理想高遠，固執獨斷。

2、甲年生人最吉，丁、己、庚、癸年生人亦吉。

3、兩側夾宮的星曜若遇煞星對星，會增加成功的艱辛。

二、紫府朝垣格

入格條件：

1、紫微在戌，命宮在寅午戌；紫微在午，命宮在寅午戌；紫微在辰，命宮在申子辰；紫微在子，命宮在申子辰。

2、紫微、天府兩顆星曜雖不同宮但是在命宮的三方四正，同時，命宮三方四正還有祿存、左右、昌曲、魁鉞諸吉星以及科權祿。

3、紫微天府宜廟旺。

格局特點：

1、主大富或者大貴。好勝，犀利，善於開創新局面。

三、極向離明格

入格條件：

1、紫微在午宮坐命。
2、三方四正遇到吉星吉化較多。
3、若不加煞星，縱無吉輔，亦主富貴不小。

格局特點：

1、可富可貴。中年、己年生人最佳。女命為貴婦。
2、夾宮吉星無破，地位層次較高。

四、帝星輔命格

入格條件：

1、寅申宮安命。
2、命宮被紫微與天府所夾。

格局特點：

1、穩重，得貴人助，盡職盡責。
2、較為保守。

五、天府朝垣格

入格條件：

1、天府、廉貞二星在戌宮坐命。

2、加會祿存、左右、昌曲、魁鉞諸吉星以及科權祿。

3、無煞守照，甲己年生人最佳，丁年生人次之。

格局特點：

1、戌宮為干卦位，為天子位、首領位，天府入此，主大富大貴。

六、君臣嘉會格

入格條件：

1、紫微、天府、天相三顆星曜出現在命宮的三方四正。

2、同時，命宮加會左輔右弼、天魁天鉞、文昌文曲、三台八座、龍池鳳閣、恩光天貴，以及化祿化權化科等。

3、而且命宮無煞或煞忌較少較弱。

4、三方四正較多的煞忌空劫，不入此格。

格局特點：

1、紫微為君，府相、左右、昌曲等諸星為臣，故為君臣嘉會。

2、入此格，大貴或者大富。

七、府相朝垣格

入格條件：

1、天府、天相二星，一居財帛宮，一居官祿宮。

2、命宮三方四正有祿存、左右、昌曲，魁鉞等吉星以及科權祿。

3、命宮加會煞忌空劫則破格。

格局特點：

1、主富貴雙全。

2、善解人意，事業心強，與親人、朋友感情深。

八、機月同梁格

入格條件：

1、天機星、太陰星、天同星、天梁星出現于命宮的三方四正。

2、安命於子寅午申、辰巳戌亥這八個宮內。

3、同時命宮加會祿存、左右、昌曲、魁鉞等星以及科權祿。

4、見煞星則破格。

格局特點：

1、主事業穩定文雅，風險少。有較高的智慧和才華，光明磊落。

2、多在事業單位或大型企業從事管理、文祕、策劃等工作，注重儲蓄，愛好宗教哲學等。

九、機梁善蔭格

入格條件：

1、天機、天梁二星，在辰戌宮守命。

2、命宮加會祿存、左右、昌曲、魁鉞等星以及科權祿。

3、加會的吉星多，則主富貴。吉星少，則主從事軍、警、司法等工作。又見煞，則主宗教、哲學、玄學等方面有特長和成就。

4、無吉逢煞，則破格。

格局特點：

1、主博學，掌兵權，學有專長，關心政治。

2、健談，顧全大局等。

十、文梁綱紀格

入格條件：

1、文曲（或文昌）與天梁，旺地守命。

2、命宮加會祿存、左右、魁鉞等星以及科權祿。

格局特點：

1、從政有前途。

2、遇吉星多者，主大貴。

十一、壽星入廟格

入格條件：

1、在午宮安命。

2、天梁星獨坐於命宮。

3、會吉星多者大貴。

4、丁年生人最佳，癸年生人主富。

格局特點：

1、穩重，具有宗教與哲學天賦，光明磊落，學識好。

2、思慮過多，感情不穩定。

3、男命比女命好。

4、壽命長。具有組織和統禦能力。

十二、日出扶桑格

入格條件：

1、在卯宮安命。
2、天梁與太陽雙星同坐命宮。
3、命宮加會祿存、左右、魁鉞等星以及科權祿。
4、乙辛壬年生人入此格，乙、辛年生人最佳。
5、加煞破格。

格局特點：

1、主名氣與顯貴。有雄心壯志，富領導能力和才幹，感情豐富，知識淵博，涉獵頗多，愛面子。
2、也叫做「日照雷門格」。
3、女命婚姻不太好。

十三、陽梁昌祿格

入格條件：

1、太陽星、天梁星、文昌星、祿存星（或化祿）出現於命宮的三方四正。
2、文昌同守最佳。

格局特點：

1、聰明智慧，思慮周詳，學術或者技術涵養很深，有藝術天賦。

2、易成學術權威，考運佳。

十四、水木清華格

入格條件：

1、寅、申宮安命。

2、天機與太陰同坐命宮。

格局特點：

1、聰明，灑脫，分析力判斷力強，藝術才華，喜旅遊。

2、有宗教哲學的天份和緣份。

十五、機巨同臨格

入格條件：

1、卯宮安命。
2、天機與巨門同坐命宮。
3、加會或同度祿存、左右、昌曲等星以及科權祿。
4、乙年辛年生人最佳。

格局特點：

1、有一技之長，思維敏捷，具有獨創性和獨到見解。名揚世界。
2、獨立，白手起家，六親無緣份，多有波折，穩定性差。
3、女命風騷。

十六、日月並明格（1）

入格條件：

1、天梁在丑宮坐命，太陽在巳，太陰在酉。乙、丙、丁、庚、辛年生入此格。
2、或者，安命在午無正曜，寅宮巨門、太陽，子宮天同、太陰。
3、命宮加會祿存、左右、昌曲、魁鉞等星以及科權祿。

格局特點：

1、主大貴。

2、有學問，有名氣。

十七、明珠出海格

入格條件：

1、未宮安命無正曜，卯宮太陽天梁，亥宮太陰。

2、加會祿存、科權祿、左右、昌曲、魁鉞等。

3、無四煞空劫沖破。

4、丙、辛、壬年生人最佳。

格局特點：

1、主貴。財官雙美。

2、睿智，聰明，金榜標名，從政大貴。

十八、月朗天門格

入格條件：

1、夜晚生人。

2、太陰在亥宮守命。

3、加會祿存、科權祿、左右、昌曲、魁鉞等。

4、太陰與昌曲同宮最好，乙、丙、戊年生人最佳，命宮有煞星則破格。

格局特點：

1、大貴或大富。

2、高雅，端莊，才華橫溢，名播四海。

十九、月生滄海格

入格條件：

1、子宮天同、太陰坐命。

2、或者，子宮天同、太陰守田宅宮。

3、加會祿存、科權祿、左右、昌曲、魁鉞等。

格局特點：

1、主得財富與名聲。可富可貴。

2、儒雅，學問過人，具遠見，人緣佳。

二十、日月輔命格

入格條件：

1、丑、未宮安命。

2、命宮被太陽與太陰所夾。

格局特點：

1、才華高，學識好，有雄心壯志。

2、感情不順。

二十一、金燦光輝格

入格條件：

1、午宮安命。
2、太陽星獨坐命宮。
3、庚、辛年生者富貴全。
4、無昌曲、輔弼或見空劫則力微。

格局特點：

1、勤奮，不畏艱險，有魄力，勇於開創，正直熱情，積極樂觀。
2、略嫌浮躁，理想主義。
3、可富可貴。

二十二、日月並明格（2）

入格條件：

1、太陽在辰宮、巳宮安命。
2、或者，太陰在酉宮、戌宮安命。
3、同宮有吉星吉化。

格局特點：

1、人生順利，得長輩照顧。

二十三、日月照壁格

入格條件：

1、破軍在辰、戌宮坐命，太陽、太陰在丑、未坐田宅宮。

2、命宮加會祿存、科權祿、左右、昌曲、魁鉞。或者，田宅宮同度祿存、科權祿、左右、昌曲、魁鉞等。

3、命宮三方凶煞多，則破格。

格局特點：

1、主大富，多不動產如樓宇、田土、山林，或能繼承祖業。

二十四、二曜同臨格

入格條件：

1、安命丑宮，日月在未宮。
2、或者，安命未宮，日月在丑宮。
3、命宮加會祿存、科權祿、左右、昌曲，入此格。

格局特點：

1、主貴，名氣等。

二十五、馬頭帶箭格

入格條件：

1、丙、戊年生人，午宮天同、太陰、擎羊坐命，再加會吉星，入此格。
2、或者，丙、戊年生人，午宮貪狼、擎羊坐命，再加會火鈴、輔弼，入此格。
3、或者，午宮七殺與擎羊坐命，入此格。
4、或者，午宮天同、化祿與擎羊坐命；午宮貪狼化祿與擎羊坐命。

格局特點：

1、主武貴。具膽識魄力。

2、宜創辦實業。但奔波他鄉才能開運。

3、早年辛苦無成，中晚年有大富貴。

4、女命刑剋，無富貴。

二十六、巨日同宮格

入格條件：

1、巨門、太陽在寅宮守命。

2、命宮加會祿存、科權祿、左右、昌曲、魁鉞等。

3、庚、辛、癸年生人最佳。

格局特點：

1、善抓機遇，領悟力高。

2、主從政可貴，或為社會知名人士。名利兼得。

3、男命較好。

二十七、石中隱玉格

入格條件：

1、子午宮安命。

2、巨門星獨坐於命宮。

3、加會祿存、科權祿、左右、昌曲、魁鉞等。

4、辛年、癸年生人。

格局特點：

1、理想高遠，才華過人，言詞犀利，行事果敢，有成就。

2、經商得大富，從政為高官，或為學術界、科技界的權威人士。

3、女命不宜巨門化忌坐命。

二十八、化星返貴格

入格條件：

1、丁年生人，天同在戌宮坐命。

2、或者，辛年生人，巨門在辰宮坐命。

3、加火鈴空劫，則破格。

格局特點：

1、主富貴。

二十九、將星得地格

入格條件：

1、武曲、廟旺守命。（可以有其他星曜同宮）

2、加會祿存、科權祿、左右、昌曲、魁鉞等。

格局特點：

1、主貴。事業成就大。

2、明辨是非，剛毅果決，有組織領導能力。

三十、貪武同行格

入格條件：

1、丑未宮武曲、貪狼守命。
2、或者，辰、戌宮武曲守命，貪狼對照。
3、命宮加會祿存、輔弼、昌曲、魁鉞及吉化。

格局特點：

1、先貧後富，中年始發達。
2、成就大，文人官高，武人掌權，經商大富。

三十一、祿馬帶印格

入格條件：

1、寅宮武曲、天相守命。
2、命宮守照祿存、天馬，或者化祿、天馬。
3、命宮加會祿存、科權祿、左右、魁鉞等。

格局特點：

1、主富貴。
2、女命只是稍微辛苦一些。

三十二、火貪格

入格條件：

1、貪狼與火星同守命宮。
2、或者，貪狼守命，三方四正逢火星。
3、命宮加會祿存、科權祿、左右、魁鉞等。

格局特點：

1、主大富大貴。女命亦可富裕。
2、從武立功掌權，經商爆發。
3、火星換成鈴星，同論。
4、火貪、鈴貪同宮於財帛宮、田宅宮、遷移宮，也主該宮吉利。
5、不畏挑戰，喜歡競爭，善於把握機遇。

三十三、七殺朝斗格

入格條件：

1、寅申子午宮安命。
2、七殺獨坐命宮。
3、命宮加會祿存、科權祿、左右、昌曲、魁鉞等。
4、又有凶星加會，則屬破格，主殘疾、牢獄，壽促。

格局特點：

1、加官進爵，創業成功。
2、只是風波較多，不穩定。
3、意志堅強，堅定果敢，任性，有抱負，有擔當。

三十四、英星入廟格

入格條件：

1、子午宮安命。

2、破軍獨坐命宮。

3、甲癸年生人。

格局特點：

1、主大富或大貴，橫發。

2、膽大性急，事必躬親，喜挑戰，敢擔當，不服輸。

3、酒色賭博，很極端，感情不順，有宗教緣分。

三十五、殺破狼格

入格條件：

1、七殺星、破軍星、貪狼星，其一坐命。

2、命宮加會祿存、科權祿、左右、昌曲、魁鉞等。

3、命宮加會四煞星等則凶。

格局特點：

1、性急，好動，勇於開創，敢於擔，膽大妄為。

2、成敗皆突然，變化幅度都很大。

三十六、雄宿干元格

入格條件：

1、未申宮廉貞獨坐守命。

2、無煞守照。

格局特點：

1、主一鳴驚人，驟然發財或揚名。

2、女命婚姻不順。

3、善於捕捉機遇，能言善辯，自信，極端，好面子，講排場，多變化，多曲折。

三十七、廉貞文武格

入格條件：

1、寅申宮廉貞獨坐命宮。

2、守照文昌、文曲。

3、無煞星沖破。

格局特點：

1、文能折桂，武能鎮邊。

2、愛好藝術、音樂等。

三十八、祿馬交馳格

入格條件：

1、祿存與天馬，同坐於命宮或遷移宮。

2、或者，命宮三方四正有天馬、祿存加會。

3、加會吉星眾多。

格局特點：

1、多異鄉發財，獲利於遠方，動中求財。多外出旅行。

2、博學，執著，人際關係好。奔波勞碌。

三十九、祿馬佩印格

入格條件：

1、祿存與天馬、天相同守命宮。

2、天相廟旺。

格局特點：

1、主富貴。

2、多結交權貴，人際關係好，出行多。

四十、雙祿朝垣格

入格條件：

1、祿存與化祿必須在命宮的三方會照（財帛宮、官祿宮、遷移宮）。

2、化祿的星曜為吉星或者廟旺。

格局特點：

1、主富貴。

2、樂觀，善於吸收別人的長處，善於理財。

四十一、祿文拱命格

入格條件：

1、命宮的三方四正會照祿存星與文昌星（或文曲星，或化科）。

2、或者，祿存守命，昌曲會照。

3、無煞星守照。

格局特點：

1、主名利雙收。

2、敏銳，高雅，善於研究學問。

四十二、祿合鴛鴦格

入格條件：

1、祿存與化祿同守命宮。

2、加會吉星多。

3、主星吉利或者廟旺。

格局特點：

1、主富，財運亨通。

2、睿智，通融，穩重，善於處理人際關係，善於理財。

四十三、昌曲夾命格

入格條件：

1、命宮在丑未，文昌與文曲來夾。

2、加會其他吉星多。

3、主星吉利或者廟旺。

格局特點：

1、主貴，從政或做管理。

2、學問好，文采高。

四十四、文桂文華格

入格條件：

1、丑未宮安命，文昌星與文曲星，同坐於命宮。

2、或者，安命在丑，昌曲在未；安命在未，昌曲在丑。

3、無凶煞守照。

格局特點：

1、主文藝、學術上有較大成就。

2、聰明智慧，敏捷，才高八斗，文筆好，學歷高等。

3、人緣較好，喜交高雅人士。

四十五、左右夾命格

入格條件：

1、安命於丑未宮。
2、左輔與右弼夾命宮。
3、三方有吉星加會。

格局特點：

1、主貴。
2、遇事多幫助，人緣好。

四十六、輔弼同宮格

入格條件：

1、丑未宮安命。
2、左輔與右弼同坐命宮。
3、主星爲吉星或者廟旺。

格局特點：

1、加會眾吉，主富貴。

2、博學，善企劃，有謀略，正直，善於處理人際關係。

四十七、坐貴向貴格

入格條件：

1、天魁與天鉞星，坐於命宮和遷移宮。

2、命宮主星廟旺，

3、三方四正加會吉星較多。

格局特點：

1、也叫做「天乙拱命格」。

2、有學識，學歷高，多得人助。

3、光明磊落，重信義。

四十八、極居卯酉格

入格條件：

1、紫微、貪狼在卯酉坐命。

2、命宮三方遇煞星，如擎羊、天空地劫、旬空截空、天哭天虛、孤辰寡宿等。

格局特點：

1、有虔誠的宗教信仰。

2、富有魅力，吸引異性，感情不順，婚姻不好。

3、或貧困，或為僧道。

四十九、殺拱廉貞格

入格條件：

1、丑未宮廉貞七殺守命。

2、或者，七殺在卯酉守命，三合有廉貞。
3、命宮三方四正無吉星加會，
4、命宮三方四正加會羊陀、火鈴、刑忌、空劫等惡曜。

格局特點：

1、破敗貧窮，多災。
2、殘廢或頑疾。

五十、巨逢四煞格

入格條件：

1、巨門與火鈴、羊陀守命宮。
2、巨門居陷地。

格局特點：

1、貧窮，多是非，殘廢，坐牢，凶死。
2、女命，心狠，淫賤，剋夫。

五十一、天梁拱月格

入格條件：

1、天梁陷地守命，加會太陰。

2、或者，太陰陷地守命，加會天梁。

3、命宮及三方有羊陀、火鈴、空劫、刑忌、天姚、大耗等凶星，而無吉星。

格局特點：

1、飄流外鄉，事業無成，窮困。

2、男命好色好賭，女命私通多淫。

五十二、巨機化酉格

入格條件：

1、巨門、天機在酉宮守命，同時天機化忌或者巨門化忌。

2、三方四正不見吉星。

格局特點：

1、自私，狹隘，出口傷人，禍從口出。
2、女命主淫邪、刑剋。

五十三、刑囚夾印格

入格條件：

1、廉貞、天相、擎羊同在命宮。
2、子午宮安命。
3、丙年生人最凶。
4、或者，廉貞、天相與天刑同宮。

格局特點：

1、能言善辯，勇於冒險，六親無靠。
2、男命多有牢獄之災，易遭凶死。女命會有流產、血光之事。

五十四、日月反背格

入格條件：

1、酉戌亥子宮太陽星守命，夜晚生人。

2、或者，卯辰巳午宮太陰守命，白天生人。

3、命宮三方四正無吉星吉化，並且加會煞忌空劫等。

格局特點：

1、也叫做「日月藏輝格」。

2、勞心費力，目疾，逃避，不敢正視現實。酒色邪淫，肢體傷殘。

五十五、月同遇煞格

入格條件：

1、午宮太陰天同守命。

2、同度火星、鈴星、地劫、天空、天刑等。

3、三方又加會凶星。

格局特點：

1、男命心狠，無義，犯罪，六親無緣等。
2、女命怯弱、多病、愁苦、剋夫、婚姻不順、偏房等。

五十六、梁馬飄蕩格

入格條件：

1、巳亥宮天梁守命，與忌煞空劫同宮，
2、命宮和遷移宮有天馬，
3、三方不見吉星。
4、天梁在巳亥，乙丙戊壬辛年生人加吉星，亦主富貴。

格局特點：

1、漂泊異鄉，無事奔忙。
2、縱然富貴也不耐久，多風波，終破敗。

五十七、命裡逢空格

入格條件：

1、巳亥宮安命，無正曜，天空、地劫同守命宮。

2、三合四正無吉星。

格局特點：

1、漂泊無成，貧窮。

2、再逢煞星，多主夭折。

五十八、馬頭帶劍格

入格條件：

1、午宮安命，擎羊單守。

2、命宮三方遇火鈴、空劫、刑忌。

格局特點：

1、狠毒，殘暴，奸詐，惡疾，犯罪，中年夭亡。

2、刑妻、剋子。

五十九、文星遇夾格

入格條件：

1、文昌或文曲守命，遇空劫來夾。

2、命無吉星，三方會凶。

3、若命宮正星廟旺或化吉，三方會吉星者，不入此格。

格局特點：

1、懷才不遇。

2、勞碌無成。半途而廢。

六十、文星失位格

入格條件：

1、文昌、文曲陷落坐命。

2、又同宮或者加會，煞忌、空劫、天刑。

格局特點：

1、主懷才不遇、空有才華。

2、有宗教緣份。

六十一、魁鉞凶沖格

入格條件：

1、魁鉞坐命宮。

2、同宮或者加會眾多凶煞。

格局特點：

1、金榜無名。

2、痼疾纏身。

六十二、兩重華蓋格

入格條件：

1、祿存與化祿坐命宮，同宮空亡、劫耗、火鈴。

2、又加會凶星。

格局特點：

1、主窮困潦倒。

六十三、火鈴夾命格

入格條件：

1、火星、鈴星在兩側夾命宮。

2、寅、午、戌年生人。

3、若命宮有化忌，則為大凶之兆。

4、若貪狼守命宮，得火鈴夾命反為大吉。

格局特點：

1、主衝動，暴躁，易遇凶災。

六十四、空劫夾命格

入格條件：

1、亥巳宮安命。

2、遇地空、地劫二星在兩側夾命宮。

3、命宮無主星，或主星陷落。

格局特點：

1、主凶，困頓無成。

六十五、羊陀夾忌格

入格條件：

1、祿存坐命宮，羊陀來夾。

2、同時，命宮有化忌，或對宮有化忌。

格局特點：

1、孤貧刑剋。

2、樂極生悲。

六十六、祿逢兩煞格

入格條件：

1、命宮坐祿存或化祿。

2、命宮同時有旬空、截空、天空、地劫，

3、三方加會羊陀、火鈴、大耗等。

格局特點：

1、窮困，無作為，難成功。

第七章 宮位新論

第七章　宮位新論

很多學習紫微斗數的人納悶為什麼紫微斗數和西方12星座不同，以致於發問「到底哪一個較準」？其實，這個問題涉及到紫微斗數理論框架和天文原理，紫微斗數12宮和西方12星座，其理論框架——

相同之處：

1、都是12個宮。

2、都是每宮30度。

3、12個宮的名稱相同。

4、每個「宮名」的基本含意接近。

不同之處：

1、每個宮中包含的星曜個數和名稱不同。

2、每個宮的星情不同。
3、12宮排序和位置不同。
紫微斗數12宮與星座12宮的不同之處源於——
1、紫微斗數觀察星曜的視角與西方12星座方法不同，星系分法不同，真實範圍也不同。紫微斗數是具體的星曜，每一顆星都是具體的，而12星座是星群的統稱。紫微斗數敘述清楚了每個宮中的具體星曜，而西方12星座是籠統的把幾十個、上百顆星曜，用一顆星座名稱代表了，所以，紫微斗數方法更具體。
2、雖然處於黃道附近左右兩邊8度範圍內的星曜是固定的，但是，紫微斗數星曜是具體的，某顆星曜，在被分入12宮的時候，紫微斗數可能把它劃入A宮，而西方12星座卻把它劃入B宮，所以，各個宮位上所包含的星曜就不同了，也正是如此，各宮的星情就不同了，所以紫微斗數12宮的排序與12星座排序不同。
3、紫微斗數研究的星曜，若用現代12星座名稱來描述：紫微斗數是研究銀河系和銀河系統邊緣的星曜，比如大熊星座的北斗星，小熊星座的北極星，人馬座的南斗星。紫微斗數方法選用的星曜很特殊：南天的人馬座，處於銀河系的銀心附近，是最亮的星之一；而北極供星的大熊座和小熊座是北極附近、地軸方向最亮的星曜。並用南斗星、北斗星、中天星來劃分為三個區域。

4、紫微斗數12宮的位置安排及其意義，是來自於對星體的天文觀測和記錄、總結和研究，所以，針對12宮排盤的順序，兩種方法是不兼容的，紫微斗數的12宮不能換用西方12星座的順序和名稱。

第一節　紫微斗數12宮的信息擴展

命宮　（用於判斷命格的高低；本人的性情、職業等）

命宮＝父母宮的兄弟宮　（用於判斷叔伯姑的情況）

命宮＝福德宮的夫妻宮　（用於判斷祖輩的情況）

命宮＝田宅宮的子女宮　（用於判斷住宅的走廊風水）

命宮＝事業宮的財帛宮　（用於判斷一生中最常來往的公家機構的檔次與身價）

命宮＝交友宮的疾厄宮　（用於判斷常來往的朋友或下屬的健康情況）

命宮＝遷移宮的遷移宮　（用於判斷在外面的交際圈、活動情況）

命宮＝疾厄宮的交友宮　（用於判斷本人身體的隱疾或者併發症）

命宮＝財帛宮的事業宮（用於判斷本人財運以及理財狀況）
命宮＝子女宮的田宅宮（用於判斷兒女的家境狀況、田宅、財庫）
命宮＝夫妻宮的福德宮（用於判斷配偶的興趣、嗜好等）
命宮＝兄弟宮的父母宮（用於判斷兄妹和父母的關係情況）

兄弟宮（用於判斷兄妹情義和對待兄妹的態度）

兄弟宮＝夫妻宮的父母宮（用於判斷男命的岳父、女命的公爹的情況）
兄弟宮＝子女宮的福德宮（用於判斷兒女的思想、興趣、愛好等）
兄弟宮＝財帛宮的田宅宮（用於判斷銀行的存款狀況等）
兄弟宮＝疾厄宮的事業宮（用於判斷健康情況和疾病的名稱種類等）
兄弟宮＝遷移宮的交友宮（用於判斷變動的後續發展或者第二次變動）
兄弟宮＝交友宮的遷移宮（用於判斷在外的交際手法和能力與因果）
兄弟宮＝事業宮的疾厄宮（用於判斷事業的漏洞、以及對自己的影響）
兄弟宮＝田宅宮的財帛宮（用於判斷家庭不動產的價值狀況）
兄弟宮＝福德宮的子女宮（用於判斷個人愛好和對自己產生的影響）
兄弟宮＝父母宮的夫妻宮（用於判斷母親的個性和作為，母親與父親的相處情形）

夫妻宮（用於判斷配偶的脾性；自己對配偶的態度、配偶持家狀況等）

夫妻宮＝兄弟宮的兄弟宮（用於判斷兄弟的朋友關係好壞情形）

夫妻宮＝子女宮的父母宮（用於判斷兒女的功名、學業等）

夫妻宮＝財帛宮的福德宮（用於判斷本錢多少、客源多少等）

夫妻宮＝疾厄宮的田宅宮（用於健康情況和疾病的根源所在）

夫妻宮＝遷移宮的事業宮（用於判斷出外是否安全；判斷外地的事業情況）

夫妻宮＝交友宮的交友宮（用於判斷朋友的個人交際狀態）

夫妻宮＝事業宮的遷移宮（用於判斷事業搬遷、外在環境好壞、貴人等）

夫妻宮＝田宅宮的疾厄宮（用於判斷廚房、廁所的風水情況）

夫妻宮＝福德宮的財帛宮（用於判斷祖輩人遺留的財產）

夫妻宮＝父母宮的子女宮（用於判斷父親對待孩子的態度以及父親的桃花等）

子女宮（用於判斷子女的脾性以及父子關係，本人的才藝、桃花等）

子女宮＝兄弟宮的夫妻宮（用於判斷兄弟的配偶的脾性）

子女宮＝夫妻宮的兄弟宮（用於判斷配偶的兄妹情況；以及第二個配偶的情況）

子女宮＝財帛宮的父母宮（用於判斷合同、契約、帳本、帳目等）

子女宮＝疾厄宮的福德宮（用於判斷醫生、醫藥、消災方位等）
子女宮＝遷移宮的田宅宮（用於判斷出外的環境、住所、旅館、有無金屋藏嬌等）
子女宮＝交友宮的事業宮（用於判斷員工的工作狀況）
子女宮＝事業宮的交友宮（用於判斷股東間的相互對待以及損益、兼職等）
子女宮＝田宅宮的遷移宮（用於判斷家宅的大門、住宅前面的情況）
子女宮＝福德宮的疾厄宮（用於判斷個性的缺點、修養的漏洞、有無不良嗜好等）
子女宮＝父母宮的財帛宮（用於判斷父親的財產財富情況）

財帛宮（用於判斷本人的財富、掙錢能力、來財方向以及理財觀念）

財帛宮＝兄弟宮的子女宮（用於判斷兄弟之子女的情況）
財帛宮＝夫妻宮的夫妻宮（用於判斷和配偶相處的情況、配偶對本人的感情等）
財帛宮＝子女宮的兄弟宮（用於判斷次子的情況、兒女的朋友情況）
財帛宮＝疾厄宮的父母宮（用於判斷身體健康的好壞狀況）
財帛宮＝遷移宮的福德宮（用於判斷變動以後的效果和在外的福份、享受等情況）
財帛宮＝交友宮的田宅宮（用於判斷朋友的房子和駐地等）
財帛宮＝事業宮的事業宮（用於判斷事業的興衰、納稅情況和事業的規模等）

財帛宮＝田宅宮的交友宮（用於判斷客房風水情況）
財帛宮＝福德宮的遷移宮（用於判斷興趣和愛好的變化、祖輩的外出與否）
財帛宮＝父母宮的疾厄宮（用於判斷父母的健康狀態和疾病狀態）

疾厄宮（用於判斷本人的身材、健康以及病情、生育能力等）

疾厄宮＝兄弟宮的財帛宮（用於判斷兄弟的錢財、財運情況）
疾厄宮＝夫妻宮的子女宮（用於判斷配偶對待子女的態度以及在外的桃花）
疾厄宮＝子女宮的夫妻宮（用於判斷兒媳、女婿的情況）
疾厄宮＝財帛宮的兄弟宮（用於判斷第二職業、借錢給人，或者自身的借債、貸款等）
疾厄宮＝遷移宮的父母宮（用於判斷出外的人緣和際遇等）
疾厄宮＝交友宮的福德宮（用於判斷朋友的興趣、愛好和修養等）
疾厄宮＝事業宮的田宅宮（用於判斷工作環境、辦公室或店面的狀態等）
疾厄宮＝田宅宮的事業宮（用於判斷公司或工廠等營業場所的內部管理狀況、物業等）
疾厄宮＝福德宮的交友宮（用於判斷情趣愛好的範圍以及網友、興趣相投的朋友）
疾厄宮＝父母宮的遷移宮（用於判斷父親在外的人緣活動、際遇狀況）

遷移宮（用於判斷搬家或者在外面的人緣、際遇、貴人、小人等）

遷移宮＝兄弟宮的疾厄宮（用於判斷兄弟的身體健康、疾病、脾氣等）
遷移宮＝夫妻宮的財帛宮（用於判斷配偶的財富以及財務狀況等）
遷移宮＝子女宮的子女宮（用於判斷兒女的桃花、孫子孫女的狀況等）
遷移宮＝財帛宮的夫妻宮（用於判斷連鎖產業、利息利潤多少等）
遷移宮＝疾厄宮的兄弟宮（用於判斷併發症、伴隨症狀、因為健康而進行的支出等）
遷移宮＝交友宮的父母宮（用於判斷朋友的文化狀態或者父母地位）
遷移宮＝事業宮的福德宮（用於判斷事業上的福利、股利分紅等）
遷移宮＝田宅宮的田宅宮（用於判斷臥室的風水情況、家產來源、置產實力等）
遷移宮＝福德宮的事業宮（用於判斷興趣和愛好上的成就、祖輩人的地位）
遷移宮＝父母宮的交友宮（用於判斷父輩人的朋友和交際圈）

交友宮（用於判斷朋友或同事的優劣以及損益、客戶的個性，以及與下屬關係等）

交友宮＝兄弟宮遷移宮（用於判斷朋友的搬遷、人際圈，以及新交、斷交等）
交友宮＝夫妻宮疾厄宮（用於判斷配偶的身體健康狀況、身材、災病等）
交友宮＝子女宮財帛宮（用於判斷兒女財運的有無和多寡）

交友宮＝財帛宮子女宮（用於判斷資金的底氣、家底、掙錢的能力等）
交友宮＝疾厄宮夫妻宮（用於判斷併發症、伴隨症狀、傳染病等）
交友宮＝遷移宮兄弟宮（用於判斷外出計畫和方案，以及在外的交際等）
交友宮＝事業宮父母宮（用於判斷頂頭上司、主管以及股東相處狀況等）
交友宮＝田宅宮福德宮（用於判斷神位的風水情況）
交友宮＝福德宮田宅宮（用於判斷上游廠商、來貨源頭、未達成願望之前的努力等）
交友宮＝父母宮事業宮（用於判斷父母的壽數、地位等）

事業宮（用於判斷功名、考試運氣，以及工作能力、事業起伏盛衰）

事業宮＝兄弟宮的交友宮（用於判斷兄妹的交際圈）
事業宮＝夫妻宮的遷移宮（用於判斷配偶在外面的人緣和人際關係等）
事業宮＝子女宮的疾厄宮（用於判斷子女的身體健康、病災等）
事業宮＝財帛宮的財帛宮（用於判斷銀行存款、事業的控股等）
事業宮＝疾厄宮的子女宮（用於判斷生活中的鍛鍊方式、疾病的後續轉變情況）
事業宮＝遷移宮的夫妻宮（用於判斷在外的感情生活等）
事業宮＝交友宮的兄弟宮（用於判斷朋友的弟兄情況）

事業宮＝田宅宮的父母宮（用於判斷書房的風水、房東的情況等）

事業宮＝福德宮的福德宮（用於判斷家宅的地基風水情況、祖輩人的性情興趣等）

事業宮＝父母宮的田宅宮（用於判斷學校環境的好壞、父母的財產等）

田宅宮（用於判斷家宅和置業情況，或者單位的場地、個人的桃花等）

田宅宮＝兄弟宮的事業宮（用於判斷兄弟的事業運勢）

田宅宮＝夫妻宮的交友宮（用於判斷配偶的交際情況）

田宅宮＝子女宮的遷移宮（用於判斷兒女在外人際關係、活動等情況）

田宅宮＝財帛宮的疾厄宮（用於判斷收支狀況或者財務漏洞狀態）

田宅宮＝疾厄宮的財帛宮（用於判斷健康保險金有無多少等、疾病支付情況）

田宅宮＝遷移宮的子女宮（用於判斷出外的交際活動，以及外出桃花等）

田宅宮＝交友宮的夫妻宮（用於判斷朋友的家庭狀態）

田宅宮＝事業宮的兄弟宮（用於判斷兼職的有無以及損益或者集團下的其他企業）

田宅宮＝福德宮的父母宮（用於判斷家宅的中心位置的風水情況、祖輩的文化修養等）

田宅宮＝父母宮的福德宮（用於判斷父母的嗜好、修養等）

福德宮　（用於判斷興趣、觀念、壽元、祖輩人情況、尋醫問藥、女命婚姻吉凶等）

福德宮＝兄弟宮的田宅宮　（用於判斷兄弟的置產情形）
福德宮＝夫妻宮的事業宮　（用於判斷配偶的事業運勢，婚姻吉凶等）
福德宮＝子女宮的交友宮　（用於判斷兒女的交友、損益情況）
福德宮＝財帛宮的遷移宮　（用於判斷在外消費、支出的情況）
福德宮＝疾厄宮的疾厄宮　（用於判斷健康的潛在危險以及壽元情況）
福德宮＝遷移宮的財帛宮　（用於判斷在外的營收狀態，以及出行中的安全）
福德宮＝交友宮的子女宮　（用於判斷親密交往的朋友的後代情況）
福德宮＝事業宮的夫妻宮　（用於判斷連鎖或夥伴關係的商家情況以及損益狀況）
福德宮＝田宅宮的兄弟宮　（用於判斷左鄰右舍的關係）
福德宮＝父母宮的父母宮　（用於父輩和祖輩人的感情情況）

父母宮　（用於判斷和父親的感情、個人的學業、思維、幼年受到父母的照顧情況）

父母宮＝兄弟宮的福德宮　（用於判斷兄妹的興趣、愛好、修為等）

父母宮＝夫妻宮的田宅宮（用於判斷配偶的家室以及出身）
父母宮＝子女宮的事業宮（用於判斷子女的事業運勢）
父母宮＝財帛宮的交友宮（用於判斷合夥、合資的損益等）
父母宮＝疾厄宮的遷移宮（用於判斷健康的變化、疾病的轉移和存留、根除等情況）
父母宮＝遷移宮的疾厄宮（用於判斷出行的安全、在外的健康情況）
父母宮＝交友宮的財帛宮（用於判斷朋友的經濟能力）
父母宮＝事業宮的子女宮（用於判斷下游廠商、分公司的狀況以及客戶狀況）
父母宮＝田宅宮的夫妻宮（用於判斷廚房的風水情況）
父母宮＝福德宮的兄弟宮（用於判斷祖輩人的家庭關係等）

第二節　一件事的更多資訊

事業方面：

事業的遷移＝夫妻宮（換工作、搬遷等）

事業的田宅＝疾厄宮（工作環境）
事業的父母＝交友宮（事業的起因和發源）
事業的交友＝子女宮（下屬公司）
事業的事業＝財帛宮（本職經營範圍）
事業的福德＝遷移宮（事業的福利和擔當）
事業的疾厄＝兄弟宮（隱患和潛在危機）
事業的兄弟＝田宅宮（同行業之間關係）
事業的子女＝父母宮（事業後續發展情況）

財運方面：

財帛的財帛＝事業宮（本職工作範圍）
財帛的父母＝子女宮（客源、經濟來源）
財帛的子女＝交友宮（利潤大小、收益大小）
財帛的交友＝父母宮（子公司收益、第二職業）
財帛的遷移＝福德宮（投資方向）
財帛的疾厄＝田宅宮（投資風險）

財帛的福德＝夫妻宮（用於公益和生活享受的資金）
財帛的田宅＝兄弟宮（保險櫃和銀行儲蓄）

婚姻和感情方面：

夫妻的事業＝福德宮（對方的事業情況）
夫妻的田宅＝父母宮（對方是否有房子）
夫妻的父母＝兄弟宮（對方的父母情況）
夫妻的財帛＝遷移宮（對方的經濟和收入情況）
夫妻的子女＝疾厄宮（對方的生殖能力）
夫妻宮疾厄＝交友宮（對方的健康情況）
夫妻的交友＝田宅宮（對方的交際情況）
夫妻的兄弟＝子女宮（對方的兄妹情況）
夫妻的夫妻＝財帛宮（對方對待配偶的態度）

第八章
分類預測例題

天市
天廚
艮
丑

第八章 分類預測例題

以下內容中涉及到流年預測，先在這裡說明一下：本書取大運命宮和流年命宮的方法與傳統方法不同，具體如下：

1、大運命宮，從大運起始年所在的宮位起「福德宮」，逆時針數下去：福德宮、父母宮、命宮。找到了命宮，再繼續逆時針排佈大運其他的宮。

2、流年命宮，從大運的命宮開始為本運的第一個流年，不分男女一律順時針運行一年一宮。找到了流年的命宮，再逆時針數下去找到本流年其他的宮位。

3、大運四化從生年起，陽男陰女順數，陰男陽女逆數。只有「年」才有四化，宮干沒有四化。本命、大運和流年的天干在四化之前要先進行生剋制化，有能力的進行四化。

本書所用大運流年推算方法是本人研發，並經過二十多年實戰檢驗，效果如何，請大家親自用您手邊的例題進行驗證便知。至於這套方法研究的始末以及原理，因為涉及到天文、曆法、天體物理等多種學科以致於內容太多，為了本書的行文方便這裡不再敘述。

第一節　學業學歷　例題

觀察宮：命宮、官祿宮以及父母宮、福德宮。

觀察星：

文曲、文昌、天才、右弼化科、陷落的火星、陷落的擎羊、龍池鳳閣。

太陰、太陽、六吉星、化科、化祿。

巨門、巨門文曲、巨門天機。

天機、天機太陰。

天梁化科、天梁文昌。

七殺文昌、七殺天才。

紫微破軍、紫微文曲、紫微天魁、紫微陷落的擎羊、紫微化科。

貪狼、貪狼遇空、貪狼化祿。

天相文曲、天相右弼化科。

破軍文昌。

天府文曲。

天同左輔、天同太陰、天同文曲。

條件：星在宮；星較旺、宮中無凶星，生年四化有用。

判斷：以上幾個宮位，有兩個或以上的宮，坐或者會照如上的星曜四個以上，或以上宮有四化星，則學歷高。

學歷分檔：

（1）初中、高中或者之下為學歷低。

（2）大專或者中專為學歷一般。

（3）自修的本科或者二本為學歷較好。

（4）一本、重點本科、研究生為高學歷。

（5）博士、教授等為學歷很高。

關於分檔，不同國家會有不同，不同地區和不同時期會有不同，掌握要領，注意變通。

以下例題，所用到的流年的命宮，標註在大運起止數字之上，為了使圖片簡潔清晰，對於其他的宮位不一一標註，您在心裡逆數就可以了。

例題 1

<table>
<tr>
<td>天天天八天天
相鉞馬座福虛
得旺平廟旺旺

奏書 病
歲驛 93～102 丁
歲破 子女宮 巳</td>
<td>天文天封解陰龍
梁昌官誥神煞德
廟陷廟　廟

飛廉 死
息神 103～112 戊
龍德 夫妻宮 午</td>
<td>廉七地天天天華
貞殺空刑才哭蓋
利廟平陷平平陷

喜神 墓
華蓋 113～122 己
白虎 兄弟宮 未</td>
<td>文劫天
曲煞德
得　平

病符 絕
劫煞 3～12 庚
天德 命 宮 申</td>
</tr>
<tr>
<td>巨紅大月
門鸞耗德
陷廟平
權
身宮
將軍 衰
奏書 83～92 丙
小耗 財帛宮 辰</td>
<td colspan="2" rowspan="2">出生西曆：1983年12月11日8時0分，星期日.
出生農曆：癸亥年 十一月 初八日 辰時.

坤造 癸　甲　癸　丙 (日空戌、亥)
　　 亥　子　酉　辰

1命宮 2兄弟 3夫妻 4子女 5財帛 6疾厄
7遷移 8交友 9官祿 10田宅 11福德 12父母

甲干 廉貞-太陽 乙干 天機-太陰 丙干 天同-廉貞 丁干 太陰-巨門
戊干 貪狼-天機 己干 武曲-文曲
庚干 太陽-天同 辛干 巨門-文昌 壬干 天梁-武曲 癸干 破軍-貪狼</td>
<td>三破
臺碎
廟平

大耗 胎
災煞 13～22 辛
弔客 父母宮 酉</td>
</tr>
<tr>
<td>紫貪天地龍天天
微狼魁劫池壽使
旺利廟平廟陷平
忌

小耗 帝旺
將星 73～82 乙
官符 疾厄宮 卯</td>
<td>天天臺天寡
同喜輔月宿
平陷　　陷

伏兵 養
天煞 23～32 壬
病符 福德宮 戌</td>
</tr>
<tr>
<td>天太左鈴大大孤
機陰輔星貴巫辰
得旺廟廟平　平
科

青龍 臨官
亡神 63～72 甲
貫索 遷移宮 寅</td>
<td>天擎火天截蜚
府羊星傷空廉
廟廟得平不

力士 冠帶
月煞 53～62 乙
喪門 交友宮 丑</td>
<td>太右祿恩旬天咸
陽弼存光空空池
陷廟廟平陷陷陷

博士 沐浴
咸池 43～52 甲
晦氣 官祿宮 子</td>
<td>武破陀天鳳天年
曲軍羅姚閣廚解
平平陷陷旺　得
祿

官府 長生
指背 33～42 癸
歲建 田宅宮 亥</td>
</tr>
</table>

星情直讀：

本命命宮文曲星較旺，照太陰化科、左輔星；

本命父母宮，照紫微、天魁、龍池星；

本命官祿宮太陽、右弼星，照天梁星；

本命福德宮，加會太陰化科、天梁星；

所以判斷：一生學歷很高，博士或教授類型。

事實上：命主博士學歷。

例題 2

<table>
<tr>
<td>天祿天封孤
梁存官誥辰
得廟旺　陷
博士
亡神　45~54　絕
貫索　官祿宮　癸巳</td>
<td>七左擎鈴八龍天
殺輔羊星座池傷
旺旺陷廟旺不陷
力士
將星　55~64　胎
官符　交友宮　甲午</td>
<td>文文天月
昌曲喜德
利旺陷
科
身宮
青龍
攀鞍　65~74　養
小耗　遷移宮　乙未</td>
<td>廉右地天三恩天鳳天天年
貞弼空馬臺光貴閣使虛解
廟不廟旺旺平陷不平廟利
忌
小耗
歲驛　75~84　長生
歲破　疾厄宮　丙申</td>
</tr>
<tr>
<td>紫天陀火天截天
微相羅星月空哭
得得廟陷　陷平
官府
月煞　35~44　墓
喪門　田宅宮　壬辰</td>
<td colspan="2" rowspan="2">出生西曆：1986年4月11日6時0分，星期五.
出生農曆：丙寅年 三月 初三日 卯時.

乾造 丙　壬　乙　己 (日空午、未)
　　 寅　辰　酉　卯

1命宮 2兄弟 3夫妻 4子女 5財帛 6疾厄
7遷移 8交友 9官祿 10田宅 11福德 12父母

甲干 廉貞-太陽 乙干 天機-太陰 丙干 天同-廉貞 丁干 太陰-巨門
戊干 貪狼-天機 己干 武曲-文曲
庚干 太陽-天同 辛干 巨門-文昌 壬干 天梁-武曲 癸干 破軍-貪狼</td>
<td>天天臺破大龍
鉞壽輔碎耗德
廟平　平不
將軍
息神　85~94　沐浴
龍德　財帛宮　丁酉</td>
</tr>
<tr>
<td>天巨天天天咸
機門姚才空池
旺廟廟旺平平
權
伏兵
咸池　25~34　死
晦氣　福德宮　辛卯</td>
<td>破解旬蜚陰華
軍神空廉煞蓋
旺廟陷　平
奏書
華蓋　95~104　冠帶
白虎　子女宮　戊戌</td>
</tr>
<tr>
<td>貪地天
狼劫巫
平平
大耗
指背　15~24　病
歲建　父母宮　庚寅</td>
<td>太太紅寡
陽陰鸞宿
不廟陷平
病符
天煞　5~14　衰
病符　命宮　辛丑</td>
<td>武天天天
曲府福廚
旺廟平
喜神
災煞　115~124　帝旺
弔客　兄弟宮　庚子</td>
<td>天天天劫天
同魁刑煞德
廟旺陷　平
祿
飛廉
劫煞　105~114　臨官
天德　夫妻宮　己亥</td>
</tr>
</table>

星情直讀：

本命命宮太陰星，照文昌化科、文曲星；

本命官祿宮天梁星，照天同、天魁星；

本命福德宮天機、巨門、天才星；

所以判斷：一生學歷很高，研究生或者博士。

事實上：命主博士學歷。

例題 3

<table>
<tr>
<td>天陀火天天孤蜚破
機羅星馬廚辰廉碎
平陷得平　陷　陷
科
臨官
力士
歲驛　45～54　乙
喪門　財帛宮　巳</td>
<td>紫祿鈴天
微存星喜
廟廟廟廟
冠帶
博士
息神　35～44　丙
貫索　子女宮　午</td>
<td>左右擎地三八龍鳳年華
輔弼羊劫臺座池閣解蓋
廟廟廟平廟平廟陷得陷
沐浴
官府
華蓋　25～34　丁
官符　夫妻宮　未</td>
<td>破陰大劫月
軍煞耗煞德
得　陷
長生
伏兵
劫煞　15～24　戊
小耗　兄弟宮　申</td>
</tr>
<tr>
<td>七天天天天
殺姚壽使空
廟陷廟陷廟
帝旺
青龍
攀鞍　55～64　甲
晦氣　疾厄宮　辰</td>
<td colspan="2" rowspan="2">出生西曆：1987年5月22日16時38分，星期五。
出生農曆：丁卯年 四月 廿五日 申時。

乾造 丁　乙　辛　丙（日空戌、亥）
　　 卯　巳　未　申

1命宮 2兄弟 3夫妻 4子女 5財帛 6疾厄
7遷移 8交友 9官祿 10田宅 11福德 12父母

甲干 廉貞-太陽　乙干 天機-太陰　丙干 天同-廉貞　丁干 太陰-巨門
戊干 貪狼-天機　己干 武曲-文曲
庚干 太陽-天同　辛干 巨門-文昌　壬干 天梁-武曲　癸干 破軍-貪狼</td>
<td>天天
鉞虛
廟旺
養
大耗
災煞　5～14　己
歲破　命宮　酉</td>
</tr>
<tr>
<td>太天地天
陽梁空哭
廟廟平廟
衰
小耗
將星　65～74　癸
歲建　遷移宮　卯</td>
<td>廉天封解旬龍
貞府誥神空德
利廟　廟陷
胎
病符
天煞　115～124　庚
龍德　父母宮　戌</td>
</tr>
<tr>
<td>武天文天天臺天截
曲相昌官傷輔月空
得廟陷平平　陷
病
將軍
亡神　75～84　壬
病符　交友宮　寅</td>
<td>天巨恩寡
同門光宿
不不廟平
權忌
身宮
死
奏書
月煞　85～94　癸
弔客　官祿宮　丑</td>
<td>貪文紅天天咸天
狼曲鸞刑才池德
旺得廟平旺陷廟
墓
飛廉
咸池　95～104　壬
天德　田宅宮　子</td>
<td>太天天天天
陰魁貴福巫
廟旺平廟
祿
絕
喜神
指背　105～114　辛
白虎　福德宮　亥</td>
</tr>
</table>

星情直讀：

本命命宮天鉞星，照太陽、天梁星；

本命福德宮太陰化祿、天魁星；

所以判斷：一生學歷一般，專科，中轉或者大專。

事實上：命主大專學歷。

例題 4

<table>
<tr>
<td>文陀天八天天孤蜚破
昌羅馬座巫廚辰廉碎
廟陷平廟　　陷　陷

官府　　　　　絕
歲驛　85～94　乙
喪門　財帛宮　巳</td>
<td>天祿地天
機存空喜
廟廟廟廟
科

博士　　　　　胎
息神　95～104　丙
貫索　子女宮　午</td>
<td>紫破擎龍鳳封年華
微軍羊池閣誥解蓋
廟旺廟廟陷　得陷
身宮

力士　　　　　養
華蓋　105～114　丁
官符　夫妻宮　未</td>
<td>解大劫月
神耗煞德
不陷

青龍　　　　　長生
劫煞　115～124　戊
小耗　兄弟宮　申</td>
</tr>
<tr>
<td>太左地天天
陽輔劫使空
旺廟陷陷廟

伏兵　　　　　墓
攀鞍　75～84　甲
晦氣　疾厄宮　辰</td>
<td colspan="2" rowspan="2">出生西曆：1987年2月27日9時29分，星期五.
出生農曆：丁卯年 正月 三十日 巳時.

坤造 丁　壬　丁　乙 (日空寅、卯)
　　 卯　寅　未　巳

1命宮 2兄弟 3夫妻 4子女 5財帛 6疾厄
7遷移 8交友 9官祿 10田宅 11福德 12父母

甲干 廉貞-太陽 乙干 天機-太陰 丙干 天同-廉貞 丁干 太陰-巨門
戊干 貪狼-天機 己干 武曲-文曲
庚干 太陽-天同 辛干 巨門-文昌 壬干 天梁-武曲 癸干 破軍-貪狼</td>
<td>天文天天三恩天
府曲鉞刑臺光虛
旺廟廟廟廟陷旺

小耗　　　　　沐浴
災煞　5～14　己
歲破　命 宮　酉</td>
</tr>
<tr>
<td>武七鈴天
曲殺星哭
利旺利廟

大耗　　　　　死
將星　65～74　癸
歲建　遷移宮　卯</td>
<td>太右天天旬龍
陰弼壽月空德
旺廟廟　陷
祿

將軍　　　　　冠帶
天煞　15～24　庚
龍德　父母宮　戌</td>
</tr>
<tr>
<td>天天火天天截陰
同梁星官傷空煞
利廟廟平平陷
權

病符　　　　　病
亡神　55～64　壬
病符　交友宮　寅</td>
<td>天天天寡
相姚貴宿
廟平旺平

喜神　　　　　衰
月煞　45～54　癸
弔客　官祿宮　丑</td>
<td>巨紅天咸天
門鸞才池德
旺廟旺陷廟
忌

飛廉　　　　　帝旺
咸池　35～44　壬
天德　田宅宮　子</td>
<td>廉貪天天臺
貞狼魁福輔
陷陷旺廟

奏書　　　　　臨官
指背　25～34　辛
白虎　福德宮　亥</td>
</tr>
</table>

星情直讀：

本命命宮天府、文曲、天鉞星；

本命父母宮太陰化祿、右弼，照太陽、左輔星，加會天機化科；

本命官祿宮天相星，照紫微、破軍星；

所以判斷：一生學歷很高，博士或教授類型。

事實上：命主博士學歷。

例題 5

<table>
<tr>
<td>廉貪破
貞狼碎
陷陷陷

小耗　　　　臨官
亡神　32～41　辛
病符　子女宮　巳</td>
<td>巨天
門福
旺平

青龍　　　　冠帶
將星　22～31　壬
歲建　夫妻宮　午</td>
<td>天左右天陀三八截天
相輔弼鉞羅臺座空空
得廟廟旺廟廟平廟陷

力士　　　　沐浴
攀鞍　12～21　癸
晦氣　兄弟宮　未</td>
<td>天天祿地天天孤陰
同梁存劫馬壽辰煞
旺陷廟廟旺旺平
忌
博士　　　　長生
歲驛　2～11　甲
喪門　命 宮　申</td>
</tr>
<tr>
<td>太天鳳寡年
陰姚閣宿解
陷陷陷陷廟
科
將星　　　　帝旺
月煞　42～51　庚
弔客　財帛宮　辰</td>
<td colspan="2" rowspan="2">出生西曆：1990年4月25日18時0分，星期三.
出生農曆：庚午年 四月 初一日 酉時.

坤造 庚　庚　庚　乙 (日空子、醜)
　　午　辰　申　酉

1命宮 2兄弟 3夫妻 4子女 5財帛 6疾厄
7遷移 8交友 9官祿 10田宅 11福德 12父母

甲干 廉貞-太陽 乙干 天機-太陰 丙干 天同-廉貞 丁干 太陰-巨門
戊干 貪狼-天機 己干 武曲-文曲
庚干 太陽-天同 辛干 巨門-文昌 壬干 天梁-武曲 癸干 破軍-貪狼</td>
<td>武七擎紅
曲殺羊鸞
利旺陷旺
權
官府　　　　養
息神　112～121　乙
貫索　父母宮　酉</td>
</tr>
<tr>
<td>天天天臺咸天
府喜使輔池德
得旺平　平平

奏書　　　　衰
咸池　52～61　己
天德　疾厄宮　卯</td>
<td>太火龍解旬華
陽星池神空蓋
不廟陷廟陷平
祿
伏兵　　　　胎
華蓋　102～111　丙
官符　福德宮　戌</td>
</tr>
<tr>
<td>地天天天蜚
空才廚月廉
陷廟
身宮
飛廉　　　　病
指背　62～71　戊
白虎　遷移宮　寅</td>
<td>紫破文文天天大龍
微軍昌曲魁傷耗德
廟旺廟廟旺平平

喜神　　　　死
天煞　72～81　己
龍德　交友宮　丑</td>
<td>天鈴天恩天天天
機星刑光貴哭虛
廟陷平平廟平陷

病符　　　　墓
災煞　82～91　戊
歲破　官祿宮　子</td>
<td>天封天劫月
官誥巫煞德
旺

大耗　　　　絕
劫煞　92～101　丁
小耗　田宅宮　亥</td>
</tr>
</table>

星情直讀：

本命命宮天梁星陷落；

本命父母宮無文星；

本命官祿宮天機巨門星廟旺；

本命福德宮太陽化祿但是太陽星不旺，火星旺；

所以判斷：一生學歷較低，中學或者中專類型。

事實上：命主從小不愛學習，中專學歷。

例題 6

<table>
<tr>
<td>天天封截破
機福誥空碎
平旺　廟陷
將軍　　絕
指背　46～55　癸
白虎　財帛宮　巳</td>
<td>紫天火紅天解天咸陰天
微鉞星鸞才神廚池煞德
廟　廟旺旺廟　陷　旺
小耗　　墓
咸池　36～45　甲
天德　子女宮　午</td>
<td>文文天恩天寡
昌曲刑光貴宿
利旺陷旺旺不
忌科
青龍　　死
月煞　26～35　乙
弔客　夫妻宮　未</td>
<td>破陀地
軍羅空
得陷廟
力士　　病
亡神　16～25　丙
病符　兄弟宮　申</td>
</tr>
<tr>
<td>七天龍
殺使德
廟陷
奏書　　胎
天煞　56～65　壬
龍德　疾厄宮　辰</td>
<td colspan="2" rowspan="2">出生西曆：1981年11月27日6時40分，星期五.
出生農曆：辛酉年 十一月 初二日 卯時.

乾造 辛　己　己　丁 (日空寅、卯)
　　 酉　亥　酉　卯

1命宮 2兄弟 3夫妻 4子女 5財帛 6疾厄
7遷移 8交友 9官祿 10田宅 11福德 12父母

甲干 廉貞-太陽　乙干 天機-太陰　丙干 天同-廉貞　丁干 太陰-巨門
戊干 貪狼-天機　己干 武曲-文曲
庚干 太陽-天同　辛干 巨門-文昌　壬干 天梁-武曲　癸干 破軍-貪狼</td>
<td>祿天臺天
存官輔哭
廟平　不
博士　　衰
將星　6～15　丁
歲建　命 宮　酉</td>
</tr>
<tr>
<td>太天三天
陽梁臺虛
廟廟陷廟
權
(身宮)
飛廉　　養
災煞　66～75　辛
歲破　遷移宮　卯</td>
<td>廉天擎天天
貞府羊月空
利廟廟　陷
官府　　帝旺
攀鞍　116～125　戊
晦氣　父母宮　戌</td>
</tr>
<tr>
<td>武天左天地天天大劫月
曲相輔魁劫傷巫耗煞德
得廟廟　平平　陷
喜神　　長生
劫煞　76～85　庚
小耗　交友宮　寅</td>
<td>天巨鈴龍鳳年華
同門星池閣解蓋
不不得平平得陷
祿
病符　　沐浴
華蓋　86～95　辛
官符　官祿宮　丑</td>
<td>貪右天天旬
狼弼喜壽空
旺廟旺平陷
大耗　　冠帶
息神　96～105　庚
貫索　田宅宮　子</td>
<td>太天天八孤蜚
陰馬姚座辰廉
廟平陷廟陷
伏兵　　臨官
歲驛　106～115　己
喪門　福德宮　亥</td>
</tr>
</table>

星情直讀：

本命命宮無主星，照太陽化權、天梁星；

本命官祿宮巨門、龍池、鳳閣星，照文曲星；

本命福德宮太陰星，加會太陽化權、天梁星，文曲、文昌星；

所以判斷：一生學歷很高，碩士或者博士。

事實上：命主博士學歷。

例題 7

紫七陀鈴天恩天天孤蜚破 微殺羅星馬光才廚辰廉碎 旺平陷得平平廟 陷 陷 長生 官府 [34~43] 乙 歲驛 喪門 田宅宮 巳	祿地天 存劫喜 廟廟廟 沐浴 博士 息神 44~53 丙 貫索 官祿宮 午	擎龍鳳天天天年華 羊池閣壽傷月解蓋 廟廟陷旺陷 得陷 冠帶 力士 華蓋 54~63 丁 官符 交友宮 未	天大劫月 姚耗煞德 陷陷 臨官 青龍 劫煞 64~73 戊 小耗 遷移宮 申
天天火地天天 機梁星空刑空 利廟陷陷平廟 科 身宮 養 伏兵 攀鞍 24~33 甲 晦氣 福德宮 辰	出生西曆：1987年10月8日14時0分，星期四. 出生農曆：丁卯年 八月 十六日 未時. 坤造 丁 己 庚 癸 (日空午、未) 卯 酉 寅 未 1命宮 2兄弟 3夫妻 4子女 5財帛 6疾厄 7遷移 8交友 9官祿 10田宅 11福德 12父母 甲干 廉貞-太陽 乙干 天機-太陰 丙干 天同-廉貞 丁干 太陰-巨門 戊干 貪狼-天機 己干 武曲-文曲 庚干 太陽-天同 辛干 巨門-文昌 壬干 天梁-武曲 癸干 破軍-貪狼		廉破天天封天 貞軍鉞使誥虛 平陷廟陷 旺 帝旺 小耗 災煞 74~83 己 歲破 疾厄宮 酉
天右文天 相弼昌哭 陷陷利廟 胎 大耗 將星 14~23 癸 歲建 父母宮 卯			旬龍 空德 陷 衰 將軍 天煞 84~93 庚 龍德 財帛宮 戌
太巨三天解截 陽門臺官神空 旺廟平平廟陷 忌 絕 病符 亡神 4~13 壬 病符 命宮 寅	武貪天喜寡 曲狼貴輔宿 廟廟旺 平 墓 喜神 月煞 114~123 癸 弔客 兄弟宮 丑	天太紅八咸陰天 同陰鸞座池煞德 旺廟廟陷陷 廟 權祿 死 飛廉 咸池 104~113 壬 天德 夫妻宮 子	天左文天天天 府輔曲魁福巫 得不旺旺廟 病 奏書 指背 94~103 辛 白虎 子女宮 亥

星情直讀：

本命命宮太陽、巨門星；

本命官祿宮無主星，照天同、太陰星；

本命福德宮天梁星；

所以判斷：一生學歷較好，不會低於二本。

事實上：命主是大專後來自修的本科學歷。

例題 8

<table>
<tr>
<td>紫七祿地地天天孤劫
微殺存劫空喜空辰煞
旺平廟不廟廟廟陷
臨官
博士
劫煞 106～115 丁
晦氣 夫妻宮 巳</td>
<td>擎天鳳解天蜚年
羊貴閣神廚廉解
陷廟平廟　　廟
帝旺
力士
災煞 116～125 戊
喪門 兄弟宮 午</td>
<td>天
鉞
旺
身宮
衰
青龍
天煞 6～15 己
貫索 命 宮 未</td>
<td>火天龍封
星刑池誥
陷陷平
病
小耗
指背 16～25 庚
官符 父母宮 申</td>
</tr>
<tr>
<td>天天文陀鈴陰華
機梁昌羅星煞蓋
利廟得廟陷　廟
忌
冠帶
官府
華蓋 96～105 丙
歲建 子女宮 辰</td>
<td colspan="2" rowspan="2">出生西曆：1989年1月17日12時18分，星期二.
出生農曆：戊辰年 十二月 初十日 午時.

乾造 戊 乙 丁 丙 (日空申、酉)
辰 丑 丑 午

1命宮 2兄弟 3夫妻 4子女 5財帛 6疾厄
7遷移 8交友 9官祿 10田宅 11福德 12父母

甲干 廉貞-太陽 乙干 天機-太陰 丙干 天同-廉貞 丁干 太陰-巨門
戊干 貪狼-天機 己干 武曲-文曲
庚干 太陽-天同 辛干 巨門-文昌 壬干 天梁-武曲 癸干 破軍-貪狼</td>
<td>廉破咸月
貞軍池德
平陷平
死
將軍
咸池 26～35 辛
小耗 福德宮 酉</td>
</tr>
<tr>
<td>天左天天
相輔官福
陷陷旺平
沐浴
伏兵
息神 86～95 乙
病符 財帛宮 卯</td>
<td>文旬天
曲空虛
陷陷陷
墓
奏書
月煞 36～45 壬
歲破 田宅宮 戌</td>
</tr>
<tr>
<td>太巨天八天天天
陽門馬座使月哭
旺廟旺廟平　平
長生
大耗
歲驛 76～85 甲
弔客 疾厄宮 寅</td>
<td>武貪天寡破天
曲狼魁宿碎德
廟廟旺平陷廟
祿
養
病符
攀鞍 66～75 乙
天德 遷移宮 丑</td>
<td>天太天三恩天臺截
同陰姚臺光傷輔空
旺廟陷平平陷　陷
權
胎
喜神
將星 56～65 甲
白虎 交友宮 子</td>
<td>天右紅天天天大龍
府弼鸞才壽巫耗德
得平廟廟旺　陷
科
絕
飛廉
亡神 46～55 癸
龍德 官祿宮 亥</td>
</tr>
</table>

星情直讀：

本命命宮天鉞星，照貪狼化祿、天魁星；

本命父母宮陷落的火星，照太陽、巨門星；

本命官祿宮天府星右弼化科；

所以判斷：一生學歷高，研究生類型。

事實上：命主研究生學歷。

例題 9

<table>
<tr>
<td>祿鈴天天天孤
存星刑官巫辰
廟得陷旺　陷

博士　　　　臨官
亡神　96～105　癸
貫索　子女宮　巳</td>
<td>天文擎龍
機曲羊池
廟陷陷不
權
力士　　　　帝旺
將星　106～115　甲
官符　夫妻宮　午</td>
<td>紫破天三八月
微軍喜臺座德
廟旺陷廟平

青龍　　　　衰
攀鞍　116～125　乙
小耗　兄弟宮　未</td>
<td>文天鳳臺天年
昌馬閣輔虛解
得旺不　廟利
科
小耗　　　　病
歲驛　6～15　丙
歲破　命 宮　申</td>
</tr>
<tr>
<td>太陀封解截天
陽羅誥神空巽
旺廟　廟陷平

官府　　　　冠帶
月煞　86～95　壬
喪門　財帛宮　辰</td>
<td colspan="2" rowspan="2">出生西曆：1986年10月11日4時0分，星期六。
出生農曆：丙寅年 九月 初八日 寅時.

乾造 丙　戊　戊　甲 (日空午、未)
　　 寅　戌　子　寅

1命宮 2兄弟 3夫妻 4子女 5財帛 6疾厄
7遷移 8交友 9官祿 10田宅 11福德 12父母

甲干 廉貞-太陽 乙干 天機-太陰 丙干 天同-廉貞 丁干 太陰-巨門
戊干 貪狼 天機 己干 武曲-文曲
庚干 太陽-天同 辛干 巨門-文昌 壬干 天梁-武曲 癸干 破軍-貪狼</td>
<td>天天地天破大龍
府鉞空姚碎耗德
旺廟廟廟平不

將軍　　　　死
息神　16～25　丁
龍德　父母宮　酉</td>
</tr>
<tr>
<td>武七火天天咸
曲殺星使空池
利旺利平平平

伏兵　　　　沐浴
咸池　76～85　辛
晦氣　疾厄宮　卯</td>
<td>太天旬蜚陰華
陰才空廉煞蓋
旺陷陷　平

奏書　　　　墓
華蓋　26～35　戊
白虎　福德宮　戌</td>
</tr>
<tr>
<td>天天右恩天天
同梁弼光壽月
利廟旺平旺
祿
大耗　　　　長生
指背　66～75　庚
歲建　遷移宮　寅</td>
<td>天地紅天寡
相劫鸞傷宿
廟陷陷平平

病符　　　　養
天煞　56～65　辛
病符　交友宮　丑</td>
<td>巨左天天天
門輔貴福廚
旺旺廟平
身宮
喜神　　　　胎
災煞　46～55　庚
弔客　官祿宮　子</td>
<td>廉貪天劫天
貞狼魁煞德
陷陷旺　平
忌
飛廉　　　　絕
劫煞　36～45　己
天德　田宅宮　亥</td>
</tr>
</table>

星情直讀：

本命命宮文昌化科；

本命官祿宮巨門、左輔星，加會太陽星；

本命福德宮太陰星，加會天梁星、右弼星、天機星；

所以判斷：一生學歷很高，博士或教授類型。

事實上：命主博士學歷。

例題 10

紫七天紅天天天大龍 微殺鉞鸞刑壽巫耗德 旺平旺旺陷平　陷 權 飛廉　病 亡神　43～52　乙 龍德　官祿宮　巳	天天 福傷 平陷 奏書　死 將星　53～62　丙 白虎　交友宮　午	寡天 宿德 不廟 身宮 病符　墓 攀鞍　63～72　丁 天德　遷移宮　未	地天天天 劫馬使哭 廟旺平廟 大耗　絕 歲驛　73～82　戊 弔客　疾厄宮　申
天天解天 機梁神虛 利廟廟陷 祿 奏書　衰 月煞　33～42　甲 歲破　田宅宮　辰	出生西曆：1982年10月30日18時0分，星期六。 出生農曆：壬戌年 九月 十四日 酉時. 乾造 壬　庚　丙　丁(日空午、未) 　　 戌　戌　戌　酉 1命宮 2兄弟 3夫妻 4子女 5財帛 6疾厄 7遷移 8交友 9官祿 10田宅 11福德 12父母 甲干 廉貞-太陽 乙干 天機-太陰 丙干 天同-廉貞 丁干 太陰-巨門 戊干 貪狼-天機 己干 武曲-文曲 庚干 太陽-天同 辛干 巨門-文昌 壬干 天梁-武曲 癸干 破軍-貪狼		廉破天天 貞軍姚廚 平陷廟 伏兵　胎 息神　83～92　己 病符　財帛宮　酉
天天臺截咸月 相魁輔空池德 陷廟　平平 將軍　帝旺 咸池　23～32　癸 小耗　福德宮　卯			陀火天陰華 羅星官煞蓋 廟廟平　平 官府　養 華蓋　93～102　庚 歲建　子女宮　戌
太巨右地龍天 陽門弼空池月 旺廟旺陷平 小耗　臨官 指背　13～22　壬 官符　父母宮　寅	武貪文文三八恩天破 曲狼昌曲臺座光貴碎 廟廟廟廟廟廟廟旺陷 忌 青龍　冠帶 天煞　3～12　癸 貫索　命 宮　丑	天太左擎鈴鳳旬蜚年 同陰輔羊星閣空廉解 旺廟旺陷陷廟陷　廟 科 力士　沐浴 災煞　113～122　壬 喪門　兄弟宮　子	天祿天天封天孤劫 府存喜才誥空辰煞 得廟旺廟　平陷 博士　長生 劫煞　103～112　辛 晦氣　夫妻宮　亥

星情直讀：

本命命宮文曲、文昌、貪狼星，本宮有武曲星；

本命父母宮太陽、巨門、右弼星；

本命官祿宮紫薇、天鉞星，本宮有平勢七殺、陷落的天刑星；

所以判斷：一生學歷較好，二本或者一本類型。

事實上：命主專科升本科學歷。

例題 11

<table>
<tr>
<td>紫七文天天截
微殺昌馬福空
旺平廟平旺廟
忌
身宮
長生
病符
歲驛 104~113 癸
弔客 夫妻宮 巳</td>
<td>天地解天陰
鉞空神廚煞
廟廟
沐浴
大耗
息神 114~123 甲
病符 兄弟宮 午</td>
<td>天封華
刑誥蓋
陷 陷
冠帶
伏兵
華蓋 4~13 乙
歲建 命宮 未</td>
<td>陀紅天天孤劫
羅鸞貴空辰煞
陷廟陷旺平
臨官
官府
劫煞 14~23 丙
晦氣 父母宮 申</td>
</tr>
<tr>
<td>天天地恩寡天
機梁劫光宿傷
利廟陷廟陷廟
養
喜神
攀鞍 94~103 壬
天德 子女宮 辰</td>
<td colspan="2" rowspan="2">出生西曆：1991年12月30日10時0分，星期一.
出生農曆：辛未年 十一月 廿五日 巳時.
坤造 辛 庚 甲 己(日空申、酉)
未 子 戌 巳
1命宮 2兄弟 3夫妻 4子女 5財帛 6疾厄
7遷移 8交友 9官祿 10田宅 11福德 12父母
甲干 廉貞-太陽 乙干 天機-太陰 丙干 天同-廉貞 丁干 太陰-巨門
戊干 貪狼-天機 己干 武曲-文曲
庚干 太陽-天同 辛干 巨門 文昌 壬干 天梁-武曲 癸干 破軍-貪狼</td>
<td>廉破文祿天
貞軍曲存官
平陷廟廟平
科
帝旺
博士
災煞 24~33 丁
喪門 福德宮 酉</td>
</tr>
<tr>
<td>天鈴鳳蜚年
相星閣廉解
陷利旺 廟
胎
飛廉
將星 84~93 辛
白虎 財帛宮 卯</td>
<td>擎天旬
羊月空
廟 陷
衰
力士
天煞 34~43 戊
貫索 田宅宮 戌</td>
</tr>
<tr>
<td>太巨左天火天三天天大龍
陽門輔魁星喜臺才使巫德
旺廟廟 廟廟平廟平
權祿
絕
奏書
亡神 74~83 庚
龍德 疾厄宮 寅</td>
<td>武貪天破
曲狼虛碎
廟廟廟陷
墓
將軍
月煞 64~73 辛
歲破 遷移宮 丑</td>
<td>天太右八天天咸大月
同陰弼座壽傷池耗德
旺廟廟陷平陷陷旺
死
小耗
咸池 54~63 庚
小耗 交友宮 子</td>
<td>天天龍台天
府姚池輔哭
得陷旺 平
病
青龍
指背 44~53 己
官符 官祿宮 亥</td>
</tr>
</table>

星情直讀：

本命父母宮，照太陽化權、巨門化祿；

本命官祿宮，照紫微、文昌星；

本命福德宮文曲化科；

所以判斷：一生學歷高，一本或研究生。

事實上：命主研究生學歷。

例題 12

天祿天天天孤劫 梁存喜使空辰煞 得廟廟平廟陷 臨官 博士 劫煞 52 ~ 61 丁 晦氣 疾厄宮 巳	七擎天鳳天蜚年 殺羊貴閣廚廉解 旺陷廟平 廟 身宮 冠帶 官府 災煞 42 ~ 51 戊 喪門 財帛宮 午	天天 鉞姚 旺旺 沐浴 伏兵 天煞 32 ~ 41 己 貫索 子女宮 未	廉鈴龍 貞星池 廟陷平 長生 大耗 指背 22 ~ 31 庚 官符 夫妻宮 申
紫天右陀恩臺華 微相弼羅光輔蓋 得得廟廟廟 廟 科 帝旺 力士 華蓋 62 ~ 71 丙 歲建 遷移宮 辰	出生西曆：1988年8月17日20時0分，星期三. 出生農曆：戊辰年 七月 初六日 戌時. 坤造 戊 庚 甲 甲 (日空寅、卯) 辰 申 辰 戌 1命宮 2兄弟 3夫妻 4子女 5財帛 6疾厄 7遷移 8交友 9官祿 10田宅 11福德 12父母 甲干 廉貞-太陽 乙干 天機-太陰 丙干 天同-廉貞 丁干 太陰-巨門 戊干 貪狼-天機 己干 武曲-文曲 庚干 太陽-天同 辛干 巨門-文昌 壬干 天梁-武曲 癸干 破軍-貪狼		地咸月 劫池德 平平 養 病符 咸池 12 ~ 21 辛 小耗 兄弟宮 酉
天巨天三天天天 機門刑臺官福傷 旺廟廟陷旺平陷 忌 衰 青龍 息神 72 ~ 81 乙 病符 交友宮 卯			破左天旬天 軍輔壽空虛 旺廟廟陷陷 胎 喜神 月煞 2 ~ 11 壬 歲破 命 宮 戌
貪文天天解天天陰 狼曲馬才神巫哭煞 平平旺廟廟 平 祿 病 小耗 歲驛 82 ~ 91 甲 弔客 官祿宮 寅	太太天地寡破天 陽陰魁空宿碎德 不廟旺陷平陷廟 權 死 將軍 攀鞍 92 ~ 101 乙 天德 田宅宮 丑	武天文火封截 曲府昌星誥空 旺廟得陷 陷 墓 奏書 將星 102 ~ 111 甲 白虎 福德宮 子	天紅八天大龍 同鸞座月耗德 廟廟廟 陷 絕 飛廉 亡神 112 ~ 121 癸 龍德 父母宮 亥

星情直讀：

本命命宮破軍星，照天相、右弼化科，而天相星不旺；

本命官祿宮貪狼化祿、文曲、天才星，而貪狼星不旺；

本命福德宮文昌、天府星；

所以判斷：一生學歷一般，大專或者三本類型。

事實上：命主三本學歷。

第二節 買房 例題

觀察宮：命宮、田宅宮、官祿宮、財帛宮。

觀察星：紫微、天府、天梁、天相、巨門、破軍、貪狼。龍池、鳳閣、文昌、文曲、左輔、右弼、天越、天魁、天空、地空、祿存。

條件：星在宮，化科、化祿、化權、化忌在以上的宮位出現。

判斷：以上幾個宮位，有兩個以上宮，坐或者照如上的星曜六個以上，或以上宮有四化星，則這一年買房。

以下例題，所用到的流年的命宮，標註在大運起止數字之上，為了使圖片簡潔清晰，對於其他的宮位不一一標註，您在心裡逆數就可以了。

例題 1

<table>
<tr>
<td>天陀天
機羅馬
平陷平

力士　　長生
歲驛　34～43　己
弔客　子女宮　巳</td>
<td>紫祿火
微存星
廟廟廟

博士　　養
息神　24～33　庚
病符　夫妻宮　午</td>
<td>左右擎鈴華
輔弼羊星蓋
廟廟廟利陷

官府　　胎
華蓋　14～23　辛
歲建　兄弟宮　未</td>
<td>破天地紅天天孤陰劫
軍鉞劫鸞廚空辰煞煞
得廟廟廟　旺平

伏兵　　絕
劫煞　4～13　壬
晦氣　命宮　申</td>
</tr>
<tr>
<td>七天恩天寡天
殺姚光貴宿德
廟陷廟旺陷廟

青龍　　沐浴
攀鞍　44～53　戊
天德　財帛宮　辰</td>
<td colspan="2" rowspan="2">出生西曆：1979年5月24日17時31分，星期四.
出生農曆：己未年 四月 廿九日 酉時.

乾造 己 己 辛 丁 (日空午、未)
未 巳 卯 酉

1命宮 2兄弟 3夫妻 4子女 5財帛 6疾厄
7遷移 8交友 9官祿 10田宅 11福德 12父母

甲干 廉貞-太陽 乙干 天機-太陰 丙干 天同-廉貞 丁干 太陰-巨門
戊干 貪狼-天機 己干 武曲-文曲
庚干 太陽-天同 辛干 巨門-文昌 壬干 天梁-武曲 癸干 破軍-貪狼</td>
<td>天天截
壽官空
平平廟

2018年
大耗　　墓
災煞　114～123　癸
喪門　父母宮　酉</td>
</tr>
<tr>
<td>太天八鳳天天臺蜚年
陽梁座閣才使輔廉解
廟廟平旺旺平　　廟
科

小耗　　冠帶
將星　54～63　丁
白虎　疾厄宮　卯</td>
<td>廉天解
貞府神
利廟廟

病符　　死
天煞　104～113　甲
貫索　福德宮　戌</td>
</tr>
<tr>
<td>武天地天天天龍
曲相空喜福月德
得廟陷廟旺
祿　　身宮

將軍　　臨官
亡神　64～73　丙
龍德　遷移宮　寅</td>
<td>天巨文文天天破
同門昌曲傷虛碎
不不廟廟平廟陷
忌

奏書　　帝旺
月煞　74～83　丁
歲破　交友宮　丑</td>
<td>貪天天旬咸大月
狼魁刑空池耗德
旺旺平陷陷旺
權

飛廉　　衰
咸池　84～93　丙
小耗　官祿宮　子</td>
<td>太三龍封天天
陰臺池誥巫哭
廟平旺　　平

喜神　　病
指背　94～103　乙
官符　田宅宮　亥</td>
</tr>
</table>

星情直讀：

2018 年

流年命宮截空星，照天梁、鳳閣星；

流年官祿宮巨門、文曲、文昌；

流年田宅宮貪狼化祿、天魁、大耗星，照祿存、火星；

所以判斷：2018 年，這一年有機會買房。

事實上：2018 年命主貸款買房。

例題 2

<table>
<tr>
<td>天左祿八天天天孤
相輔存座貴官月辰
得平廟廟平旺　陷
博士　絕
亡神　2~11　癸
貫索　命宮　巳</td>
<td>天擎龍
梁羊池
廟陷不
力士　胎
將星　12~21　甲
官符　父母宮　午</td>
<td>廉七天天月
貞殺喜才德
利廟陷平
忌
青龍　2018年　養
攀鞍　22~31　乙
小耗　福德宮　未</td>
<td>天鳳解天天年
馬閣神巫虛解
旺不不　廟利
小耗　長生
歲驛　32~41　丙
歲破　田宅宮　申</td>
</tr>
<tr>
<td>巨陀臺截天
門羅輔空哭
陷廟　陷平
官府　墓
月煞　112~121　壬
喪門　兄弟宮　辰</td>
<td colspan="2" rowspan="2">出生西曆：1986年3月14日20時31分，星期五。
出生農曆：丙寅年 二月 初五日 戌時。

乾造 丙　辛　丁　庚 (日空子、丑)
　　 寅　卯　巳　戌

1命宮　2兄弟　3夫妻　4子女　5財帛　6疾厄
7遷移　8交友　9官祿　10田宅　11福德　12父母

甲干 廉貞-太陽　乙干 天機-太陰　丙干 天同-廉貞　丁干 太陰-巨門
戊干 貪狼-天機　己干 武曲-文曲
庚干 太陽-天同　辛干 巨門-文昌　壬干 天梁-武曲　癸干 破軍-貪狼</td>
<td>右天地三破大龍
弼鉞劫臺碎耗德
陷廟平廟平不
將軍　沐浴
息神　42~51　丁
龍德　官祿宮　酉</td>
</tr>
<tr>
<td>紫貪恩天天咸
微狼光壽空池
旺利廟陷平平
伏兵　死
咸池　102~111　辛
晦氣　夫妻宮　卯</td>
<td>天天天旬蜚華
同刑傷空廉蓋
平廟平陷　平
祿
奏書　冠帶
華蓋　52~61　戊
白虎　交友宮　戌</td>
</tr>
<tr>
<td>天太文大
機陰曲耗
得旺平旺
權
大耗　病
指背　92~101　庚
歲建　子女宮　寅</td>
<td>天鈴地紅寡
府星空鸞宿
廟得陷陷平
身宮
病符　衰
天煞　82~91　辛
病符　財帛宮　丑</td>
<td>太文天天封天陰
陽昌福使誥廚煞
陷得平陷
科
喜神　帝旺
災煞　72~81　庚
弔客　疾厄宮　子</td>
<td>武破天火劫天
曲軍魁星煞德
平平旺利　平
飛廉　臨官
劫煞　62~71　己
天德　遷移宮　亥</td>
</tr>
</table>

星情直讀：

2018 年

流年命宮照天府、地空星；

流年官祿宮破軍、天魁星；

流年財帛宮貪狼化祿、天空星；

流年田宅宮天同化祿；

所以判斷：2018 年，這一年有機會買房。

事實上：2018 年命主買房。

例題 3

<table>
<tr>
<td>天祿火恩天破
府存星光傷碎
得廟得平平陷

長生
博士
亡神 54～63 丁
病符 交友宮 巳</td>
<td>天太左文擎三天封天
同陰輔昌羊臺才誥廚
陷不旺陷陷旺旺
權
沐浴
力士
將星 64～73 戊
歲建 遷移宮 午</td>
<td>武貪天鈴地天天天
曲狼鉞星空貴使空
廟廟旺利平旺平陷
祿
冠帶
青龍
攀鞍 74～83 己
晦氣 疾厄宮 未</td>
<td>太巨右文天八孤
陽門弼曲馬座辰
得廟不得旺廟平
科
身宮
2018年 臨官
小耗
歲驛 84～93 庚
喪門 財帛宮 申</td>
</tr>
<tr>
<td>陀鳳天寡年
羅閣月宿解
廟陷 陷廟

養
官府
月煞 44～53 丙
弔客 官祿宮 辰</td>
<td colspan="2" rowspan="2">出生西曆：1978年4月7日8時31分，星期五.
出生農曆：戊午年 三月 初一日 辰時.

乾造 戊 丙 己 戊 (日空辰、巳)
午 辰 亥 辰

1命宮 2兄弟 3夫妻 4子女 5財帛 6疾厄
7遷移 8交友 9官祿 10田宅 11福德 12父母

甲干 廉貞-太陽 乙干 天機-太陰 丙干 天同-廉貞 丁干 太陰-巨門
戊干 貪狼-天機 己干 武曲-文曲
庚干 太陽-天同 辛干 巨門-文昌 壬干 天梁-武曲 癸干 破軍-貪狼</td>
<td>天紅
相鸞
陷旺

帝旺
將軍
息神 94～103 辛
貫索 子女宮 酉</td>
</tr>
<tr>
<td>廉破地天天天天咸天
貞軍劫喜姚官福池德
平陷平旺廟旺平平平

胎
伏兵
咸池 34～43 乙
天德 田宅宮 卯</td>
<td>天天龍臺解陰華
機梁池輔神煞蓋
利廟陷 廟 平
忌
衰
奏書
華蓋 104～113 壬
官符 夫妻宮 戌</td>
</tr>
<tr>
<td>天天蜚
壽巫廉
旺

絕
大耗
指背 24～33 甲
白虎 福德宮 寅</td>
<td>天大龍
魁耗德
旺平

墓
病符
天煞 14～23 乙
龍德 父母宮 丑</td>
<td>截旬天天
空空哭虛
陷陷平陷

死
喜神
災煞 4～13 甲
歲破 命 宮 子</td>
<td>紫七天劫月
微殺刑煞德
旺平陷

病
飛廉
劫煞 114～123 癸
小耗 兄弟宮 亥</td>
</tr>
</table>

星情直讀：

2018 年

流年命宮巨門、文曲、右弼化科；流年官祿宮無主星，照左輔星；

流年財帛宮鳳閣星，照天梁星；

流年田宅宮紫微星，照天府、祿存星；

所以判斷：2018 年，這一年有機會買房。

事實上：2018 年命主貸款買房。

例題 4

<table>
<tr>
<td>巨祿火天封天孤劫
門存星喜誥空辰煞
旺廟得廟　廟陷

博士　　　　　　病
劫煞　93~102　丁
晦氣　子女宮　巳</td>
<td>廉天擎天鳳天天天蜚年
貞相羊刑閣壽廚月廉解
平廟陷平平平　　　廟

力士　　　　　　死
災煞　103~112　戊
喪門　夫妻宮　午</td>
<td>天文文天
梁昌曲鉞
旺利旺旺

青龍　　　　　　墓
天煞　113~122　己
貫索　兄弟宮　未</td>
<td>七地恩天龍天陰
殺空光貴池巫煞
廟廟平陷平

小耗　　　　　　絕
指背　3~12　庚
官符　命宮　申</td>
</tr>
<tr>
<td>貪陀解華
狼羅神蓋
廟廟廟廟
祿
2018年
官府　　　　　　衰
華蓋　83~92　丙
歲建　財帛宮　辰</td>
<td colspan="2" rowspan="2">出生西曆：1988年11月11日5時40分，星期五.
出生農曆：戊辰年 十月 初三日 卯時.

乾造 戊　癸　庚　己 (日空戌、亥)
　　 辰　亥　午　卯

1命宮 2兄弟 3夫妻 4子女 5財帛 6疾厄
7遷移 8交友 9官祿 10田宅 11福德 12父母

甲干 廉貞-太陽 乙干 天機-太陰 丙干 天同-廉貞 丁干 太陰-巨門
戊干 貪狼-天機 己干 武曲 文曲
庚干 太陽-天同 辛干 巨門-文昌 壬干 天梁-武曲 癸干 破軍-貪狼</td>
<td>天臺咸月
同輔池德
平　平

將軍　　　　　　胎
咸池　13~22　辛
小耗　父母宮　酉</td>
</tr>
<tr>
<td>太三天天天
陰臺官福使
陷陷旺平平
權

伏兵　　　　　　帝旺
息神　73~82　乙
病符　疾厄宮　卯</td>
<td>武天旬天
曲姚空虛
廟廟陷陷

奏書　　　　　　養
月煞　23~32　壬
歲破　福德宮　戌</td>
</tr>
<tr>
<td>紫天地天天
微府劫馬哭
旺廟平旺平
身宮

大耗　　　　　　臨官
歲驛　63~72　甲
弔客　遷移宮　寅</td>
<td>天左右天鈴天寡破天
機輔弼魁星傷宿碎德
陷廟廟旺得平平陷廟
忌　科

病符　　　　　　冠帶
攀鞍　53~62　乙
天德　交友宮　丑</td>
<td>破天截
軍才空
廟旺陷

喜神　　　　　　沐浴
將星　43~52　甲
白虎　官祿宮　子</td>
<td>太紅八大龍
陽鸞座耗德
陷廟廟陷

飛廉　　　　　　長生
亡神　33~42　癸
龍德　田宅宮　亥</td>
</tr>
</table>

星情直讀：

2018 年

流年命宮貪狼化祿；

流年財帛宮破軍，加會貪狼化祿；

流年田宅宮天梁、文昌化忌、文曲化科，照左輔、右弼化科；

所以判斷：2018 年，這一年有機會買房。

事實上：2018 年命主的父母為命主買房。

例題 5

<table>
<tr>
<td>太紅大龍
陽鸞耗德
旺旺陷
祿
病
大耗
亡神 113～122 辛
龍德 兄弟宮 巳</td>
<td>破左三天
軍輔臺福
廟旺旺平
死
伏兵
將星 3～12 壬
白虎 命 宮 午</td>
<td>天天陀截寡天
機鉞羅空宿德
陷旺廟廟不廟
墓
官府
攀鞍 13～22 癸
天德 父母宮 未</td>
<td>紫天右祿天八天
微府弼存馬座哭
旺得不廟旺廟廟
絕
博士
歲驛 23～32 甲
弔客 福德宮 申</td>
</tr>
<tr>
<td>武天臺天天
曲才輔月虛
廟陷 陷
權
衰
病符
月煞 103～112 庚
歲破 夫妻宮 辰</td>
<td colspan="2" rowspan="2">出生西曆：1970年4月18日20時40分，星期六。
出生農曆：庚戌年 三月 十三日 戌時。

乾造 庚 庚 戊 壬 (日空戌、亥)
戌 辰 辰 戌

1命宮 2兄弟 3夫妻 4子女 5財帛 6疾厄
7遷移 8交友 9官祿 10田宅 11福德 12父母

甲干 廉貞-太陽 乙干 天機-太陰 丙干 天同-廉貞 丁干 太陰-巨門
戊干 貪狼-天機 己干 武曲-文曲
庚干 太陽-天同 辛干 巨門-文昌 壬干 天梁-武曲 癸干 破軍-貪狼</td>
<td>太擎地
陰羊劫
旺陷平
科
胎
力士
息神 33～42 乙
病符 田宅宮 酉</td>
</tr>
<tr>
<td>天天咸月
同姚池德
平廟平
忌
帝旺
喜神
咸池 93～102 己
小耗 子女宮 卯</td>
<td>貪解陰華
狼神煞蓋
廟廟 平
養
青龍
華蓋 43～52 丙
歲建 官祿宮 戌</td>
</tr>
<tr>
<td>七文龍天天旬
殺曲池巫廚空
廟平平 陷
身宮
2009年 臨官
飛廉
指背 83～92 戊
官符 財帛宮 寅</td>
<td>天天鈴地天天破
梁魁星空貴使碎
旺旺得陷旺陷陷
冠帶
奏書
天煞 73～82 己
貫索 疾厄宮 丑</td>
<td>廉天文鳳天封蜚年
貞相昌閣壽誥廉解
平廟得廟平 廟
沐浴
將軍
災煞 63～72 戊
喪門 遷移宮 子</td>
<td>巨火天天恩天天天孤劫
門星喜刑光官傷空辰煞
旺利旺陷不旺旺平陷
長生
小耗
劫煞 53～62 丁
晦氣 交友宮 亥</td>
</tr>
</table>

星情直讀：

2009 年

流年命宮文曲、龍池星，照紫薇、祿存星；

流年財帛宮貪狼星，加會破軍星；

流年田宅宮太陽化祿，照巨門星，加會太陰化科、天梁星；

所以判斷：2009 年，這一年有機會買房。

事實上：2009 年命主花光積蓄，自建房。

例題 6

<table>
<tr>
<td>天文天天劫天
相昌才巫煞德
得廟廟　　旺

絕
大耗
劫煞　82～91　辛
天德　財帛宮　巳</td>
<td>天地天
梁空福
廟廟平

胎
伏兵
災煞　92～101　壬
弔客　子女宮　午</td>
<td>廉七天陀火紅三八恩封截寡
貞殺鉞羅星鸞臺座光誥空宿
利廟旺廟利陷廟平旺　廟不
身宮
養
官府
天煞　102～111　癸
病符　夫妻宮　未</td>
<td>祿解
存神
廟不

長生
博士
指背　112～121　甲
歲建　兄弟宮　申</td>
</tr>
<tr>
<td>巨左地天蜚華
門輔劫使廉蓋
陷廟陷陷　廟

2017年　墓
病符
華蓋　72～81　庚
白虎　疾厄宮　辰</td>
<td colspan="2" rowspan="2">出生西曆：1980年2月19日9時49分，星期二.
出生農曆：庚申年 正月 初四日 巳時.

乾造 庚 戊 壬 乙(日空子、醜)
　　 申 寅 戌 巳

1命宮 2兄弟 3夫妻 4子女 5財帛 6疾厄
7遷移 8交友 9官祿 10田宅 11福德 12父母

甲干 廉貞-太陽 乙干 天機-太陰 丙干 天同-廉貞 丁干 太陰-巨門
戊干 貪狼-天機 己干 武曲-文曲
庚干 太陽-天同 辛干 巨門-文昌 壬干 天梁-武曲 癸干 破軍-貪狼</td>
<td>文擎天天咸破
曲羊刑空池碎
廟陷廟旺平平

沐浴
力士
咸池　2～11　乙
晦氣　命 宮　酉</td>
</tr>
<tr>
<td>紫貪鈴天大龍
微狼星壽耗德
旺利利陷不

死
喜神
息神　62～71　己
龍德　遷移宮　卯</td>
<td>天右天天
同弼月哭
平廟　平
忌

冠帶
青龍
月煞　12～21　丙
喪門　父母宮　戌</td>
</tr>
<tr>
<td>天太天鳳天天天陰年
機陰馬閣傷廚虛煞解
得旺旺廟平　旺　廟
科

病
飛廉
歲驛　52～61　戊
歲破　交友宮　寅</td>
<td>天天天天月
府魁喜姚德
廟旺陷平

衰
奏書
攀鞍　42～51　己
小耗　官祿宮　丑</td>
<td>太龍旬
陽池空
陷旺陷
祿

帝旺
將軍
將星　32～41　戊
官符　田宅宮　子</td>
<td>武破天天臺孤
曲軍貴官輔辰
平平平旺　陷
權

臨官
小耗
亡神　22～31　丁
貫索　福德宮　亥</td>
</tr>
</table>

星情直讀：

2017 年

流年命宮巨門化忌、左輔星；流年財帛宮龍池星，照天梁、地空星；

流年田宅宮天鉞，對照天府、天魁星；

流年官祿宮祿存星，照鳳閣星；

所以判斷：2017 年，這一年有機會買房。

事實上：2017 年命主買房。

例題 7

<table>
<tr>
<td>廉貪文祿天破
貞狼昌存才碎
陷陷廟廟廟陷
祿
臨官
博士
亡神 62～71 丁
病符 遷移宮 巳</td>
<td>巨左擎火地三天天
門輔羊星空臺使廚
旺旺陷廟廟旺平
冠帶
官府
將星 52～61 戊
歲建 疾厄宮 午</td>
<td>天天封天
相鉞誥空
得旺 陷
沐浴
伏兵
攀鞍 42～51 己
晦氣 財帛宮 未</td>
<td>天天右鈴天八天孤
同梁弼星馬座貴辰
旺陷不陷旺廟陷平
科
長生
大耗
歲驛 32～41 庚
喪門 子女宮 申</td>
</tr>
<tr>
<td>太陀地恩鳳天天寡年
陰羅劫光閣傷月宿解
陷廟陷廟陷平 陷廟
權
帝旺
力士
月煞 72～81 丙
弔客 交友宮 辰</td>
<td colspan="2" rowspan="2">出生西曆：1978年4月7日10時25分，星期五.
出生農曆：戊午年 三月 初一日 巳時.

坤造 戊 丙 己 己 (日空辰、巳)
午 辰 亥 巳

1命宮 2兄弟 3夫妻 4子女 5財帛 6疾厄
7遷移 8交友 9官祿 10田宅 11福德 12父母

甲干 廉貞-太陽 乙干 天機-太陰 丙干 天同-廉貞 丁干 太陰-巨門
戊干 貪狼-天機 己干 武曲-文曲
庚干 太陽-天同 辛干 巨門-文昌 壬干 天梁-武曲 癸干 破軍-貪狼</td>
<td>武七文紅
曲殺曲鸞
利旺廟旺
身宮
養
病符
息神 22～31 辛
貫索 夫妻宮 酉</td>
</tr>
<tr>
<td>天天天天天天咸天
府喜姚壽官福池德
得旺廟陷旺平平平
2018年
衰
青龍
咸池 82～91 乙
天德 官祿宮 卯</td>
<td>太龍解陰華
陽池神煞蓋
不陷廟 平
胎
喜神
華蓋 12～21 壬
官符 兄弟宮 戌</td>
</tr>
<tr>
<td>天蜚
巫廉
病
小耗
指背 92～101 甲
白虎 田宅宮 寅</td>
<td>紫破天大龍
微軍魁耗德
廟旺旺平
死
將軍
天煞 102～111 乙
龍德 福德宮 丑</td>
<td>天截旬天天
機空空哭虛
廟陷陷平陷
忌
墓
奏書
災煞 112～121 甲
歲破 父母宮 子</td>
<td>天臺劫月
刑輔煞德
陷
絕
飛廉
劫煞 2～11 癸
小耗 命 宮 亥</td>
</tr>
</table>

星情直讀：

2018 年

流年命宮天府星；流年財帛宮無主星，照祿存星；

流年田宅宮巨門化忌、左輔、地空星；

流年官祿宮天相、天鉞星，照紫微、天魁星；

所以判斷：2018 年，這一年有機會買房。

事實上：2018 年命主買房。

例題 8

<table>
<tr>
<td>巨三破
門臺碎
旺平陷
2017年
大耗
亡神 35~44
病符 田宅宮
絕
辛
巳</td>
<td>廉天天天天
貞相刑福月
平廟平平
伏兵
將星 45~54
歲建 官祿宮
胎
壬
午</td>
<td>天天陀天截天
梁鉞羅傷空空
旺旺廟陷廟陷
官府
攀鞍 55~64
晦氣 交友宮
養
癸
未</td>
<td>七祿地天天天孤陰
殺存劫馬才巫辰煞
廟廟廟旺廟　平
身宮
博士
歲驛 65~74
喪門 遷移宮
長生
甲
申</td>
</tr>
<tr>
<td>貪恩天鳳解寡年
狼光貴閣神宿解
廟廟旺陷廟陷廟
病符
月煞 25~34
弔客 福德宮
墓
庚
辰</td>
<td colspan="2" rowspan="2">出生西曆：1990年12月3日18時0分，星期一.
出生農曆：庚午年 十月 十七日 酉時.

乾造 庚　丁　壬　己 (日空辰、巳)
　　 午　亥　寅　酉

1命宮 2兄弟 3夫妻 4子女 5財帛 6疾厄
7遷移 8交友 9官祿 10田宅 11福德 12父母

甲干 廉貞-太陽　乙干 天機-太陰　丙干 天同-廉貞　丁干 太陰-巨門
戊干 貪狼-天機　己干 武曲-文曲
庚干 太陽-天同　辛干 巨門-文昌　壬干 天梁-武曲　癸干 破軍-貪狼</td>
<td>天擎紅八天
同羊鸞座使
平陷旺廟陷
忌
力士
息神 75~84
貫索 疾厄宮
沐浴
乙
酉</td>
</tr>
<tr>
<td>太天臺咸天
陰喜輔池德
陷旺　平平
科
喜神
咸池 15~24
天德 父母宮
死
己
卯</td>
<td>武火天龍旬華
曲星姚池空蓋
廟廟廟陷陷平
權
青龍
華蓋 85~94
官符 財帛宮
冠帶
丙
戌</td>
</tr>
<tr>
<td>紫天地天天蜚
微府空壽廚廉
旺廟陷旺
飛廉
指背 5~14
白虎 命宮
病
戊
寅</td>
<td>天左右文文天大龍
機輔弼昌曲魁耗德
陷廟廟廟廟旺平
奏書
天煞 115~124
龍德 兄弟宮
衰
己
丑</td>
<td>破鈴天天
軍星哭虛
廟陷平陷
將軍
災煞 105~114
歲破 夫妻宮
帝旺
戊
子</td>
<td>太天封劫月
陽官誥煞德
陷旺
祿
小耗
劫煞 95~104
小耗 子女宮
臨官
丁
亥</td>
</tr>
</table>

星情直讀：

2017 年

流年命宮巨門化權星；

流年財帛宮文曲、文昌、左輔、右弼星，照天梁、天鉞星；

流年田宅宮祿存星，照紫微、天府星；

所以判斷：2017 年，這一年有機會買房。

事實上：2017 年命主買房。

例題 9

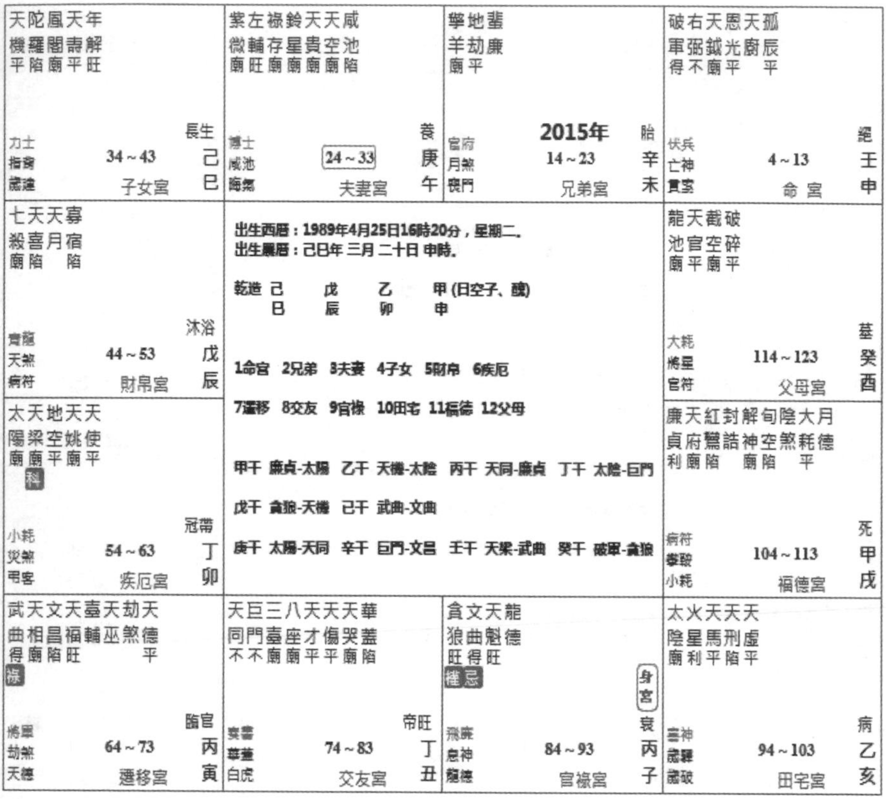

星情直讀：

2015 年

流年財帛宮天梁化科、地空星；

流年田宅宮天府星，加會紫薇、祿存、左輔，天相、文昌星；

流年官祿宮，加會天梁化科；

所以判斷：2015 年，這一年有機會買房。

事實上：2015 年命主的父母付首付為命主買房。

例題 10

<table>
<tr>
<td>天祿鈴天天天孤
相存星官傷巫辰
得廟得旺平 陷
博士
亡神 55~64 絕
貫索 交友宮 癸巳</td>
<td>天文擎龍天
梁曲羊池壽
廟陷陷不平
力士
將星 65~74 胎
官符 遷移宮 甲午</td>
<td>廉七天天月
貞殺喜使德
利廟陷平
忌
青龍
攀鞍 75~84 養
小耗 疾厄宮 乙未</td>
<td>文天鳳臺解天年
昌馬閣輔神虛解
得旺不 不廟利
科
2018年
小耗
歲驛 85~94 長生
歲破 財帛宮 丙申</td>
</tr>
<tr>
<td>巨左陀恩封截天
門輔羅光誥空哭
陷廟廟廟 陷平
身宮
官府
月煞 45~54 墓
喪門 官祿宮 壬辰</td>
<td colspan="2" rowspan="2">出生西曆：1986年3月2日4時47分，星期日.
出生農曆：丙寅年 正月 廿二日 寅時.

乾造 丙 庚 乙 戊 (日空寅、卯)
寅 寅 巳 寅

1命宮 2兄弟 3夫妻 4子女 5財帛 6疾厄
7遷移 8交友 9官祿 10田宅 11福德 12父母

甲干 廉貞-太陽 乙干 天機-太陰 丙干 天同-廉貞 丁干 太陰-巨門
戊干 貪狼-天機 己干 武曲-文曲
庚干 太陽-天同 辛干 巨門-文昌 壬干 天梁-武曲 癸干 破軍-貪狼</td>
<td>天地天破大龍
鉞空刑碎耗德
廟廟廟平不
將軍
息神 95~104 沐浴
龍德 子女宮 丁酉</td>
</tr>
<tr>
<td>紫貪火天咸
微狼星空池
旺利利平平
伏兵
咸池 35~44 死
晦氣 田宅宮 辛卯</td>
<td>天右天旬蜚華
同弼月空廉蓋
平廟 陷 平
祿
奏書
華蓋 105~114 冠帶
白虎 夫妻宮 戊戌</td>
</tr>
<tr>
<td>天太天天陰
機陰貴才煞
得旺平廟
權
大耗
指背 25~34 病
歲建 福德宮 庚寅</td>
<td>天地紅天三八寡
府劫鸞姚臺座宿
廟陷陷平廟廟平
病符
天煞 15~24 衰
病符 父母宮 辛丑</td>
<td>太天天
陽福廚
陷平
喜神
災煞 5~14 帝旺
弔客 命宮 庚子</td>
<td>武破天劫天
曲軍魁煞德
平平旺 平
飛廉
劫煞 115~124 臨官
天德 兄弟宮 己亥</td>
</tr>
</table>

星情直讀：

2018 年

流年命宮文昌、鳳閣星，照太陰化權；

流年財帛宮巨門、左輔星；

流年田宅宮破軍、武曲化祿、天魁星；

流年官祿宮，照天梁化科；

所以判斷：2018 年，這一年有機會買房。

事實上：2018 年命主買房。

例題 11

<table>
<tr>
<td>巨天龍天封天
門鉞池福誥哭
旺旺陷旺　不
權
長生
喜神
指背　84～93　丁
官符　官祿宮　巳</td>
<td>廉天左火三恩天天天咸大月
貞相輔星臺光貴官傷池耗德
平廟旺廟旺廟廟廟陷陷旺
養
飛廉
咸池　74～83　戊
小耗　交友宮　午</td>
<td>天文文天
梁昌曲虛
旺利旺陷
身宮
胎
奏書
月煞　64～73　己
歲破　遷移宮　未</td>
<td>七右地天八天天龍
殺弼空喜座壽使德
廟不廟旺廟旺平
絕
將軍
亡神　54～63　庚
龍德　疾厄宮　申</td>
</tr>
<tr>
<td>貪天
狼月
廟
忌
沐浴
病符
天煞　94～103　丙
貫索　田宅宮　辰</td>
<td colspan="2" rowspan="2">出生西曆：1973年4月15日6時0分，星期日.
出生農曆：癸丑年 三月 十三日 卯時.

乾造 癸　丙　辛　辛 (日空申、酉)
　　 丑　辰　巳　卯

1命宮 2兄弟 3夫妻 4子女 5財帛 6疾厄
7遷移 8交友 9官祿 10田宅 11福德 12父母

甲干 廉貞-太陽 乙干 天機-太陰 丙干 天同-廉貞 丁干 太陰-巨門
戊干 貪狼-天機 己干 武曲-文曲
庚干 太陽-天同 辛干 巨門-文昌 壬干 天梁-武曲 癸干 破軍-貪狼</td>
<td>天鳳臺蜚年
同閣輔廉解
平廟　　旺
墓
小耗
將星　44～53　辛
白虎　財帛宮　酉</td>
</tr>
<tr>
<td>太天天
陰魁姚
陷廟廟
科
冠帶
大耗
災煞　104～113　乙
喪門　福德宮　卯</td>
<td>武解寡陰天
曲神宿煞德
廟廟陷　廟
死
青龍
攀鞍　34～43　壬
天德　子女宮　戌</td>
</tr>
<tr>
<td>紫天地紅天天旬天孤劫
微府劫鸞才巫空空辰煞
旺廟平旺廟　陷陷平
臨官
伏兵
劫煞　114～123　甲
晦氣　父母宮　寅</td>
<td>天擎鈴截破華
機羊星空碎蓋
陷廟得不陷陷
帝旺
官府
華蓋　4～13　乙
歲建　命 宮　丑</td>
<td>破祿
軍存
廟廟
祿
衰
博士
息神　14～23　甲
病符　兄弟宮　子</td>
<td>太陀天天天
陽羅馬刑廚
陷陷平陷
2009年　病
力士
歲驛　24～33　癸
弔客　夫妻宮　亥</td>
</tr>
</table>

星情直讀：

2009 年

流年命宮，照巨門天鉞星；

流年財帛宮天梁化科、文曲化忌、文昌星；

流年田宅宮紫薇、天府星；

所以判斷：2009 年，這一年有機會買房。

事實上：2009 年命主自建房。

例題 12

<table>
<tr>
<td>天文天天天天
同曲鉞馬福虛
廟廟旺平旺旺

奏書　　　　　　病
歲驛　93～102　丁
歲破　子女宮　巳</td>
<td>武天天龍
曲府官德
旺旺廟

飛廉　　　　　　死
息神　103～112　戊
龍德　夫妻宮　午</td>
<td>太太天臺天天華
陽陰才輔月哭蓋
得不平　　平陷
科

喜神　　　　　　墓
華蓋　113～122　己
白虎　兄弟宮　未</td>
<td>貪天天劫天
狼姚貴煞德
平陷陷　平
忌

病符　　　　　絕
劫煞　3～12　庚
天德　命 宮　申</td>
</tr>
<tr>
<td>破紅天大月
軍鸞刑耗德
旺廟平平
祿

將軍　　　　　衰
攀鞍　83～92　丙
小耗　財帛宮　辰</td>
<td colspan="2" rowspan="2">出生西曆：1983年10月5日2時0分，星期三.
出生農曆：癸亥年 八月 廿九日 丑時.

坤造 癸 辛 丙 己(日空戌、亥)
亥 酉 寅 丑

1命宮 2兄弟 3夫妻 4子女 5財帛 6疾厄
7遷移 8交友 9官祿 10田宅 11福德 12父母

甲干 廉貞-太陽 乙干 天機-太陰 丙干 天同-廉貞 丁干 太陰-巨門
戊干 貪狼-天機 己干 武曲-文曲
庚干 太陽-天同 辛干 巨門-文昌 壬干 天梁-武曲 癸干 破軍-貪狼</td>
<td>天巨文天破
機門昌壽碎
旺廟廟平平
權

2010年
大耗　　　　　胎
災煞　13～22　辛
弔客　父母宮　酉</td>
</tr>
<tr>
<td>右天三龍天封
弼魁臺池使誥
陷廟陷廟平

小耗　　　　　帝旺
將星　73～82　乙
官符　疾厄宮　卯</td>
<td>紫天火地天寡
微相星空喜宿
得得廟陷陷陷
身宮

伏兵　　　　　養
天煞　23～32　壬
病符　福德宮　戌</td>
</tr>
<tr>
<td>廉解孤
貞神辰
廟廟平

青龍　　　　　臨官
亡神　63～72　甲
貫索　遷移宮　寅</td>
<td>擎大截蜚
羊傷空廉
廟平不

力士　　　　　冠帶
月煞　53～62　乙
喪門　交友宮　丑</td>
<td>七祿地恩旬天咸陰
殺存劫光空空池煞
旺廟陷平陷陷陷

博士　　　　　沐浴
咸池　43～52　甲
晦氣　官祿宮　子</td>
<td>天左陀鈴八鳳天天年
梁輔羅星座閣巫廚解
陷不陷利廟旺　　得

官府　　　　　長生
指背　33～42　癸
歲建　田宅宮　亥</td>
</tr>
</table>

星情直讀：

2010 年

流年命宮巨門化權、文昌星；

流年財帛宮文曲、天鉞星，加會巨門化權、文昌星；

流年田宅宮祿存星，照天府星；

所以判斷：2010 年，這一年有機會買房。

事實上：2010 年命主買房。

第三節　流年婚姻　例題

觀察宮：命宮、夫妻宮、官祿宮、福德宮或者財帛宮。

觀察星：太陽（女命用）、太陰（男命用）、天同、巨門、祿存、紅鸞、天喜、文昌、文曲、貪狼天姚、貪狼廉貞、破軍、天姚天喜、青龍、天福、龍池、鳳閣、天德、月德、天相、天梁、紫微（女命用）、天府（男命用）等星。

條件：星在如上的宮，星吉化（化祿、化科、化權）。

判斷：以上幾個宮位，有三個或以上的宮，坐或者會照如上的星曜四粒以上，或以上宮有吉化，則有婚姻之喜。

以下例題，所用到的流年的命宮，標註在大運起止數位之上，為了使圖片簡潔清晰，對於其他的宮位不一一標註，您在心裡逆數就可以了。

例題 1

<table>
<tr>
<td>左陀天破
輔羅月碎
平陷　陷

病
力士
指背　3～12　己
白虎　命宮　巳</td>
<td>天祿紅天咸天
機存鸞貴池德
廟廟旺廟陷旺

衰
博士
咸池　113～122　庚
天德　父母宮　午</td>
<td>紫破擎寡
微軍羊宿
廟旺廟不

帝旺
官府
月煞　103～112　辛
弔客　福德宮　未</td>
<td>天鈴解天天
鉞星神巫廚
廟陷不

臨官
伏兵
亡神　93～102　壬
病符　田宅宮　申</td>
</tr>
<tr>
<td>太八恩臺龍
陽座光輔德
旺旺廟

死
青龍
天煞　13～22　戊
龍德　兄弟宮　辰</td>
<td colspan="2" rowspan="2">出生西曆：1969年4月4日20時7分，星期五.
出生農曆：己酉年 二月 十八日 戌時.

乾造　己　丁　己　甲 (日空寅、卯)
　　　酉　卯　酉　戌

1命宮　2兄弟　3夫妻　4子女　5財帛　6疾厄
7遷移　8交友　9官祿　10田宅　11福德　12父母

甲干　廉貞-太陽　乙干　天機-太陰　丙干　天同-廉貞　丁干　太陰-巨門
戊干　貪狼-天機　己干　武曲-文曲
庚干　太陽-天同　辛干　巨門-文昌　壬干　天梁-武曲　癸干　破軍-貪狼</td>
<td>天右地天截天
府弼劫官空哭
旺陷平平廟不

1988年　冠帶
大耗
將星　83～92　癸
歲建　官祿宮　酉</td>
</tr>
<tr>
<td>武七天
曲殺虛
利旺廟
祿

墓
小耗
災煞　23～32　丁
歲破　夫妻宮　卯</td>
<td>太天三天天天
陰刑臺壽傷空
旺廟旺廟平陷

沐浴
病符
攀鞍　73～82　甲
晦氣　交友宮　戌</td>
</tr>
<tr>
<td>天天文天天天旬大劫月
同梁曲姚才福空耗煞德
利廟平陷廟旺陷陷
科忌

絕
將軍
劫煞　33～42　丙
小耗　子女宮　寅</td>
<td>天火地龍鳳年華
相星空池閣解蓋
廟得陷平平得陷
身宮
胎
奏書
華蓋　43～52　丁
官符　財帛宮　丑</td>
<td>巨文天天天封陰
門昌魁喜使誥煞
旺得旺旺陷

養
飛廉
息神　53～62　丙
貫索　疾厄宮　子</td>
<td>廉貪大孤蜚
貞狼馬辰廉
陷陷平陷
權

1990年　長生
喜神
歲驛　63～72　乙
喪門　遷移宮　亥</td>
</tr>
</table>

星情直讀：

1988 年

流年命宮天府、右弼化科；流年夫妻宮破軍星；

流年官祿宮天相、龍池、鳳閣星；

所以判斷：命主在 1988 年有婚姻之喜。**事實上：**命主 1988 年結婚。

1990 年

流年命宮貪狼化權；流年夫妻宮天府、右弼、截空、天哭星，照七殺；

所以判斷：命主在 1990 年感情不順利，有是非或者風波。

事實上：命主 1990 年妻子外遇。

例題 2

<table>
<tr>
<td>紫七陀火天三恩天
微殺羅星馬臺光虛
旺平陷得平平平旺
力士　　　　　　絕
歲驛　106～115　己
歲破　福德宮　巳</td>
<td>祿鈴天天天龍
存星刑壽月德
廟廟平平
博士　　　　　　墓
息神　96～105　庚
龍德　田宅宮　午</td>
<td>擎地天華
羊劫哭蓋
廟平平陷
身宮
官府　　　　　　死
華蓋　86～95　辛
白虎　官祿宮　未</td>
<td>天天天天陰劫天
鉞傷巫廚煞煞德
廟平　　　　平
1983年
伏兵　　　　　　病
劫煞　76～85　壬
天德　交友宮　申</td>
</tr>
<tr>
<td>天天紅解旬大月
機梁鸞神空耗德
利廟廟廟陷平
科
青龍　　　　　　胎
攀鞍　116～125　戊
小耗　父母宮　辰</td>
<td colspan="2" rowspan="2">出生西曆：1959年11月29日15時28分，星期日.
出生農曆：己亥年 十月 廿九日 申時.

乾造 己　乙　乙　甲 (日空子、醜)
　　 亥　亥　卯　申

1命宮 2兄弟 3夫妻 4子女 5財帛 6疾厄
7遷移 8交友 9官祿 10田宅 11福德 12父母

甲干 廉貞-太陽 乙干 天機-太陰 丙干 天同-廉貞 丁干 太陰-巨門
戊干 貪狼-天機 己干 武曲-文曲
庚干 太陽-天同 辛干 巨門-文昌 壬干 天梁-武曲 癸干 破軍-貪狼</td>
<td>廉破八天截破
貞軍座官空碎
平陷廟平廟平
大耗　　　　　　衰
災煞　66～75　癸
弔客　遷移宮　酉</td>
</tr>
<tr>
<td>天地天龍
相空貴池
陷平旺廟
小耗　　　　　　養
將星　6～15　丁
官符　命 宮　卯</td>
<td>天天天封寡
喜姚使誥宿
陷廟陷　陷
病符　　　　　　帝旺
天煞　56～65　甲
病符　疾厄宮　戌</td>
</tr>
<tr>
<td>太巨文天天臺孤
陽門昌才福輔辰
旺廟陷廟旺　平
1988年　長生
將軍
亡神　16～25　丙
貫索　兄弟宮　寅</td>
<td>武貪左右蜚
曲狼輔弼廉
廟廟廟廟
祿 權
奏書　　　　　　沐浴
月煞　26～35　丁
喪門　夫妻宮　丑</td>
<td>天太文天天咸
同陰曲魁空池
旺廟得旺陷陷
忌
飛廉　　　　　　冠帶
咸池　36～45　丙
晦氣　子女宮　子</td>
<td>天鳳年
府閣解
得旺得
喜神　　　　　　臨官
指背　46～55　乙
歲建　財帛宮　亥</td>
</tr>
</table>

星情直讀：1983 年

流年命宮天鉞、天德星，照太陽、巨門、天福星；流年夫妻宮祿存星，照天同太陰星；流年福德宮天喜星，照紅鸞、天梁化科；

所以判斷：命主在 1983 年在感情上有好消息，經過努力可以結婚。

事實上：命主 1983 年結婚。

1988 年

流年命宮太陽、巨門、孤辰、地空星；流年夫妻宮天同、太陰化權、天空星；流年福德宮天機化忌、天梁化科、紅鸞星；

所以判斷：命主在 1988 年感情不順利，見異思遷，有離婚的因素。

事實上：命主 1988 年離婚。

例題 3

<table>
<tr>
<td>巨天天八風天封天年
門鉞姚座閣福誥巫解
旺旺平廟廟旺　　旺
權
奏書　　　　　　　絕
指背　22～31　　丁
歲建　　福德宮　巳</td>
<td>廉天右火天旬天咸陰
貞相弼星官空空池煞
平廟旺廟廟廟廟陷
1977年　　胎
飛廉　32～41　戊
咸池
晦氣　　田宅宮　午</td>
<td>天文文恩天天蜚
梁昌曲光貴月廉
旺利旺旺旺
喜神　　　　　養
月煞　42～51　己
喪門　　官祿宮　未</td>
<td>七左地天天孤
殺輔空才傷辰
廟平廟廟平平
病符　　　　長生
亡神　52～61　庚
貫索　　交友宮　申</td>
</tr>
<tr>
<td>貪天寡
狼喜宿
廟陷陷
忌
將軍　　　　　墓
天煞　12～21　丙
病符　　父母宮　辰</td>
<td colspan="2" rowspan="2">出生西曆：1953年7月6日5時23分，星期一.
出生農曆：癸巳年 五月 廿六日 卯時.

坤造 癸　戊　戊　乙(日空子、丑)
　　 巳　午　午　卯

1命宮 2兄弟 3夫妻 4子女 5財帛 6疾厄
7遷移 8交友 9官祿 10田宅 11福德 12父母

甲干 廉貞-太陽 乙干 天機-太陰 丙干 天同-廉貞 丁干 太陰-巨門
戊干 貪狼-天機 己干 武曲-文曲
庚干 太陽-天同 辛干 巨門-文昌 壬干 天梁-武曲 癸干 破軍-貪狼</td>
<td>天三龍臺破
同臺池輔碎
平廟廟　平
身宮
大耗　　　　沐浴
將星　62～71　辛
官符　　遷移宮　酉</td>
</tr>
<tr>
<td>太天
陰魁
陷廟
科
小耗　　　　　死
災煞　2～11　乙
弔客　　命 宮　卯</td>
<td>武紅天大月
曲鸞使耗德
廟陷陷平
伏兵　　　　冠帶
攀鞍　72～81　壬
小耗　　疾厄宮　戌</td>
</tr>
<tr>
<td>紫天地天劫天
微府劫壽煞德
旺廟平旺　平
青龍　　　　　病
劫煞　112～121　甲
天德　　兄弟宮　寅</td>
<td>天擎鈴天截天華
機羊星刑空哭蓋
陷廟得陷不廟陷
力士　　　　　衰
華蓋　102～111　乙
白虎　　夫妻宮　丑</td>
<td>破祿解龍
軍存神德
廟廟廟
祿
博士　　　　帝旺
息神　92～101　甲
龍德　　子女宮　子</td>
<td>太陀天天天
陽羅馬廚虛
陷陷平　平
官府　　　　臨官
歲驛　82～91　癸
歲破　　財帛宮　亥</td>
</tr>
</table>

星情直讀：

1977 年

流年命宮天相星，加會紫微、天府星；

流年夫妻宮貪狼、天喜星；

流年官祿宮紅鸞、月德星，加會紫微、天府、天相星，照貪狼星；

所以判斷：命主在 1977 年有成婚之喜，但是過程比較坎坷周折。

事實上：命主 1977 年結婚。婚後感情較好。

例題 4

<table>
<tr>
<td>紫七天鈴鳳天天年
微殺鉞星閣福巫解
旺平旺得廟旺　旺

喜神　　　　絕
指背　26～35　丁
歲建　夫妻宮　巳</td>
<td>地八恩天旬天咸
劫座光官空空池
廟旺廟廟廟廟陷

飛廉　　　　墓
咸池　16～25　戊
晦氣　兄弟宮　午</td>
<td>蜚
廉

奏書　1997年　死
月煞　6～15　己
喪門　命 宮　未</td>
<td>三解孤
臺神辰
旺不平

將軍　　　　病
亡神　116～125　庚
貫索　父母宮　申</td>
</tr>
<tr>
<td>天天左地天寡
機梁輔空喜宿
利廟廟陷陷陷

病符　　　　胎
天煞　36～45　丙
病符　子女宮　辰</td>
<td colspan="2" rowspan="2">出生西曆：1953年3月14日4時4分(北京時間)，星期六.
出生農曆：癸巳年 正月 廿九日 寅時.

乾造 癸　乙　甲　丙 (日空戌、亥)
　　 巳　卯　子　寅

1命宮 2兄弟 3夫妻 4子女 5財帛 6疾厄
7遷移 8交友 9官祿 10田宅 11福德 12父母

甲干 廉貞-太陽　乙干 天機-太陰　丙干 天同-廉貞　丁干 太陰-巨門
戊干 貪狼-天機　己干 武曲-文曲
庚干 太陽-天同　辛干 巨門-文昌　壬干 天梁-武曲　癸干 破軍-貪狼</td>
<td>廉破天龍封破
貞軍刑池誥碎
平陷廟廟　平
祿
身宮
小耗　　　　衰
將星　106～115　辛
官符　福德宮　酉</td>
</tr>
<tr>
<td>天文天
相昌魁
陷利廟

大耗　　　　養
災煞　46～55　乙
弔客　財帛宮　卯</td>
<td>右火紅天大月
弼星鸞月耗德
廟廟陷　平

青龍　　　　帝旺
攀鞍　96～105　壬
小耗　田宅宮　戌</td>
</tr>
<tr>
<td>太巨天天天陰劫天
陽門貴壽使煞煞德
旺廟平旺平　　平
權

伏兵　　　　長生
劫煞　56～65　甲
天德　疾厄宮　寅</td>
<td>武貪擎天臺截天華
曲狼羊姚輔空哭蓋
廟廟廟平　不廟陷
忌

官府　　　　沐浴
華蓋　66～75　乙
白虎　遷移宮　丑</td>
<td>天太祿天天龍
同陰存才傷德
旺廟廟旺陷
科

博士　　　　冠帶
息神　76～85　甲
龍德　交友宮　子</td>
<td>天文陀天天天
府曲羅馬廚虛
得旺陷平　平

力士　　　　臨官
歲驛　86～95　癸
歲破　官祿宮　亥</td>
</tr>
</table>

星情直讀：

1997 年

流年夫妻宮天機化權、鳳閣、天福星，照太陰化祿；

流年官祿宮太陰化祿；

流年福德宮龍池星，照太陽、天梁星；

所以判斷：命主在 1997 年有戀愛、結婚機會。

事實上：命主 1997 年結婚。

例題 5

<table>
<tr>
<td>天天天孤劫
喜廚空辰煞
廟　廟陷

小耗　　105～114　絕
劫煞　　　　　　　己
晦氣　　夫妻宮　　巳</td>
<td>天文鳳蜚年
機曲閣廉解
廟陷平　廟

將軍　　115～124　胎
災煞　　　　　　　庚
喪門　　兄弟宮　　午</td>
<td>紫破天天天
微軍鉞官月
廟旺旺廟
權
奏書　　5～14　　養
天煞　　　　　　　辛
貫索　　命 宮　　未</td>
<td>文天龍臺截
昌姚池輔空
得陷平　廟

1989年
飛廉　　15～24　長生
指背　　　　　　　壬
官符　　父母宮　　申</td>
</tr>
<tr>
<td>太火天三封華
陽星刑臺誥蓋
旺陷平廟　廟
忌
青龍　　95～104　墓
華蓋　　　　　　　戊
歲建　　子女宮　　辰</td>
<td colspan="2" rowspan="2">出生西曆：1964年9月23日4時0分，星期三。
出生農曆：甲辰年 八月 十八日 寅時。

乾造 甲　癸　乙　戊 (日空申、酉)
　　 辰　酉　亥　寅

1命宮 2兄弟 3夫妻 4子女 5財帛 6疾厄
7遷移 8交友 9官祿 10田宅 11福德 12父母

甲干 廉貞-太陽 乙干 天機-太陰 丙干 天同-廉貞 丁干 太陰-巨門
戊干 貪狼-天機 己干 武曲-文曲
庚干 太陽-天同 辛干 巨門-文昌 壬干 天梁-武曲 癸干 破軍-貪狼</td>
<td>天地天咸月
府空福池德
旺廟廟平

喜神　　25～34　沐浴
咸池　　　　　　　癸
小耗　　福德宮　　酉</td>
</tr>
<tr>
<td>武七右擎天
曲殺弼羊壽
利旺陷陷陷
科
力士　　85～94　死
息神　　　　　　　丁
病符　　財帛宮　　卯</td>
<td>太八天天
陰座貴虛
旺平旺陷

病符　　35～44　冠帶
月煞　　　　　　　甲
歲破　　田宅宮　　戌</td>
</tr>
<tr>
<td>天天祿天天解旬天
同梁存馬使神空哭
利廟廟旺平廟陷平

博士　　75～84　病
歲驛　　　　　　　丙
弔客　　疾厄宮　　寅</td>
<td>天天陀地寡破天
相魁羅劫宿碎德
廟旺廟陷平陷廟

官府　　65～74　衰
攀鞍　　　　　　　丁
天德　　遷移宮　　丑</td>
<td>巨鈴恩天陰
門星光傷煞
旺陷平陷

伏兵　　55～64　帝旺
將星　　　　　　　丙
白虎　　交友宮　　子</td>
<td>廉貪左紅天天大龍
貞狼輔鸞才巫耗德
陷陷不廟廟　陷
祿　　　　　　身宮
大耗　　45～54　臨官
亡神　　　　　　　乙
龍德　　官祿宮　　亥</td>
</tr>
</table>

星情直讀：

1989 年

流年命宮文昌、天姚、龍池星；

流年夫妻宮天機化權、鳳閣星，加會天梁、祿存、太陰星；

流年官祿宮巨門星；

流年福德宮太陰化祿；

所以判斷：命主在 1989 年感情順利，有結婚之喜。

事實上：命主 1989 年結婚。

例題 6

<table>
<tr>
<td>巨天三破劫月
門鉞臺碎煞德
旺旺平陷

飛廉 85～94 絕
劫煞 乙
小耗 財帛宮 巳</td>
<td>廉天文天天天天天
貞相曲刑福月哭虛
平廟陷平平 陷平

喜神 95～104 胎
災煞 丙
歲破 子女宮 午</td>
<td>天大龍
梁耗德
旺平
祿
病符 105～114 養
天煞 丁
龍德 夫妻宮 未</td>
<td>七文臺天蜚陰
殺昌輔巫廉煞
廟得

大耗 115～124 長生
指背 戊
白虎 兄弟宮 申</td>
</tr>
<tr>
<td>貪火龍天封解華
狼星池使誥神蓋
廟陷廟陷 廟廟

奏書 75～84 墓
華蓋 甲
官符 疾厄宮 辰</td>
<td colspan="2" rowspan="2">出生西曆：1972年11月10日4時0分，星期五。
出生農曆：壬子年 十月 初五日 寅時。

乾造 壬 辛 乙 戊 (日空寅、卯)
子 亥 巳 寅

1命宮 2兄弟 3夫妻 4子女 5財帛 6疾厄
7遷移 8交友 9官祿 10田宅 11福德 12父母

甲干 廉貞-太陽 乙干 天機-太陰 丙干 天同-廉貞 丁干 太陰-巨門
戊干 貪狼-天機 己干 武曲-文曲
庚干 太陽-天同 辛干 巨門-文昌 壬干 天梁-武曲 癸干 破軍-貪狼</td>
<td>天地天八天天天咸天
同空喜座貴才廚池德
平廟廟廟廟旺 平不

伏兵 5～14 沐浴
咸池 己
天德 命宮 酉</td>
</tr>
<tr>
<td>太天紅截
陰魁鸞空
陷廟廟平

將軍 65～74 死
息神 癸
貫索 遷移宮 卯</td>
<td>武陀天鳳天寡年
曲羅姚閣官宿解
廟廟廟廟平陷廟
忌
官府 15～24 冠帶
月煞 庚
弔客 父母宮 戌</td>
</tr>
<tr>
<td>紫天天天旬孤
微府馬傷空辰
旺廟旺平陷平
權
小耗 55～64 病
歲驛 壬
喪門 交友宮 寅</td>
<td>天左右地天天
機輔弼劫壽空
陷廟廟陷廟平
科 身宮
青龍 45～54 衰
攀鞍 癸
晦氣 官祿宮 丑</td>
<td>破擎鈴
軍羊星
廟陷陷

力士 35～44 帝旺
將星 壬
歲建 田宅宮 子</td>
<td>太祿恩
陽存光
陷廟不
1998年
博士 25～34 臨官
亡神 辛
病符 福德宮 亥</td>
</tr>
</table>

星情直讀：

1998 年

流年命宮祿存星；

流年夫妻宮天德，天喜星；

流年福德宮天機化祿、左輔化科、右弼、照天梁化祿權；

所以判斷：命主在 1998 年有戀愛和結婚的機會。

事實上：命主 1998 年結婚。

例題 7

<table>
<tr>
<td>巨文陀鳳天年
門昌羅閣廚解
旺廟陷廟　旺
忌
長生
官府
指背　24 ~ 33　乙
歲建　福德宮　巳</td>
<td>廉天祿地天天咸
貞相存空壽空池
平廟廟廟平廟陷
沐浴
博士
咸池　34 ~ 43　丙
晦氣　田宅宮　午</td>
<td>天擎天恩封蜚
梁羊姚光誥廉
旺廟旺旺
2004年　冠帶
力士
月煞　44 ~ 53　丁
喪門　官祿宮　未</td>
<td>七火天天孤
殺星才傷辰
廟陷廟平平
臨官
青龍
亡神　54 ~ 63　戊
貫索　交友宮　申</td>
</tr>
<tr>
<td>貪右地天寡
狼弼劫喜宿
廟廟陷陷陷
養
伏兵
天煞　14 ~ 23　甲
病符　父母宮　辰</td>
<td colspan="2" rowspan="2">出生西曆：1977年8月18日10時0分，星期四.
出生農曆：丁巳年 七月 初四日 巳時.

坤造 丁　戊　丁　乙 (日空寅、卯)
　　巳　申　未　巳

1命宮 2兄弟 3夫妻 4子女 5財帛 6疾厄
7遷移 8交友 9官祿 10田宅 11福德 12父母

甲干 廉貞-太陽 乙干 天機-太陰 丙干 天同-廉貞 丁干 太陰-巨門
戊干 貪狼-天機 己干 武曲-文曲
庚干 太陽-天同 辛干 巨門-文昌 壬干 天梁-武曲 癸干 破軍-貪狼</td>
<td>天文天龍破
同曲鉞池碎
平廟廟廟平
權
帝旺
小耗
將星　64 ~ 73　己
官符　遷移宮　酉</td>
</tr>
<tr>
<td>太鈴天
陰星刑
陷利廟
祿
胎
大耗
災煞　4 ~ 13　癸
弔客　命　宮　卯</td>
<td>武左紅天大月
曲輔鸞使耗德
廟廟陷陷平
衰
將軍
攀鞍　74 ~ 83　庚
小耗　疾厄宮　戌</td>
</tr>
<tr>
<td>紫天天解天截陰劫天
微府官神巫空煞煞德
旺廟平廟　陷　　平
絕
病符
劫煞　114 ~ 123　壬
天德　兄弟宮　寅</td>
<td>天三八天華
機臺座哭蓋
陷廟廟廟陷
科
身宮
墓
喜神
華蓋　104 ~ 113　癸
白虎　夫妻宮　丑</td>
<td>破旬龍
軍空德
廟陷
死
飛廉
息神　94 ~ 103　壬
龍德　子女宮　子</td>
<td>太天天天天臺天天
陽魁馬貴福輔月虛
陷旺平平廟　　平
病
奏書
歲驛　84 ~ 93　辛
歲破　財帛宮　亥</td>
</tr>
</table>

星情直讀：

2004 年

流年命宮天梁、天姚星；

流年夫妻宮文昌、鳳閣星；

流年福德宮天同化權、龍池、文曲星；

所以判斷：命主在 2004 年感情不順利，多口舌矛盾，但是透過努力可以結婚。

事實上：命主 2004 年結婚。

例題 8

<table>
<tr>
<td>天右文陀鳳天年
梁弼曲羅閣廚解
得平廟陷廟 旺

官府 絕
指背 112 ~ 121 乙
歲建 兄弟宮 巳</td>
<td>七祿天天咸
殺存姚空池
旺廟平廟陷

博士 1998年 胎
咸池 2 ~ 11 丙
晦氣 命 宮 午</td>
<td>擎臺蜚
羊輔廉
廟

力士 養
月煞 12 ~ 21 丁
喪門 父母宮 未</td>
<td>廉天孤
貞巫辰
廟 平
身宮
青龍 長生
亡神 22 ~ 31 戊
貫索 福德宮 申</td>
</tr>
<tr>
<td>紫天火天寡陰
微相星喜宿煞
得得陷陷陷

伏兵 墓
天煞 102 ~ 111 甲
病符 夫妻宮 辰</td>
<td colspan="2" rowspan="2">出生西曆：1977年8月14日2時0分，星期日.
出生農曆：丁巳年 六月 三十日 丑時.

坤造 丁 戊 癸 癸 (日空辰、巳)
巳 申 卯 丑

1命宮 2兄弟 3夫妻 4子女 5財帛 6疾厄
7遷移 8交友 9官祿 10田宅 11福德 12父母

甲干 廉貞-太陽 乙干 天機-太陰 丙干 天同-廉貞 丁干 太陰-巨門
戊干 貪狼-天機 己干 武曲-文曲
庚干 太陽-天同 辛干 巨門-文昌 壬干 天梁-武曲 癸干 破軍-貪狼</td>
<td>左文天天龍破
輔昌鉞貴池碎
陷廟廟廟廟平

小耗 沐浴
將星 32 ~ 41 己
官符 田宅宮 酉</td>
</tr>
<tr>
<td>天巨封天
機門誥月
旺廟
科忌
大耗 死
災煞 92 ~ 101 癸
弔客 子女宮 卯</td>
<td>破地紅大月
軍空鸞耗德
旺陷陷平

將軍 冠帶
攀鞍 42 ~ 51 庚
小耗 官祿宮 戌</td>
</tr>
<tr>
<td>貪天三天截劫天
狼刑臺官空煞德
平廟平平陷 平

病符 病
劫煞 82 ~ 91 壬
天德 財帛宮 寅</td>
<td>太太恩天天天華
陽陰光壽使哭蓋
不廟廟廟陷廟陷
祿
喜神 衰
華蓋 72 ~ 81 癸
白虎 疾厄宮 丑</td>
<td>武天地八解旬龍
曲府劫座神空德
旺廟陷陷廟陷

飛廉 帝旺
息神 62 ~ 71 壬
龍德 遷移宮 子</td>
<td>天天鈴天天天天天
同魁星馬才福傷虛
廟旺利平廟廟旺平
權
奏書 臨官
歲驛 52 ~ 61 辛
歲破 交友宮 亥</td>
</tr>
</table>

星情直讀：

1998 年

流年命宮七殺、天空、天姚、祿存星，照武曲化權、天府星；

流年夫妻宮紫微、天相、天喜，照破軍；

流年福德宮廉貞星；

所以判斷：命主在 1998 年會有戀愛同居或者結婚，但是阻力多壓力大，有反覆。

事實上：命主 1998 年結婚，當年離婚，因為丈夫外遇而離婚。

例題 9

<table>
<tr>
<td>巨右陀地地天孤蜚破
門弼羅劫空馬辰廉碎
旺平陷不廟平陷　陷

官府
歲驛　42～51　絕　己
喪門　官祿宮　巳</td>
<td>廉天祿天天天
貞相存喜姚傷
平廟廟廟平陷

博士
息神　52～61　胎　庚
貫索　交友宮　午</td>
<td>天擎龍鳳年華
梁羊池閣解蓋
旺廟廟陷得陷
科
力士
華蓋　62～71　養　辛
官符　遷移宮　未</td>
<td>七天天封天天旬大劫月
殺鉞使誥巫廚空耗煞德
廟廟平　　廟陷

青龍
劫煞　72～81　長生　壬
小耗　疾厄宮　申</td>
</tr>
<tr>
<td>貪文鈴八恩天天天陰
狼昌星座光才壽空煞
廟得陷旺廟陷廟廟
權
伏兵
攀鞍　32～41　墓　戊
晦氣　田宅宮　辰</td>
<td colspan="2" rowspan="2">出生西曆：1939年7月18日12時0分，星期二.
出生農曆：己卯年 六月 初二日 午時.

坤造 己　辛　丙　甲 (日空子、醜)
　　 卯　未　辰　午

1命宮　2兄弟　3夫妻　4子女　5財帛　6疾厄
7遷移　8交友　9官祿　10田宅　11福德　12父母

甲干 廉貞-太陽　乙干 天機-太陰　丙干 天同-廉貞　丁干 太陰-巨門
戊干 貪狼-天機　己干 武曲-文曲
庚干 太陽-天同　辛干 巨門-文昌　壬干 天梁-武曲　癸干 破軍-貪狼</td>
<td>天左天截天
同輔官空虛
平陷平廟旺

小耗
災煞　82～91　沐浴　癸
歲破　財帛宮　酉</td>
</tr>
<tr>
<td>太火天天
陰星月哭
陷利　廟

大耗
將星　22～31　死　丁
歲建　福德宮　卯</td>
<td>武文三天龍
曲曲臺貴德
廟陷旺旺
祿忌
將軍
天煞　92～101　冠帶　甲
龍德　子女宮　戌</td>
</tr>
<tr>
<td>紫大天天
微府刑福
旺廟廟旺

病符
亡神　12～21　病　丙
病符　父母宮　寅</td>
<td>天寡
機宿
陷平
身宮
喜神　1960年　衰
月煞　2～11　丁
弔客　命宮　丑</td>
<td>破天紅臺解咸天
軍魁鸞輔神池德
廟旺廟　廟陷廟

飛廉
咸池　112～121　帝旺　丙
天德　兄弟宮　子</td>
<td>太
陽
陷

奏書
指背　102～111　臨官　乙
白虎　夫妻宮　亥</td>
</tr>
</table>

星情直讀：

1960 年

流年命宮無主星，照天梁化祿、龍池星；

流年夫妻宮太陽化祿；

流年官祿宮巨門星；

所以判斷：命主在 1960 年有成婚之喜。

事實上：命主 1960 年結婚。

例題 10

<table>
<tr>
<td>天左祿火天天封天天孤劫
梁輔存星喜傷誥月空辰煞
得平廟得廟平　　廟陷
博士　　　　　長生
劫煞　74～83　丁
晦氣　交友宮　巳</td>
<td>七擎鳳天蜚年
殺羊閣廚廉解
旺陷平　　廟
身宮
官府　　　　　養
災煞　64～73　戊
喪門　遷移宮　午</td>
<td>文文天天
昌曲鉞使
利旺旺平
伏兵　　　　　胎
天煞　54～63　己
貫索　疾厄宮　未</td>
<td>廉地龍解天
貞空池神巫
廟廟平不
大耗　　　　　絕
指背　44～53　庚
官符　財帛宮　申</td>
</tr>
<tr>
<td>紫天陀天華
微相羅才蓋
得得廟陷廟
力士　　　　　沐浴
華蓋　84～93　丙
歲建　官祿宮　辰</td>
<td colspan="2" rowspan="2">出生西曆：1928年3月12日5時36分，星期一.
出生農曆：戊辰年 二月 廿一日 卯時.

坤造 戊　乙　辛　辛 (日空寅、卯)
　　 辰　卯　亥　卯

1命宮　2兄弟　3夫妻　4子女　5財帛　6疾厄
7遷移　8交友　9官祿　10田宅　11福德　12父母

甲干 廉貞-太陽　乙干 天機-太陰　丙干 天同-廉貞　丁干 太陰-巨門
戊干 貪狼-天機　己干 武曲-文曲
庚干 太陽-天同　辛干 巨門-文昌　壬干 天梁-武曲　癸干 破軍-貪狼</td>
<td>右臺咸月
弼輔池德
陷　平
科
病符　　　　　墓
咸池　34～43　辛
小耗　子女宮　酉</td>
</tr>
<tr>
<td>天巨天天
機門官福
旺廟旺平
忌
青龍　　　　　冠帶
息神　94～103　乙
病符　田宅宮　卯</td>
<td>破天天旬天
軍刑壽空虛
旺廟廟陷陷
喜神　　　　　死
月煞　24～33　壬
歲破　夫妻宮　戌</td>
</tr>
<tr>
<td>貪地天天恩天天
狼劫馬姚光貴哭
平平旺旺平平平
祿
1946年　臨官
小耗
歲驛　104～113　甲
弔客　福德宮　寅</td>
<td>太太天鈴三八寡破天
陽陰魁星臺座宿碎德
不廟旺得廟廟平陷廟
權
將軍　　　　　帝旺
攀鞍　114～123　乙
天德　父母宮　丑</td>
<td>武天截陰
曲府空煞
旺廟陷
奏書　　　　　衰
將星　4～13　甲
白虎　命 宮　子</td>
<td>天紅大龍
同鸞耗德
廟廟陷
飛廉　　　　　病
亡神　14～23　癸
龍德　兄弟宮　亥</td>
</tr>
</table>

星情直讀：

1946 年

流年命宮貪狼化祿、天姚星，合天同化祿、紅鸞星；

流年夫妻宮天府星，加會紫微星、廉貞星；

流年官祿宮七殺、鳳閣星；

所以判斷：命主在 1946 年有成婚之喜。

事實上：命主 1946 年結婚。

例題 11

<table>
<tr>
<td>巨文三孤
門昌臺辰
旺廟平陷

絕
大耗
亡神 92 ~ 101 辛
貫索 子女宮 巳</td>
<td>廉天火地恩龍天解旬
貞相星空光池福神空
平廟廟廟廟不平廟廟
身宮
胎
伏兵
將星 102 ~ 111 壬
官符 夫妻宮 午</td>
<td>天天陀天封截月
梁鉞羅喜誥空德
旺旺廟陷　廟

養
官府
攀鞍 112 ~ 121 癸
小耗 兄弟宮 未</td>
<td>七祿鈴天天風天天年
殺存星馬刑閣壽虛解
廟廟陷旺陷不旺廟利

長生
博士
歲驛 2 ~ 11 甲
歲破 命 宮 申</td>
</tr>
<tr>
<td>貪地天陰
狼劫哭煞
廟陷平

墓
病符
月煞 82 ~ 91 庚
喪門 財帛宮 辰</td>
<td colspan="2" rowspan="2">出生西曆：1951年1月10日10時0分，星期三.
出生農曆：庚寅年 十二月 初三日 巳時.

乾造 庚　己　庚　辛 (日空寅、卯)
　　 寅　丑　戌　巳

1命宮 2兄弟 3夫妻 4子女 5財帛 6疾厄
7遷移 8交友 9官祿 10田宅 11福德 12父母

甲干 廉貞-太陽 乙干 天機-太陰 丙干 天同-廉貞 丁干 太陰-巨門
戊干 貪狼-天機 己干 武曲-文曲
庚干 太陽-天同 辛干 巨門-文昌 壬干 天梁-武曲 癸干 破軍-貪狼</td>
<td>天文擎八破大龍
同曲羊座碎耗德
平廟陷廟平不
忌

沐浴
力士
息神 12 ~ 21 乙
龍德 父母宮 酉</td>
</tr>
<tr>
<td>太左天天咸
陰輔使空池
陷陷平平平
科

死
喜神
咸池 72 ~ 81 己
晦氣 疾厄宮 卯</td>
<td>武天天蜚華
曲貴才廉蓋
廟旺陷　平
權

冠帶
青龍
華蓋 22 ~ 31 丙
白虎 福德宮 戌</td>
</tr>
<tr>
<td>紫大天天
微府廚月
旺廟

病
飛廉
指背 62 ~ 71 戊
歲建 遷移宮 寅</td>
<td>天天紅天寡
機魁鸞傷宿
陷旺陷平平

衰
奏書
天煞 52 ~ 61 己
病符 交友宮 丑</td>
<td>破天
軍姚
廟陷

1975年 帝旺
將軍
災煞 42 ~ 51 戊
弔客 官祿宮 子</td>
<td>太右天臺天劫天
陽弼官輔巫煞德
陷平旺　　　平
祿

臨官
小耗
劫煞 32 ~ 41 丁
天德 田宅宮 亥</td>
</tr>
</table>

星情直讀：

1975 年

流年命宮破軍、天姚星；

流年夫妻宮，照貪狼星；

流年福德宮紫微化科、天府，照七殺、祿存星；

所以判斷：命主在 1975 年有結婚機會。

事實上：命主 1975 年結婚。

例題 12

<table>
<tr>
<td>天祿天天破劫月
相存刑巫碎煞德
得廟陷　陷
長生
博士
劫煞　44~53　丁
小耗　官祿宮　巳</td>
<td>天擎天天旬天天
梁羊傷廚空哭虛
廟陷陷　廟陷平
沐浴
力士
災煞　54~63　戊
歲破　交友宮　午</td>
<td>廉七天鈴天大龍
貞殺鉞星壽耗德
利廟旺利旺平
身宮
冠帶
青龍
天煞　64~73　己
龍德　遷移宮　未</td>
<td>地天蜚
劫使廉
廟平
臨官
小耗
指背　74~83　庚
白虎　疾厄宮　申</td>
</tr>
<tr>
<td>巨陀八龍解華
門羅座池神蓋
陷廟旺廟廟廟
1974年　養
官府
華蓋　34~43　丙
官符　田宅宮　辰</td>
<td colspan="2" rowspan="2">出生西曆：1948年10月13日18時0分，星期三。
出生農曆：戊子年 九月 十一日 酉時。

乾造 戊　壬　辛　丁(日空戌、亥)
　　 子　戌　未　酉

1命宮 2兄弟 3夫妻 4子女 5財帛 6疾厄
7遷移 8交友 9官祿 10田宅 11福德 12父母

甲干 廉貞-太陽 乙干 天機-太陰 丙干 天同-廉貞 丁干 太陰-巨門
戊干 貪狼-天機 己干 武曲-文曲
庚干 太陽-天同 辛干 巨門-文昌 壬干 天梁-武曲 癸干 破軍-貪狼</td>
<td>天天咸天
喜姚池德
廟廟平不
帝旺
將軍
咸池　84~93　辛
天德　財帛宮　酉</td>
</tr>
<tr>
<td>紫貪紅天天臺
微狼鸞官福輔
旺利廟旺平
祿
胎
伏兵
息神　24~33　乙
貫索　福德宮　卯</td>
<td>天三恩天鳳寡陰年
同臺光貴閣宿煞解
平旺廟旺廟陷　廟
衰
奏書
月煞　94~103　壬
弔客　子女宮　戌</td>
</tr>
<tr>
<td>天太右地天天孤
機陰弼空馬月辰
得旺旺陷旺　平
忌權科
絕
大耗
歲驛　14~23　甲
喪門　父母宮　寅</td>
<td>天文文天天天
府昌曲魁才空
廟廟廟旺平平
墓
病符
攀鞍　4~13　乙
晦氣　命宮　丑</td>
<td>太左截
陽輔空
陷旺陷
死
喜神
將星　114~123　甲
歲建　兄弟宮　子</td>
<td>武破火封
曲軍星誥
平平利
病
飛廉
亡神　104~113　癸
病符　夫妻宮　亥</td>
</tr>
</table>

星情直讀：

1974 年

流年命宮龍池、巨門星，合天喜、天姚星；

流年夫妻宮太陰；

流年福德宮天梁化權；

所以判斷：命主在 1974 年有成婚之喜。

事實上：命主 1974 年結婚。

第四節 感情複雜 例題

觀察宮：命宮、夫妻宮、子女宮以及疾厄宮。

觀察星：貪狼、七殺、破軍、太陽、巨門、左輔、右弼、天馬、蜚蠊、天鉞、文曲、天廚、文昌、紅鸞、陰煞、陀羅、天使、龍池、鳳閣、陷落的太陰、地劫、三台、天喜天傷、天姚。

天府天喜、天府左輔、天府天廚、天府天馬。

天同天姚、天同龍池、天同化忌、天同巨門、天同太陰。

天梁天機、天梁太陽化忌、天梁天傷。

太陰太陽、太陰火星、太陰龍池。

紫微破軍、紫微地劫。

天相天傷、天相天空、天相天刑、天相陰煞。

天機天馬。

太陽鈴星。

廉貞破軍、廉貞七殺、廉貞鈴星。

七殺地劫、七殺武曲。

破軍火星。
巨門鈴星、巨門天傷。
貪狼天馬、貪狼廉貞、貪狼武曲、貪狼火星、貪狼右弼。
天姚文昌、天姚火星、天姚擎羊。
條件：星在如上的宮，星有四化。
判斷：以上幾個宮位，有三個或以上的宮，坐或者會照如上的星曜六個以上，或以上宮有四化，則感情複雜。

以下例題，所用到的流年的命宮，標註在大運起止數位之上，為了使圖片簡潔清晰，對於其他的宮位不一一標註，您在心裡逆數就可以了。

例題 1

<table>
<tr>
<td>天天天天孤蜚破
同馬姚巫辰廉碎
廟平平　陷　陷

青龍　　　　絕
歲驛　92～101　辛
喪門　子女宮　巳</td>
<td>武天右天天天截陰
曲府弼喜貴廚空煞
旺旺旺廟廟　廟

小耗　　　　胎
息神　102～111　壬
貫索　夫妻宮　午</td>
<td>太太火龍鳳天天年華
陽陰星池閣壽月解蓋
得不利廟陷旺　得陷
忌
將軍　　　　養
華蓋　112～121　癸
官符　兄弟宮　未</td>
<td>貪左天鈴天大劫月
狼輔鉞星福耗煞德
平平廟陷廟陷

奏書　　　　長生
劫煞　2～11　甲
小耗　命 宮　申</td>
</tr>
<tr>
<td>破擎恩天臺天
軍羊光官輔空
旺廟廟旺　廟
身宮
力士　　　　墓
攀鞍　82～91　庚
晦氣　財帛宮　辰</td>
<td colspan="2" rowspan="2">出生西曆：1975年6月27日20時0分，星期五.
出生農曆：乙卯年 五月 十八日 戌時.

坤造 乙　王　甲　甲 (日空寅、卯)
　　 卯　午　辰　戌

1命宮 2兄弟 3夫妻 4子女 5財帛 6疾厄
7遷移 8交友 9官祿 10田宅 11福德 12父母

甲干 廉貞-太陽 乙干 天機-太陰 丙干 天同-廉貞 丁干 太陰-巨門
戊干 貪狼-天機 己干 武曲-文曲
庚干 太陽-天同 辛干 巨門-文昌 壬干 天梁-武曲 癸干 破軍-貪狼</td>
<td>天巨地天
機門劫虛
旺廟平旺
祿
飛廉　　　　沐浴
災煞　12～21　乙
歲破　父母宮　酉</td>
</tr>
<tr>
<td>祿天天
存使哭
廟平廟

博士　　　　死
將星　72～81　己
歲建　疾厄宮　卯</td>
<td>紫天龍
微相德
得得
科
喜神　　　　冠帶
天煞　22～31　丙
龍德　福德宮　戌</td>
</tr>
<tr>
<td>廉文陀
貞曲羅
廟平陷

官府　　　　病
亡神　62～71　戊
病符　遷移宮　寅</td>
<td>地天三八天寡
空刑臺座傷宿
陷陷廟廟平平

伏兵　　　　衰
月煞　52～61　己
弔客　交友宮　丑</td>
<td>七文天紅封解旬咸天
殺昌魁鸞誥神空池德
旺得旺廟　廟陷陷廟

大耗　　　　帝旺
咸池　42～51　戊
天德　官祿宮　子</td>
<td>天天
梁才
陷廟
權
病符　　　　臨官
指背　32～41　丁
白虎　田宅宮　亥</td>
</tr>
</table>

星情直讀：

本命命宮貪狼、天鉞、鈴星、左輔星；

本命夫妻宮天府、陰煞、天喜、右弼星；

本命子女宮天同、天姚、天馬星；

所以判斷：命主一生感情複雜。

事實上：命主婚前當小三長達四、五年、然後分手。結婚以後開飯店迎來送往的交際在人群之中。

例題 2

<table>
<tr>
<td>紫七陀三天破
微殺羅臺才碎
旺平陷平廟陷
長生
官府
指背　94～103　己
白虎　子女宮　巳</td>
<td>文祿紅封解咸陰天
昌存鸞誥神池煞德
陷廟旺　廟陷　旺
沐浴
博士
咸池　104～113　庚
天德　夫妻宮　午</td>
<td>擎火地天寡
羊星空刑宿
廟利平陷不
冠帶
力士
月煞　114～123　辛
弔客　兄弟宮　未</td>
<td>文天恩天
曲鉞光廚
得廟平
忌
臨官
青龍
亡神　4～13　壬
病符　命宮　申</td>
</tr>
<tr>
<td>天天龍
機梁德
利廟
科
身宮
養
伏兵
天煞　84～93　戊
龍德　財帛宮　辰</td>
<td colspan="2" rowspan="2">出生西曆：1969年12月24日8時0分，星期三。
出生農曆：己酉年 十一月 十六日 辰時.

坤造 己　丙　癸　丙(日空戌、亥)
　　 酉　子　酉　辰

1命宮 2兄弟 3夫妻 4子女 5財帛 6疾厄
7遷移 8交友 9官祿 10田宅 11福德 12父母

甲干 廉貞-太陽　乙干 天機-太陰　丙干 天同-廉貞　丁干 太陰-巨門
戊干 貪狼-天機　己干 武曲-文曲
庚干 太陽-天同　辛干 巨門-文昌　壬干 天梁-武曲　癸干 破軍-貪狼</td>
<td>廉破八天截天
貞軍座官空哭
平陷廟平廟不
帝旺
小耗
將星　14～23　癸
歲建　父母宮　酉</td>
</tr>
<tr>
<td>天地天天
相劫使虛
陷平平廟
胎
大耗
災煞　74～83　丁
歲破　疾厄宮　卯</td>
<td>天臺天天
貴輔月空
旺　陷
衰
將軍
攀鞍　24～33　甲
晦氣　福德宮　戌</td>
</tr>
<tr>
<td>太巨左鈴天天旬大劫月
陽門輔星福巫空耗煞德
旺廟廟廟旺　陷陷
絕
病符
劫煞　64～73　丙
小耗　遷移宮　寅</td>
<td>武貪龍鳳天天年華
曲狼池閣壽傷解蓋
廟廟平平廟平得陷
祿權
墓
喜神
華蓋　54～63　丁
官符　交友宮　丑</td>
<td>天太右天天
同陰弼魁喜
旺廟廟旺旺
死
飛廉
息神　44～53　丙
貫索　官祿宮　子</td>
<td>天天天孤蜚
府馬姚辰廉
得平陷陷
病
奏書
歲驛　34～43　乙
喪門　田宅宮　亥</td>
</tr>
</table>

星情直讀：

本命命宮文曲、天鉞星；

本命夫妻宮文昌、紅鸞、陰煞星；

本命子女宮紫微、七殺、三台星；

本命疾厄宮天相、地劫、天使星；

所以判斷：命主一生感情複雜。

事實上：命主第一次結婚嫁給一個二婚男子，但是婚後出軌某男子而且遷延日久。

例題 3

<table>
<tr>
<td>天祿天恩天天孤劫
府存喜光官空辰煞
得廟廟平旺廟陷
身宮
臨官
博士
劫煞 86 ~ 95 癸
晦氣 財帛宮 巳</td>
<td>天太文擎火鳳封解蜚年
同陰昌羊星閣誥神廉解
陷不陷陷廟平 廟 廟
祿 科
帝旺
力士
災煞 96 ~ 105 甲
喪門 子女宮 午</td>
<td>武貪地天
曲狼空貴
廟廟平旺
衰
青龍
天煞 106 ~ 115 乙
貫索 夫妻宮 未</td>
<td>太巨文天龍
陽門曲刑池
得廟得陷平
病
小耗
指背 116 ~ 125 丙
官符 兄弟宮 申</td>
</tr>
<tr>
<td>陀天截陰華
羅使空煞蓋
廟陷陷 廟
冠帶
官府
華蓋 76 ~ 85 壬
歲建 疾厄宮 辰</td>
<td colspan="2" rowspan="2">出生西曆：1977年1月31日8時0分，星期一.
出生農曆：丙辰年 十二月 十三日 辰時.

乾造 丙 辛 戊 丙 (日空午、未)
辰 丑 子 辰

1命宮 2兄弟 3夫妻 4子女 5財帛 6疾厄
7遷移 8交友 9官祿 10田宅 11福德 12父母

甲干 廉貞-太陽 乙干 天機-太陰 丙干 天同-廉貞 丁干 太陰-巨門
戊干 貪狼-天機 己干 武曲-文曲
庚干 太陽-天同 辛干 巨門-文昌 壬干 天梁-武曲 癸干 破軍-貪狼</td>
<td>天天天咸月
相鉞壽池德
陷廟平平
死
將軍
咸池 6 ~ 15 丁
小耗 命 宮 酉</td>
</tr>
<tr>
<td>廉破左地三
貞軍輔劫臺
平陷陷平陷
忌
沐浴
伏兵
息神 66 ~ 75 辛
病符 遷移宮 卯</td>
<td>天天臺天
機梁輔虛
利廟 陷
權
墓
奏書
月煞 16 ~ 25 戊
歲破 父母宮 戌</td>
</tr>
<tr>
<td>鈴天天天天
星馬傷月哭
廟旺平 平
長生
大耗
歲驛 56 ~ 65 庚
弔客 交友宮 寅</td>
<td>天寡破天
才宿碎德
平平陷廟
養
病符
攀鞍 46 ~ 55 辛
天德 官祿宮 丑</td>
<td>天天天旬
姚福廚空
陷平 陷
胎
喜神
將星 36 ~ 45 庚
白虎 田宅宮 子</td>
<td>紫七右天紅八天大龍
微殺弼魁鸞座巫耗德
旺平平旺廟廟 陷
絕
飛廉
亡神 26 ~ 35 己
龍德 福德宮 亥</td>
</tr>
</table>

星情直讀：

本命夫妻宮貪狼、武曲星；

本命子女宮天同、太陰、文昌星；

本命疾厄宮天使、陰煞星；

所以判斷：命主一生感情複雜。

事實上：命主婚前與女友同居但是沒有結婚，之後結婚兩次，第二個妻子出軌。

例題 4

<table>
<tr>
<td>天祿紅天封大龍
同存鸞壽誥耗德
廟廟旺平　陷
長生
博士
亡神 44～53 丁
龍德 官祿宮 巳</td>
<td>武天左擎鈴天天
曲府輔羊星傷廚
旺旺旺陷廟陷
沐浴
力士
將星 54～63 戊
白虎 交友宮 午</td>
<td>太太文文天三八恩天寡天
陽陰昌曲鉞臺座光貴宿德
得不利旺旺廟平旺旺不廟
權
身宮
冠帶
青龍
攀鞍 64～73 己
天德 遷移宮 未</td>
<td>貪右地天天天
狼弼空馬使哭
平不廟旺平廟
祿科
臨官
小耗
歲驛 74～83 庚
弔客 疾厄宮 申</td>
</tr>
<tr>
<td>破陀火天旬天
軍羅星月空虛
旺廟陷　陷陷
養
官府
月煞 34～43 丙
歲破 田宅宮 辰</td>
<td colspan="2" rowspan="2">出生西曆：1958年5月14日6時0分，星期三.
出生農曆：戊戌年 三月 廿六日 卯時.

乾造 戊　丁　辛　辛 (日空午、未)
　　 戌　巳　卯　卯

1命宮 2兄弟 3夫妻 4子女 5財帛 6疾厄
7遷移 8交友 9官祿 10田宅 11福德 12父母

甲干 廉貞-太陽 乙干 天機-太陰 丙干 天同-廉貞 丁干 太陰-巨門
戊干 貪狼-天機 己干 武曲-文曲
庚干 太陽-天同 辛干 巨門-文昌 壬干 天梁-武曲 癸干 破軍-貪狼</td>
<td>天巨臺
機門輔
旺廟
忌
帝旺
將軍
息神 84～93 辛
病符 財帛宮 酉</td>
</tr>
<tr>
<td>天天天咸月
姚官福池德
廟旺平平
胎
伏兵
咸池 24～33 乙
小耗 福德宮 卯</td>
<td>紫天解陰華
微相神煞蓋
得得廟　平
衰
奏書
華蓋 94～103 壬
歲建 子女宮 戌</td>
</tr>
<tr>
<td>廉地龍天
貞劫池巫
廟平平
絕
大耗
指背 14～23 甲
官符 父母宮 寅</td>
<td>天破
魁碎
旺陷
墓
病符
天煞 4～13 乙
貫索 命　宮 丑</td>
<td>七鳳截蜚年
殺閣空廉解
旺廟陷　廟
死
喜神
災煞 114～123 甲
喪門 兄弟宮 子</td>
<td>天天天天天孤劫
梁喜刑才空辰煞
陷旺陷廟平陷
病
飛廉
劫煞 104～113 癸
晦氣 夫妻宮 亥</td>
</tr>
</table>

星情直讀：

本命命宮，加會天同、巨門星；

本命夫妻宮天喜星；

本命疾厄宮貪狼、右弼、天使星；

所以判斷：命主一生感情複雜。

事實上：命主是一個好色之徒，利用職業之便到處採花，但是沒有離婚。

例題 5

<table>
<tr>
<td>紫七天火八天封天破劫月
微殺鉞星座壽誥巫碎煞德
旺平旺得廟平　　陷
權
身宮
長生
飛廉
劫煞　64～73　乙
小耗　遷移宮　巳</td>
<td>天天天天
福使哭虛
平平陷平
養
奏書
災煞　54～63　丙
歲破　疾厄宮　午</td>
<td>文文大龍
昌曲耗德
利旺平
胎
將軍
天煞　44～53　丁
龍德　財帛宮　未</td>
<td>地解蜚
空神廉
廟不
絕
小耗
指背　34～43　戊
白虎　子女宮　申</td>
</tr>
<tr>
<td>天天左龍天華
機梁輔池傷蓋
利廟廟廟平廟
祿科
沐浴
喜神
華蓋　74～83　甲
官符　交友宮　辰</td>
<td colspan="2" rowspan="2">出生西曆：1972年2月20日6時22分，星期日。
出生農曆：壬子年 正月 初六日 卯時。
坤造　壬　壬　辛　辛 (日空申、酉)
　　　子　寅　巳　卯
1命宮　2兄弟　3夫妻　4子女　5財帛　6疾厄
7遷移　8交友　9官祿　10田宅　11福德　12父母
甲干　廉貞-太陽　乙干　天機-太陰　丙干　天同-廉貞　丁干　太陰-巨門
戊干　貪狼-天機　己干　武曲-文曲
庚干　太陽-天同　辛干　巨門-文昌　壬干　天梁-武曲　癸干　破軍-貪狼</td>
<td>廉破天天三臺天咸天
貞軍喜刑臺輔廚池德
平陷廟廟廟　平不
墓
青龍
咸池　24～33　己
天德　夫妻宮　酉</td>
</tr>
<tr>
<td>天天紅截
相魁鸞空
陷廟廟平
冠帶
病符
息神　84～93　癸
貫索　官祿宮　卯</td>
<td>右陀風天天寡年
弼羅閣官月宿解
廟廟廟平　陷廟
死
力士
月煞　14～23　庚
弔客　兄弟宮　戌</td>
</tr>
<tr>
<td>太巨地天旬孤陰
陽門劫馬空辰煞
旺廟平旺陷平
臨官
大耗
歲驛　94～103　壬
喪門　田宅宮　寅</td>
<td>武貪鈴天天
曲狼星姚空
廟廟得平平
忌
帝旺
伏兵
攀鞍　104～113　癸
晦氣　福德宮　丑</td>
<td>天太擎
同陰羊
旺廟陷
衰
官府
將星　114～123　壬
太歲　父母宮　子</td>
<td>天祿恩天天
府存光貴才
得廟不平廟
病
博士
亡神　4～13　辛
病符　命宮　亥</td>
</tr>
</table>

星情直讀：

本命夫妻宮破軍、廉貞、天喜、三台星；

本命子女宮無主星，照太陽、巨門、天馬星；

本命疾厄宮天使星，照天同、太陰星；

所以判斷：命主一生感情複雜。

事實上：命主婚前與男友同居多年但是沒有成婚，婚後和丈夫感情不好，很多出軌的經歷。出軌行為與商業運作有關係。

例題 6

<table>
<tr>
<td>天天紅臺大龍
同鉞鸞輔耗德
廟旺旺　陷
飛廉　長生
亡神　94 ~ 103　乙
龍德　田宅宮　巳</td>
<td>武天天解
曲府福神
旺旺平廟
忌
奏書　養
將星　84 ~ 93　丙
白虎　官祿宮　午</td>
<td>太太天寡天
陽陰傷宿德
得不陷不廟
將軍　胎
攀鞍　74 ~ 83　丁
天德　交友宮　未</td>
<td>貪天天天
狼馬刑哭
平旺陷廟
小耗　絕
歲驛　64 ~ 73　戊
弔客　遷移宮　申</td>
</tr>
<tr>
<td>破三天陰
軍臺虛煞
旺廟陷
喜神　沐浴
月煞　104 ~ 113　甲
歲破　福德宮　辰</td>
<td colspan="2" rowspan="2">出生西曆：1983年2月8日22時0分，星期二。
出生農曆：癸亥年 十二月 廿六日 亥時。

坤造 癸 甲 丁 辛 (日空戌、亥)
亥 寅 卯 亥

1命宮 2兄弟 3夫妻 4子女 5財帛 6疾厄
7遷移 8交友 9官祿 10田宅 11福德 12父母

甲干 廉貞-太陽 乙干 天機-太陰 丙干 天同-廉貞 丁干 太陰-巨門
戊干 貪狼-天機 己干 武曲-文曲
庚干 太陽-天同 辛干 巨門-文昌 壬干 天梁-武曲 癸干 破軍-貪狼</td>
<td>天巨天天
機門使廚
旺廟陷
青龍　墓
息神　54 ~ 63　己
病符　疾厄宮　酉</td>
</tr>
<tr>
<td>左文天天截咸月
輔曲魁貴空池德
陷旺廟旺平平
科
病符　冠帶
咸池　114 ~ 123　癸
小耗　父母宮　卯</td>
<td>紫天陀地八天天華
微相羅劫座壽官蓋
得得廟平平廟平平
權
力士　死
華蓋　44 ~ 53　庚
歲建　財帛宮　戌</td>
</tr>
<tr>
<td>廉鈴龍天
貞星池月
廟廟平
大耗　臨官
指背　4 ~ 13　壬
官符　命 宮　寅</td>
<td>封破
誥碎
　陷
伏兵　帝旺
天煞　14 ~ 23　癸
貫索　兄弟宮　丑</td>
<td>七擎火地天鳳天旬蜚年
殺羊星空姚閣才空廉解
旺陷陷平陷廟旺陷　廟
身宮
官府　衰
災煞　24 ~ 33　壬
喪門　夫妻宮　子</td>
<td>天右文祿天恩天天孤劫
梁弼昌存喜光巫空辰煞
陷平利廟旺不　平陷
祿
博士　病
劫煞　34 ~ 43　辛
晦氣　子女宮　亥</td>
</tr>
</table>

星情直讀：

本命命宮廉貞、鈴星、龍池星；

本命夫妻宮七殺、天姚、火星；

本命子女宮天喜、文昌星；

本命疾厄宮巨門、天使、天廚星；

所以判斷：命主一生感情複雜。

事實上：命主婚前與男友同居但是未果，與另一個男子結婚，婚後感情不和，出軌行為很多但是沒有明確目的性，僅僅是好色。

例題 7

<table>
<tr>
<td>右鈴天天截破
弼星福傷空碎
平得旺平廟陷

病符　　　　　絕
指背　55～64　癸
白虎　交友宮　巳</td>
<td>天天地紅天天咸天
機鉞劫鸞姚廚池德
廟　廟旺平　陷旺

大耗　　　　　胎
咸池　65～74　甲
天德　遷移宮　午</td>
<td>紫破恩天寡
微軍光使宿
廟旺旺平不

伏兵　　　　　養
月煞　75～84　乙
弔客　疾厄宮　未</td>
<td>陀天
羅巫
陷

官府　　　　　長生
亡神　85～94　丙
病符　財帛宮　申</td>
</tr>
<tr>
<td>太地陰龍
陽空煞德
旺陷
權

喜神　　　　　墓
天煞　45～54　壬
龍德　官祿宮　辰</td>
<td colspan="2" rowspan="2">出生西曆：1981年7月19日14時0分，星期日.
出生農曆：辛酉年 六月 十八日 未時.

坤造 辛　乙　戊　己(口空辰、口)
　　 酉　未　戌　未

1命宮　2兄弟　3夫妻　4子女　5財帛　6疾厄
7遷移　8交友　9官祿　10田宅　11福德　12父母

甲干 廉貞-太陽　乙干 天機-太陰　丙干 天同-廉貞　丁干 太陰-巨門
戊干 貪狼-天機　己干 武曲-文曲
庚干 太陽-天同　辛干 巨門-文昌　壬干 天梁-武曲　癸干 破軍-貪狼</td>
<td>天左祿天天封天
府輔存才官誥哭
旺陷廟旺平　不

博士　　　　　沐浴
將星　95～104　丁
歲建　子女宮　酉</td>
</tr>
<tr>
<td>武七文天天天
曲殺昌貴月虛
利旺利旺　廟
忌

飛廉　　　　　死
災煞　35～44　辛
歲破　田宅宮　卯</td>
<td>太擎火天
陰羊星空
旺廟廟陷

力士　　　　　冠帶
攀鞍　105～114　戊
晦氣　夫妻宮　戌</td>
</tr>
<tr>
<td>天天天天三大劫月
同梁魁刑台耗煞德
利廟　廟平陷
身宮

奏書　　　　　病
劫煞　25～34　庚
小耗　福德宮　寅</td>
<td>天龍鳳台年華
相池閣輔解蓋
廟平平　得陷

將軍　　　　　衰
華蓋　15～24　辛
官符　父母宮　丑</td>
<td>巨天八解旬
門喜座神空
旺旺陷廟陷
祿

小耗　　　　　帝旺
息神　5～14　庚
貫索　命宮　子</td>
<td>廉貪文天天孤蜚
貞狼曲馬壽辰廉
陷陷旺平旺陷
科

青龍　　　　　臨官
歲驛　115～124　己
喪門　兄弟宮　亥</td>
</tr>
</table>

星情直讀：

本命命宮巨門、天喜星；

本命夫妻宮太陰、火星；

本命子女宮天府，左輔星；

本命疾厄宮紫微、破軍、天使星；

所以判斷：命主一生感情複雜。

事實上：命主婚前同居並結婚，但是兩年後離婚，並與一男子姘居多年最終沒有結婚，後來又嫁給另外一個男子。

例題 8

<table>
<tr>
<td>廉貪右文祿天破
貞狼弼昌存官碎
陷陷平廟廟旺陷
忌 科
博士 病
亡神 93～102 癸
病符 田宅宮 巳</td>
<td>巨擎火地天天
門羊星空姚壽
旺陷廟廟平平
官府 衰
將星 83～92 甲
歲建 官祿宮 午</td>
<td>天恩天封天
相光傷誥空
得旺陷 陷
伏兵 帝旺
攀鞍 73～82 乙
晦氣 交友宮 未</td>
<td>天天鈴天天天孤
同梁星馬才巫辰
旺陷陷旺廟 平
祿
大耗 臨官
歲驛 63～72 丙
喪門 遷移宮 申</td>
</tr>
<tr>
<td>太陀地凰截寡陰年
陰羅劫閣空宿煞解
陷廟陷陷陷陷 廟
力士 死
月煞 103～112 壬
弔客 福德宮 辰</td>
<td colspan="2" rowspan="2">出生西曆：1966年8月14日10時0分，星期日。
出生農曆：丙午年 六月 廿八日 巳時。

坤造 丙 丙 乙 辛（日空寅、卯）
午 申 巳 巳

1命宮 2兄弟 3夫妻 4子女 5財帛 6疾厄
7遷移 8交友 9官祿 10田宅 11福德 12父母

甲干 廉貞-太陽 乙干 天機-太陰 丙干 天同-廉貞 丁干 太陰-巨門
戊干 貪狼-天機 己干 武曲-文曲
庚干 太陽-天同 辛干 巨門-文昌 壬干 天梁-武曲 癸干 破軍-貪狼</td>
<td>武七左文天紅天
曲殺輔曲鉞鸞使
利旺陷廟廟旺陷
病符 冠帶
息神 53～62 丁
貫索 疾厄宮 酉</td>
</tr>
<tr>
<td>天天天咸天
府喜月池德
得旺 平平
青龍 墓
咸池 113～122 辛
天德 父母宮 卯</td>
<td>太龍華
陽池蓋
不陷平
喜神 沐浴
華蓋 43～52 戊
官符 財帛宮 戌</td>
</tr>
<tr>
<td>天八旬蜚
刑座空廉
廟廟陷
小耗 絕
指背 3～12 庚
白虎 命宮 寅</td>
<td>紫破大龍
微軍耗德
廟旺平
將軍 胎
天煞 13～22 辛
龍德 兄弟宮 丑</td>
<td>天三天解天天天
機臺福神廚哭虛
廟平平廟 平陷
權 身宮
奏書 養
災煞 23～32 庚
歲破 夫妻宮 子</td>
<td>天天臺劫月
魁貴輔煞德
旺平
飛廉 長生
劫煞 33～42 己
小耗 子女宮 亥</td>
</tr>
</table>

星情直讀：

本命命宮照天同、天梁、天馬星；

本命夫妻宮三台、天廚星，照巨門星；

本命疾厄宮武曲、七殺、文曲、左輔、天鉞、天使、紅鸞星；

所以判斷：命主一生感情複雜。

事實上：命主結一次婚但是丈夫懦弱，命主出軌行為很多是和商業運作有關係。

例題 9

<table>
<tr>
<td>天文天孤
府昌廚辰
得廟　陷

大耗　　　　長生
亡神　34～43　己
貫索　子女宮　巳</td>
<td>天太火地龍解
同陰星空池神
陷不廟廟不廟
身宮
病符　　　　養
將星　24～33　庚
官符　夫妻宮　午</td>
<td>武貪天天天封月
曲狼鉞喜官誥德
廟廟旺陷廟
科
喜神　　　　胎
攀鞍　14～23　辛
小耗　兄弟宮　未</td>
<td>太巨鈴天天天鳳天截天年
陽門星馬刑貴閣壽空虛解
得廟陷旺陷陷不旺廟廟利
忌
飛廉　　　　絕
歲驛　4～13　壬
歲破　命 宮　申</td>
</tr>
<tr>
<td>地恩天陰
劫光哭煞
陷廟平

伏兵　　　　沐浴
月煞　44～53　戊
喪門　財帛宮　辰</td>
<td colspan="2" rowspan="2">出生西曆：1975年1月12日10時0分，星期日。
出生農曆：甲寅年 十二月 初一日 巳時.

坤造 甲　丁　戊　丁(日空子、醜)
　　 寅　丑　午　巳

1命宮 2兄弟 3夫妻 4子女 5財帛 6疾厄
7遷移 8交友 9官祿 10田宅 11福德 12父母

甲干 廉貞-太陽　乙干 天機-太陰　丙干 天同-廉貞　丁干 太陰-巨門
戊干 貪狼-天機　己干 武曲-文曲
庚干 太陽-天同　辛干 巨門-文昌　壬干 天梁-武曲　癸干 破軍-貪狼</td>
<td>天文天破大龍
相曲福碎耗德
陷廟廟平不

奏書　　　　墓
息神　114～123　癸
龍德　父母宮　酉</td>
</tr>
<tr>
<td>廉破左擎三天天咸
貞軍輔羊臺使空池
平陷陷陷陷平平平
祿權
官府　　　　冠帶
咸池　54～63　丁
晦氣　疾厄宮　卯</td>
<td>天天天蜚華
機梁才廉蓋
利廟陷　平

將軍　　　　死
華蓋　104～113　甲
白虎　福德宮　戌</td>
</tr>
<tr>
<td>祿天
存月
廟

博士　　　　臨官
指背　64～73　丙
歲建　遷移宮　寅</td>
<td>天陀紅天寡
魁羅鸞傷宿
旺廟陷平平

力士　　　　帝旺
天煞　74～83　丁
病符　交友宮　丑</td>
<td>天旬
姚空
陷陷

青龍　　　　衰
災煞　84～93　丙
弔客　官祿宮　子</td>
<td>紫七右八臺天劫天
微殺弼座輔巫煞德
旺平平廟　　平

小耗　　　　病
劫煞　94～103　乙
天德　田宅宮　亥</td>
</tr>
</table>

星情直讀：

本命命宮太陽、巨門、天馬、天刑星；

本命夫妻宮天同、太陰、火星、龍池星；

本命子女宮天府、天廚、文昌星；

本命疾厄宮廉貞、破軍、天使、三台星；

所以判斷：命主一生感情複雜。

事實上：命主二婚，和丈夫感情不好，與領導出軌遷延多年，沒有明確的目的，辦公室戀情。

例題 10

<table>
<tr>
<td>廉貪紅封大龍
貞狼鸞誥耗德
陷陷旺　陷
臨官
小耗
亡神　42～51　辛
龍德　財帛宮　巳</td>
<td>巨鈴恩天天解陰
門星光貴福神煞
旺廟廟廟平廟
冠帶
青龍
將星　32～41　壬
白虎　子女宮　午</td>
<td>天文文天陀天天截寡天
相昌曲鉞羅刑才空宿德
得利旺旺廟陷平廟不廟
沐浴
力士
攀鞍　22～31　癸
天德　夫妻宮　未</td>
<td>天天祿地天天
同梁存空馬哭
旺陷廟廟旺廟
忌
長生
博士
歲驛　12～21　甲
弔客　兄弟宮　申</td>
</tr>
<tr>
<td>太火天天
陰星使虛
陷陷陷陷
科
帝旺
將軍
月煞　52～61　庚
歲破　疾厄宮　辰</td>
<td colspan="2" rowspan="2">出生西曆：1970年12月23日5時0分，星期三.
出生農曆：庚戌年 十一月 廿五日 卯時.

坤造 庚 戊 丁 癸 (日空申、酉)
　　 戌 子 丑 卯

1命宮 2兄弟 3夫妻 4子女 5財帛 6疾厄
7遷移 8交友 9官祿 10田宅 11福德 12父母

甲干 廉貞-太陽 乙干 天機-太陰 丙干 天同-廉貞 丁干 太陰-巨門
戊干 貪狼-天機 己干 武曲-文曲
庚干 太陽-天同 辛干 巨門-文昌 壬干 天梁-武曲 癸干 破軍-貪狼</td>
<td>武七擎臺
曲殺羊輔
利旺陷
權
養
官府
息神　2～11　乙
病符　命宮　酉</td>
</tr>
<tr>
<td>天咸月
府池德
得平
身宮
衰
奏書
咸池　62～71　己
小耗　遷移宮　卯</td>
<td>太天華
陽月蓋
不　平
祿
胎
伏兵
華蓋　112～121　丙
歲建　父母宮　戌</td>
</tr>
<tr>
<td>左地三龍天天天旬
輔劫臺池傷巫廚空
廟平平平平　陷
病
飛廉
指背　72～81　戊
官符　交友宮　寅</td>
<td>紫破天天破
微軍魁壽碎
廟旺旺廟陷
死
喜神
天煞　82～91　己
貫索　官祿宮　丑</td>
<td>天右八鳳蜚年
機弼座閣廉解
廟廟陷廟　廟
墓
病符
災煞　92～101　戊
喪門　田宅宮　子</td>
<td>天天天天孤劫
喜姚官空辰煞
旺陷旺平陷
絕
大耗
劫煞　102～111　丁
晦氣　福德宮　亥</td>
</tr>
</table>

星情直讀：

本命命宮七殺，武曲星；

本命夫妻宮文曲、文昌、天鉞、天相、天刑星；

本命子女宮巨門、鈴星、陰煞星；

本命疾厄宮太陰化科、火星、天使星；

所以判斷：命主一生感情複雜。

事實上：命主婚前在娛樂城做事多年，結了兩次婚都離了。

例題 11

<table>
<tr>
<td>紫七天天天臺截天
微殺馬福使輔空虛
旺平平旺平　廟旺
病
病符　73 ~ 82　癸
歲驛
歲破　疾厄宮　巳</td>
<td>天天龍
鉞廚德
死
大耗　83 ~ 92　甲
息神
龍德　財帛宮　午</td>
<td>天天天華
壽月哭蓋
旺　平陷
墓
伏兵　93 ~ 102　乙
華蓋
白虎　子女宮　未</td>
<td>陀火天劫天
羅星姚煞德
陷陷陷　平
身宮
絕
官府　103 ~ 112　丙
劫煞
天德　夫妻宮　申</td>
</tr>
<tr>
<td>天天紅天大月
機梁鸞刑耗德
利廟廟平平
衰
喜神　63 ~ 72　壬
攀鞍
小耗　遷移宮　辰</td>
<td colspan="2" rowspan="2">出生西曆：1971年10月2日22時22分，星期六.
出生農曆：辛亥年 八月 十四日 亥時.

坤造 辛　丁　庚　丁 (日空子、醜)
　　 亥　酉　申　亥

1命宮　2兄弟　3夫妻　4子女　5財帛　6疾厄
7遷移　8交友　9官祿　10田宅　11福德　12父母

甲干 廉貞-太陽　乙干 天機-太陰　丙干 天同-廉貞　丁干 太陰-巨門
戊干 貪狼-天機　己干 武曲-文曲
庚干 太陽-天同　辛干 巨門-文昌　壬干 天梁-武曲　癸干 破軍-貪狼</td>
<td>廉破祿鈴天天破
貞軍存星才官碎
平陷廟得旺平平
胎
博士　113 ~ 122　丁
災煞
弔客　兄弟宮　酉</td>
</tr>
<tr>
<td>天右文天龍天
相弼曲貴池傷
陷陷旺旺廟陷
科
帝旺
飛廉　53 ~ 62　辛
將星
官符　父友宮　卯</td>
<td>擎地天寡
羊劫喜宿
廟平陷陷
養
力士　3 ~ 12　戊
天煞
病符　命 宮　戌</td>
</tr>
<tr>
<td>太巨天八解旬孤
陽門魁座神空辰
旺廟　廟廟陷平
權祿
臨官
奏書　43 ~ 62　庚
亡神
貫索　官祿宮　寅</td>
<td>武貪封蜚
曲狼誥廉
廟廟
冠帶
將軍　33 ~ 42　辛
月煞
喪門　田宅宮　丑</td>
<td>天太地三天咸陰
同陰空臺空池煞
旺廟平平陷陷
沐浴
小耗　23 ~ 32　庚
咸池
晦氣　福德宮　子</td>
<td>天左文恩鳳天年
府輔昌光閣巫解
得不利不旺　得
忌
長生
青龍　13 ~ 22　己
指背
歲建　父母宮　亥</td>
</tr>
</table>

星情直讀：

本命命宮天同、文昌星；

本命夫妻宮天姚、擎羊星，照巨門、文曲星；

本命疾厄宮七殺、天使星；

所以判斷：命主一生感情複雜。

事實上：命主離婚兩次，之後與某男同居多年但是沒有結婚，後來在洗浴中心做事。

例題 12

<table>
<tr>
<td>天文陀天
機昌羅馬
平廟陷平
臨官
力士
歲驛 15～24 己
弔客 兄弟宮 巳</td>
<td>紫祿地天天
微存空刑月
廟廟廟平
冠帶
博士
息神 5～14 庚
病符 命 宮 午</td>
<td>擎封華
羊誥蓋
廟　陷
沐浴
官府
華蓋 115～124 辛
歲建 父母宮 未</td>
<td>破天紅天天天天孤陰劫
軍鉞鸞貴巫廚空辰煞煞
得廟廟陷　　旺平
長生
伏兵
劫煞 105～114 壬
晦氣 福德宮 申</td>
</tr>
<tr>
<td>七地恩解寡天
殺劫光神宿德
廟陷廟廟陷廟
身宮
帝旺
青龍
攀鞍 25～34 戊
天德 夫妻宮 辰</td>
<td colspan="2" rowspan="2">出生西曆：1979年12月14日10時0分，星期五。
出生農曆：己未年 十月 廿五日 巳時.

乾造 己　丙　乙　辛 (日空子、醜)
　　 未　子　卯　巳

1命宮 2兄弟 3夫妻 4子女 5財帛 6疾厄
7遷移 8交友 9官祿 10田宅 11福德 12父母

甲干 廉貞-太陽 乙干 天機-太陰 丙干 天同-廉貞 丁干 太陰-巨門
戊干 貪狼-天機 己干 武曲-文曲
庚干 太陽-天同 辛干 巨門-文昌 壬干 天梁-武曲 癸干 破軍-貪狼</td>
<td>文天截
曲官空
廟平廟
忌
養
大耗
災煞 95～104 癸
喪門 田宅宮 酉</td>
</tr>
<tr>
<td>太天鈴鳳蜚年
陽梁星閣廉解
廟廟利旺　廟
科
衰
小耗
將星 35～44 丁
白虎 子女宮 卯</td>
<td>廉天天
貞府姚
利廟廟
胎
病符
天煞 85～94 甲
貫索 官祿宮 戌</td>
</tr>
<tr>
<td>武天火天天龍
曲相星喜福德
得廟廟廟旺
祿
病
將軍
亡神 45～54 丙
龍德 財帛宮 寅</td>
<td>天巨左右三八天天天破
同門輔弼臺座才使虛碎
不不廟廟廟廟平陷廟陷
死
奏書
月煞 55～64 丁
歲破 疾厄宮 丑</td>
<td>貪天旬咸大月
狼魁空池耗德
旺旺陷陷旺
權
墓
飛廉
咸池 65～74 丙
小耗 遷移宮 子</td>
<td>太龍天天臺天
陰池壽傷輔哭
廟旺旺旺　平
絕
喜神
指背 75～84 乙
官符 交友宮 亥</td>
</tr>
</table>

星情直讀：

本命命宮紫微、天刑星；

本命夫妻宮七殺、地劫星；

本命疾厄宮天同、巨門、左輔、右弼、天使、三台星；

所以判斷：命主一生感情複雜。

事實上：命主婚前多段戀愛經歷，婚後再次出軌，後來離婚了。

第五節　多婚或者喪偶　例題

觀察宮：夫妻宮、交友宮（夫妻宮的疾厄宮）、福德宮（夫妻宮的官祿宮）。

觀察星：擎羊、火星、鈴星、天空、地劫、陷落的巨門、陷落的天同、天梁、句空、武曲、天哭、廟旺破軍、廟旺七殺、廟旺的貪狼、陷落的大刑、破碎、孤辰、寡宿、解神、封誥、貪狼廉貞、天姚廉貞、廉貞紅鸞、截空、陰煞、天魁、蜚蠊、鳳閣、陷落的太陽（女）、陷落的太陰（男）、左輔、右弼、陷落的紫微（女）、陷落的天府（男）、三台、八座、台輔、天姚天喜、紫微天府、殺破狼組合、天傷、天月。

條件：以上的宮氣衰弱或者多星聚集在如上宮、化忌或者化權落如上宮。

判斷：以上幾個宮位，有兩個或以上的宮，坐或者會照如上的星曜六個以上，或以上宮有化忌，則離婚或者喪偶。

以下例題，所用到的流年的命宮，標註在大運起止數字之上，為了使圖片簡潔清晰，對於其他的宮位不一一標註，您在心裡逆數就可以了。

例題 1

<table>
<tr>
<td>武破陀天破
曲軍羅巫碎
平平陷　陷
祿
臨官
力士
指背　15～24　己
白虎　兄弟宮　巳</td>
<td>太祿鈴紅咸天
陽存星鸞池德
旺廟廟旺陷旺
冠帶
博士
咸池　5～14　庚
天德　命宮　午</td>
<td>天擎地三八天寡
府羊劫臺座壽宿
廟廟平廟平旺不
沐浴
官府
月煞　115～124　辛
弔客　父母宮　未</td>
<td>天太天解天
機陰鉞神廚
得利廟不
長生
伏兵
亡神　105～114　壬
病符　福德宮　申</td>
</tr>
<tr>
<td>天左恩龍
同輔光德
平廟廟
帝旺
青龍
天煞　25～34　戊
龍德　夫妻宮　辰</td>
<td colspan="2" rowspan="2">出生西曆：1969年3月16日16時0分，星期日.
出生農曆：己酉年 正月 廿八日 申時.

坤造 己　丁　庚　甲 (日空午、未)
　　 酉　卯　寅　申

1命宮　2兄弟　3夫妻　4子女　5財帛　6疾厄
7遷移　8交友　9官祿　10田宅　11福德　12父母

甲干 廉貞-太陽　乙干 天機-太陰　丙干 天同-廉貞　丁干 太陰-巨門
戊干 貪狼-天機　己干 武曲-文曲
庚干 太陽-天同　辛干 巨門-文昌　壬干 天梁-武曲　癸干 破軍-貪狼</td>
<td>紫貪天天截天
微狼刑官空哭
旺利廟平廟不
權
養
大耗
將星　95～104　癸
歲建　田宅宮　酉</td>
</tr>
<tr>
<td>地天天
空才虛
平旺廟
衰
小耗
災煞　35～44　丁
歲破　子女宮　卯</td>
<td>巨右封天天
門弼誥月空
陷廟　陷
身宮
胎
病符
攀鞍　85～94　甲
晦氣　官祿宮　戌</td>
</tr>
<tr>
<td>文天天臺旬陰大劫月
昌貴福輔空煞耗煞德
陷平旺　陷　陷
病
將軍
劫煞　45～54　丙
小耗　財帛宮　寅</td>
<td>廉七天龍鳳天年華
貞殺姚池閣使解蓋
利廟平平平陷得陷
死
奏書
華蓋　55～64　丁
官符　疾厄宮　丑</td>
<td>天文天天
梁曲魁喜
廟得旺旺
科忌
墓
飛廉
息神　65～74　丙
貫索　遷移宮　子</td>
<td>天火天天孤蜚
相星馬傷辰廉
得利平旺陷
絕
喜神
歲驛　75～84　乙
喪門　交友宮　亥</td>
</tr>
</table>

星情直讀：

本命夫妻宮天同星陷落、左輔星，照右弼星；

本命交友宮火星、天傷、孤辰、蜚蠊星；

本命福德宮解神、截空星；

所以判斷：命主婚姻不只一次，否則喪偶。

事實上：命主 1990 年初次結婚，1992 年離婚；1995 年二次結婚，2001 年離婚。

例題 2

<table>
<tr>
<td>紫七文破劫月
微殺昌碎煞德
旺平廟陷
臨官
小耗
劫煞 65~74 辛
小耗 遷移宮 巳</td>
<td>左地天天天天
輔空福使哭虛
旺廟平平陷平
冠帶
青龍
災煞 55~64 壬
歲破 疾厄宮 午</td>
<td>天陀火封截大龍
鉞羅星誥空耗德
旺廟利　廟平
沐浴
力士
天煞 45~54 癸
龍德 財帛宮 未</td>
<td>右祿蜚
弼存廉
不廟
長生
博士
指背 35~44 甲
白虎 子女宮 申</td>
</tr>
<tr>
<td>天天地龍天天旬華
機梁劫池傷月空蓋
利廟陷廟干　陷廟
帝旺
將軍
華蓋 75~84 庚
官符 交友宮 辰</td>
<td colspan="2" rowspan="2">出生西曆：1960年4月3日9時30分，星期日.
出生農曆：庚子年 三月 初八日 巳時.
坤造 庚 己 辛 癸 (日空子、醜)
子 卯 酉 巳
1命宮 2兄弟 3夫妻 4子女 5財帛 6疾厄
7遷移 8交友 9官祿 10田宅 11福德 12父母
甲干 廉貞-太陽 乙干 天機-太陰 丙干 天同-廉貞 丁干 太陰-巨門
戊干 貪狼-天機 己干 武曲-文曲
庚干 太陽-天同 辛干 巨門-文昌 壬干 天梁-武曲 癸干 破軍-貪狼</td>
<td>廉破文擎天天咸天
貞軍曲羊喜壽池德
平陷廟陷廟平平不
身宮
養
官府
咸池 25~34 乙
天德 夫妻宮 酉</td>
</tr>
<tr>
<td>天鈴紅天天
相星鸞姚貴
陷利廟廟旺
衰
奏書
息神 85~94 己
貫索 官祿宮 卯</td>
<td>鳳解寡陰年
閣神宿煞解
廟廟陷　廟
胎
伏兵
月煞 15~24 丙
弔客 兄弟宮 戌</td>
</tr>
<tr>
<td>太巨天天天孤
陽門馬巫廚辰
旺廟旺　　平
祿
病
飛廉
歲驛 95~104 戊
喪門 田宅宮 寅</td>
<td>武貪天三八天
曲狼魁臺座空
廟廟旺廟廟平
權
死
喜神
攀鞍 105~114 己
晦氣 福德宮 丑</td>
<td>天太
同陰
旺廟
忌科
墓
病符
將星 115~124 戊
歲建 父母宮 子</td>
<td>天天恩天天臺
府刑光才官輔
得陷不廟旺
絕
大耗
亡神 5~14 丁
病符 命宮 亥</td>
</tr>
</table>

星情直讀：

本命夫妻宮宮氣不旺、天喜星，照天姚、紅鸞星；

本命交友宮天梁、地劫、天傷星；

本命福德宮武曲化權、貪狼、三台、八座星；

所以判斷：命主婚姻之路坎坷，有多次婚姻。

事實上：命主1988年初次結婚，1991年離婚；1999年二次結婚，2001年離婚，2002年第三次結婚。

例題 3

<table>
<tr>
<td>太陀天恩天天
陰羅馬光巫虛
陷陷平平　旺
臨官
官府
歲驛　36～45　己
歲破　田宅宮　巳</td>
<td>貪祿臺龍
狼存輔德
旺廟
權
帝旺
博士
息神　46～55　庚
龍德　官祿宮　午</td>
<td>天巨擎天天華
同門羊傷哭蓋
不不廟陷平陷
衰
力士
華蓋　56～65　辛
白虎　交友宮　未</td>
<td>武天天解天劫天
曲相鉞神廚煞德
得廟廟不　　平
祿
病
青龍
劫煞　66～75　壬
天德　遷移宮　申</td>
</tr>
<tr>
<td>廉天左文紅旬大月
貞府輔曲鸞空耗德
利廟廟得廟陷平
忌
冠帶
伏兵
攀鞍　26～35　戊
小耗　福德宮　辰</td>
<td colspan="2" rowspan="2">出生西曆：1959年2月16日0時30分，星期一.
出生農曆：己亥年 正月 初九日 子時.

坤造 己　丙　己　甲 (日空戌、亥)
　　 亥　寅　巳　子

1命宮 2兄弟 3夫妻 4子女 5財帛 6疾厄
7遷移 8交友 9官祿 10田宅 11福德 12父母

甲干 廉貞-太陽 乙干 天機-太陰 丙干 天同-廉貞 丁干 太陰-巨門
戊干 貪狼-天機 己干 武曲-文曲
庚干 太陽-天同 辛干 巨門-文昌 壬干 天梁-武曲 癸干 破軍-貪狼</td>
<td>太天火天天天截破
陽梁星刑官使空碎
平得得廟平陷廟平
科
死
小耗
災煞　76～85　癸
弔客　疾厄宮　酉</td>
</tr>
<tr>
<td>龍
池
廟
沐浴
大耗
將星　16～25　丁
官符　父母宮　卯</td>
<td>七右文鈴天天寡
殺弼昌星喜月宿
廟廟陷廟陷　陷
墓
將軍
天煞　86～95　甲
病符　財帛宮　戌</td>
</tr>
<tr>
<td>破八天封孤陰
軍座福誥辰煞
得廟旺　平
身宮
長生
病符
亡神　6～15　丙
貫索　命 宮　寅</td>
<td>天天天蜚
姚才壽廉
平平廟
養
喜神
月煞　116～125　丁
喪門　兄弟宮　丑</td>
<td>紫天三天咸
微魁臺空池
平旺平陷陷
胎
飛廉
咸池　106～115　丙
晦氣　夫妻宮　子</td>
<td>天地地天鳳年
機劫空貴閣解
平　陷平旺得
絕
奏書
指背　96～105　乙
歲建　子女宮　亥</td>
</tr>
</table>

星情直讀：

本命夫妻宮紫微星不旺、三台、天空星；

本命交友宮天同巨門陷落，天傷、天哭、擎羊星；

本命福德宮文曲化忌、紅鸞、左輔星，照七殺、右弼星；

所以判斷：命主婚姻之路坎坷，有多次婚姻。

事實上：1984 年初次成婚，1989 年離異；1997 年二次結婚，2004 年離婚；2005 年第三次結婚。

例題 4

<table>
<tr>
<td>武破天破劫月
曲軍鉞碎煞德
平平旺陷
忌
飛廉　　　　病
劫煞　83～92　乙
小耗　官祿宮　巳</td>
<td>太三天天天臺解天天
陽臺貴福傷輔神哭虛
旺旺廟平陷　廟陷平
奏書　　　　衰
災煞　73～82　丙
歲破　交友宮　午</td>
<td>天大龍
府耗德
廟平
將軍　　　　帝旺
天煞　63～72　丁
龍德　遷移宮　未</td>
<td>天太天八天蜚
機陰刑座使廉
得利陷廟平
小耗　　　　臨官
指背　53～62　戊
白虎　疾厄宮　申</td>
</tr>
<tr>
<td>天文龍陰華
同曲池煞蓋
平得廟　廟
喜神　　　　死
華蓋　93～102　甲
官符　田宅宮　辰</td>
<td colspan="2" rowspan="2">出生西曆：1973年1月19日0時0分，星期五.
出生農曆：壬子年 十二月 十六日 子時.

坤造 壬　癸　乙　丙 (日空子、醜)
　　 子　丑　卯　子

1命宮 2兄弟 3夫妻 4子女 5財帛 6疾厄
7遷移 8交友 9官祿 10田宅 11福德 12父母

甲干 廉貞-太陽 乙干 天機-太陰 丙干 天同-廉貞 丁干 太陰-巨門
戊干 貪狼-天機 己干 武曲-文曲
庚干 太陽-天同 辛干 巨門-文昌 壬干 天梁-武曲 癸干 破軍-貪狼</td>
<td>紫貪天天咸天
微狼喜廚池德
旺利廟　平不
權
青龍　　　　冠帶
咸池　43～52　己
天德　財帛宮　酉</td>
</tr>
<tr>
<td>左天紅截
輔魁鸞空
陷廟廟平
科
病符　　　　墓
息神　103～112　癸
貫索　福德宮　卯</td>
<td>巨文陀鈴鳳天寡年
門昌羅星閣官宿解
陷陷廟廟廟平陷廟
力士　　　　沐浴
月煞　33～42　庚
弔客　子女宮　戌</td>
</tr>
<tr>
<td>火天封天旬孤
星馬誥月空辰
廟旺　　陷平
大耗　　　　絕
歲驛　113～122　壬
喪門　父母宮　寅</td>
<td>廉七天天天
貞殺才壽空
利廟平廟平
身宮
伏兵　　　　胎
攀鞍　3～12　癸
晦氣　命宮　丑</td>
<td>天擎天恩
梁羊姚光
廟陷陷平
祿
官府　　　　養
將星　13～22　壬
歲建　兄弟宮　子</td>
<td>天右祿地地天
相弼存劫空巫
得平廟　陷
博士　　　　長生
亡神　23～32　辛
病符　夫妻宮　亥</td>
</tr>
</table>

星情直讀：

本命夫妻宮地劫、地空星，合父母宮火星、天馬星；

本命交友宮太陽、天傷、天哭、三台星，照天梁星；

本命福德宮左輔、紅鸞星，照紫微、天喜星；

所以判斷：命主婚姻之路坎坷，有多次婚姻。

事實上：1997 年第一次結婚，2006 年離婚；2008 年再次結婚，2014 年離婚。2015 年第三次結婚。

例題 5

<table>
<tr>
<td>廉貪天天天破劫月
貞狼鉞刑巫碎煞德
陷陷旺陷　陷
病
飛廉
劫煞 83～92 乙
小耗 官祿宮 巳</td>
<td>巨天天天天
門福傷哭虛
旺平陷陷平
衰
奏書
災煞 73～82 丙
歲破 交友宮 午</td>
<td>天鈴天大龍
相星壽耗德
得利旺平
身宮
帝旺
將軍
天煞 63～72 丁
龍德 遷移宮 未</td>
<td>天天地天蜚
同梁劫使廉
旺陷廟平
祿
臨官
小耗
指背 53～62 戊
白虎 疾厄宮 申</td>
</tr>
<tr>
<td>太龍解華
陰池神蓋
陷廟廟廟
死
喜神
華蓋 93～102 甲
官符 田宅宮 辰</td>
<td colspan="2" rowspan="2">出生西曆：1972年11月3日18時0分，星期五.
出生農曆：壬子年 九月 廿八日 酉時.

坤造 壬 庚 戊 辛 (日空辰、巳)
子 戌 戌 酉

1命宮 2兄弟 3夫妻 4子女 5財帛 6疾厄
7遷移 8交友 9官祿 10田宅 11福德 12父母

甲干 廉貞-太陽 乙干 天機-太陰 丙干 天同-廉貞 丁干 太陰-巨門
戊干 貪狼-天機 己干 武曲-文曲
庚干 太陽-天同 辛干 巨門-文昌 壬干 天梁-武曲 癸干 破軍-貪狼</td>
<td>武七天天天咸天
曲殺喜姚廚池德
利旺廟廟　平不
忌
冠帶
青龍
咸池 43～52 己
天德 財帛宮 酉</td>
</tr>
<tr>
<td>天天紅三恩天臺截
府魁鸞臺光貴輔空
得廟廟陷廟旺　平
墓
病符
息神 103～112 癸
貫索 福德宮 卯</td>
<td>太陀鳳天寡陰年
陽羅閣官宿煞解
不廟廟平陷　廟
沐浴
力士
月煞 33～42 庚
弔客 子女宮 戌</td>
</tr>
<tr>
<td>右地天天旬孤
弼空馬月空辰
旺陷旺　陷平
絕
大耗
歲驛 113～122 壬
喪門 父母宮 寅</td>
<td>紫破文文天天
微軍昌曲才空
廟旺廟廟平平
權
胎
伏兵
攀鞍 3～12 癸
晦氣 命 宮 丑</td>
<td>天左擎
機輔羊
廟旺陷
科
養
官府
將星 13～22 壬
歲建 兄弟宮 子</td>
<td>祿火八封
存星座誥
廟利廟
長生
博士
亡神 23～32 辛
病符 夫妻宮 亥</td>
</tr>
</table>

星情直讀：

本命夫妻宮火星、八座、封誥星；

本命交友宮巨門、天傷、天哭星，照天機星；

本命福德宮三台、台輔、紅鸞、截空、旬空星，照七殺、天姚、天喜星；

所以判斷：命主婚姻上有苦惱，不只一次，容易衝動離異或者喪偶。

事實上：命主1997年喪偶。丈夫死於車禍。

例題 6

<table>
<tr>
<td>太祿天天天天天天孤劫
陽存喜貴官使巫空辰煞
旺廟廟平旺平　廟陷

博士　病
劫煞　53～62　癸
晦氣　疾厄宮　巳</td>
<td>破文擎火凰封蜚年
軍昌羊星閣誥廉解
廟陷陷廟平　　廟
科　身宮

官府　衰
災煞　43～52　甲
喪門　財帛宮　午</td>
<td>天地
機空
陷平
權

伏兵　帝旺
天煞　33～42　乙
貫索　子女宮　未</td>
<td>紫天文龍解
微府曲池神
旺得得平不

大耗　臨官
指背　23～32　丙
官符　夫妻宮　申</td>
</tr>
<tr>
<td>武左陀截華
曲輔羅空蓋
廟廟廟陷廟

力士　死
華蓋　63～72　壬
歲建　遷移宮　辰</td>
<td colspan="2" rowspan="2">出生西曆：1976年2月22日8時0分，星期日.
出生農曆：丙辰年 正月 廿三日 辰時.

坤造 丙　庚　甲　戊（日空寅、卯）
　　 辰　寅　辰　辰

1命宮　2兄弟　3夫妻　4子女　5財帛　6疾厄
7遷移　8交友　9官祿　10田宅　11福德　12父母

甲干 廉貞-太陽　乙干 天機-太陰　丙干 天同-廉貞　丁干 太陰-巨門
戊干 貪狼-天機　己干 武曲-文曲
庚干 太陽-天同　辛干 巨門-文昌　壬干 天梁-武曲　癸干 破軍-貪狼</td>
<td>太天天咸月
陰鉞刑池德
旺廟廟平

病符　冠帶
咸池　13～22　丁
小耗　兄弟宮　酉</td>
</tr>
<tr>
<td>天地恩天
同劫光傷
平平廟陷
祿

青龍　墓
息神　73～82　辛
病符　交友宮　卯</td>
<td>貪右天臺天天
狼弼壽輔月虛
廟廟廟　　陷

喜神　沐浴
月煞　3～12　戊
歲破　命宮　戌</td>
</tr>
<tr>
<td>七鈴天三天天陰
殺星馬臺才哭煞
廟廟旺平廟平

小耗　絕
歲驛　83～92　庚
弔客　官祿宮　寅</td>
<td>天天寡破天
梁姚宿碎德
旺平平陷廟

將軍　胎
攀鞍　93～102　辛
天德　田宅宮　丑</td>
<td>廉天八天天旬
貞相座福廚空
平廟陷平　陷
忌

奏書　養
將星　103～112　庚
白虎　福德宮　子</td>
<td>巨天紅大龍
門魁鸞耗德
旺旺廟陷

飛廉　長生
亡神　113～122　己
龍德　父母宮　亥</td>
</tr>
</table>

星情直讀：

本命夫妻宮紫微、天府星；

本命交友宮天同、地劫、天傷星，宮氣較弱；

本命福德宮廉貞化忌、八座、旬空星，照破軍火星，加會武曲、左輔星；**所以判斷：**命主的丈夫比較有能力，但是會有第二次婚姻，容易出現離異或者意外。

事實上：命主 2002 年丈夫死於車禍。

例題 7

<table>
<tr>
<td>太祿火八天封劫天
陰存星座官誥煞德
陷廟得廟旺　　旺
博士　絕
劫煞　36～45　癸
天德　子女宮　巳</td>
<td>貪擎天天
狼羊刑月
旺陷平
官府　墓
災煞　26～35　甲
弔客　夫妻宮　午</td>
<td>天巨文文紅寡
同門昌曲鸞宿
不不利旺陷不
祿　科
伏兵　死
天煞　16～25　乙
病符　兄弟宮　未</td>
<td>武天地天陰
曲相空巫煞
得廟廟
大耗　病
指背　6～15　丙
歲建　命 宮　申</td>
</tr>
<tr>
<td>廉天陀天解截旬蜚華
貞府羅才神空空廉蓋
利廟廟陷廟陷陷　廟
忌
力士　胎
華蓋　46～55　壬
白虎　財帛宮　辰</td>
<td colspan="2" rowspan="2">出生西曆：1956年11月11日6時0分，星期日.
出生農曆：丙申年 十月 初九日 卯時.

坤造 丙　己　壬　癸 (日空申、酉)
　　 申　亥　午　卯

1命宮 2兄弟 3夫妻 4子女 5財帛 6疾厄
7遷移 8交友 9官祿 10田宅 11福德 12父母

甲干 廉貞-太陽　乙干 天機-太陰　丙干 天同-廉貞　丁干 太陰-巨門
戊干 貪狼-天機　己干 武曲-文曲
庚干 太陽-天同　辛干 巨門-文昌　壬干 天梁-武曲　癸干 破軍-貪狼</td>
<td>太天天三臺天咸破
陽梁鉞臺輔空池碎
平得廟廟　旺平平
病符　衰
咸池　116～125　丁
晦氣　父母宮　酉</td>
</tr>
<tr>
<td>天大龍
使耗德
平不
青龍　養
息神　56～65　辛
龍德　疾厄宮　卯</td>
<td>七天天天
殺姚壽哭
廟廟廟平
喜神　帝旺
月煞　106～115　戊
喪門　福德宮　戌</td>
</tr>
<tr>
<td>破地天恩天風天年
軍劫馬光貴閣虛解
得平旺平平廟旺廟
身宮
小耗　長生
歲驛　66～75　庚
歲破　遷移宮　寅</td>
<td>左右鈴天天月
輔弼星喜傷德
廟廟得陷平
將軍　沐浴
攀鞍　76～85　辛
小耗　交友宮　丑</td>
<td>紫龍天天
微池福廚
平旺平
奏書　冠帶
將星　86～95　庚
官符　官祿宮　子</td>
<td>天天孤
機魁辰
平旺陷
權
飛廉　臨官
亡神　96～105　己
貫索　田宅宮　亥</td>
</tr>
</table>

星情直讀：

本命夫妻宮貪狼廟旺、陷落的天刑、天月星；

本命交友宮左輔、右弼、天傷、鈴星；

本命福德宮七殺、天姚、天哭星，逢殺破狼；

所以判斷：命主夫婦感情較好，但是丈夫多病或者離異。

事實上：命主 1996 年丈夫病故。

例題 8

<table>
<tr>
<td>天祿三恩劫天
相存臺光煞德
得廟平平　旺
臨官
博士
劫煞　102 ~ 111　丁
天德　福德宮　巳</td>
<td>天擎鈴天天天
梁羊星刑廚月
廟陷廟平
冠帶
官府
災煞　92 ~ 101　戊
弔客　田宅宮　午</td>
<td>廉七天地紅寡
貞殺鉞劫鸞宿
利廟旺平陷不
身宮
沐浴
伏兵
天煞　82 ~ 91　己
病符　官祿宮　未</td>
<td>天天陰
傷巫煞
平
長生
大耗
指背　72 ~ 81　庚
歲建　交友宮　申</td>
</tr>
<tr>
<td>巨陀解蜚華
門羅神廉蓋
陷廟廟　廟
帝旺
力士
華蓋　112 ~ 121　丙
白虎　父母宮　辰</td>
<td colspan="2" rowspan="2">出生西曆：1968年12月18日16時0分，星期三.
出生農曆：戊申年 十月 廿九日 申時.

坤造 戊　甲　壬　戊 (日空子、醜)
　　 申　子　戌　申

1命宮　2兄弟　3夫妻　4子女　5財帛　6疾厄
7遷移　8交友　9官祿　10田宅　11福德　12父母

甲干 廉貞-太陽　乙干 天機-太陰　丙干 天同-廉貞　丁干 太陰-巨門
戊干 貪狼-天機　己干 武曲-文曲
庚干 太陽-天同　辛干 巨門-文昌　壬干 天梁-武曲　癸干 破軍-貪狼</td>
<td>八天咸破
座空池碎
廟旺平平
養
病符
咸池　62 ~ 71　辛
晦氣　遷移宮　酉</td>
</tr>
<tr>
<td>紫貪地天天天天大龍
微狼空貴壽官福耗德
旺利平旺陷旺平不
祿
衰
青龍
息神　2 ~ 11　乙
龍德　命宮　卯</td>
<td>天火天天封天
同星姚使誥哭
平廟廟陷　平
胎
喜神
月煞　52 ~ 61　壬
喪門　疾厄宮　戌</td>
</tr>
<tr>
<td>天太文天鳳臺旬天天
機陰昌馬閣輔空虛解
得旺陷旺廟　陷旺廟
忌 權
病
小耗
歲驛　12 ~ 21　甲
歲破　兄弟宮　寅</td>
<td>天左右天天月
府輔弼魁喜德
廟廟廟旺陷
科
死
將軍
攀鞍　22 ~ 31　乙
小耗　夫妻宮　丑</td>
<td>太文龍截
陽曲池空
陷得旺陷
墓
奏書
將星　32 ~ 41　甲
官符　子女宮　子</td>
<td>武破天孤
曲軍才辰
平平廟陷
絕
飛廉
亡神　42 ~ 51　癸
貫索　財帛宮　亥</td>
</tr>
</table>

星情直讀：

本命夫妻宮左輔、右弼化科、天喜、截空星，照七殺星；

本命交友宮天傷、陰煞星，照天機化忌、天馬星；

本命福德宮三台星；

所以判斷：命主有二次婚姻，第一個丈夫會離異或者傷亡。

事實上：命主 2004 年丈夫死於車禍。

例題 9

<table>
<tr>
<td>太天天天天孤蜚破
陽鉞馬福傷辰廉碎
旺旺平旺平陷　陷

奏書　長生
歲驛　54～63　丁
喪門　交友宮　巳</td>
<td>破天天臺解陰
軍喜官輔神煞
廟廟廟　廟
祿
飛廉　沐浴
息神　64～73　戊
貫索　遷移宮　午</td>
<td>天天三八龍鳳天年華
機刑臺座池閣使解蓋
陷陷廟平廟陷平得陷

喜神　冠帶
華蓋　74～83　己
官符　疾厄宮　未</td>
<td>紫天天大劫月
微府貴耗煞德
旺得陷陷

病符　臨官
劫煞　84～93　庚
小耗　財帛宮　申</td>
</tr>
<tr>
<td>武文旬天
曲曲空空
廟得陷廟

將軍　養
攀鞍　44～53　丙
晦氣　官祿宮　辰</td>
<td colspan="2" rowspan="2">出生西曆：1964年1月2日0時0分，星期四.
出生農曆：癸卯年 十一月 十八日 子時.

坤造 癸 甲 庚 丙(日空寅、卯)
　　 卯 子 戌 子

1命宮 2兄弟 3夫妻 4子女 5財帛 6疾厄
7遷移 8交友 9官祿 10田宅 11福德 12父母

甲干 廉貞-太陽 乙干 天機-太陰 丙干 天同-廉貞 丁干 太陰-巨門
戊干 貪狼-天機 己干 武曲-文曲
庚干 太陽-天同 辛干 巨門-文昌 壬干 天梁-武曲 癸干 破軍-貪狼</td>
<td>太火天
陰星虛
旺得旺
科
大耗　帝旺
災煞　94～103　辛
歲破　子女宮　酉</td>
</tr>
<tr>
<td>天天天天天
同魁才壽哭
平廟旺陷廟

小耗　胎
將星　34～43　乙
歲建　田宅宮　卯</td>
<td>貪文鈴天龍
狼昌星月德
廟陷廟
忌
伏兵　衰
天煞　104～113　壬
龍德　夫妻宮　戌</td>
</tr>
<tr>
<td>七左恩封天
殺輔光誥巫
廟廟平

青龍　絕
亡神　24～33　甲
病符　福德宮　寅</td>
<td>天擎截寡
梁羊空宿
旺廟不平

力士　墓
月煞　14～23　乙
弔客　父母宮　丑</td>
<td>廉天右祿紅咸天
貞相弼存鸞池德
平廟廟廟廟陷廟
身宮
博士　死
咸池　4～13　甲
天德　命 宮　子</td>
<td>巨陀地地天天
門羅劫空姚廚
旺陷　陷陷
權
官府　病
指背　114～123　癸
白虎　兄弟宮　亥</td>
</tr>
</table>

星情直讀：

本命夫妻宮貪狼化忌、鈴星、天月星；

本命交友宮天傷、旬空、蜚蠊、破碎星，加會天梁星；

本命福德宮七殺、左輔、封誥星，逢殺破狼；

所以判斷：命主夫婦感情不好或者丈夫多病，生離或死別。

事實上：命主 2004 年丈夫病故。

例題 10

武破陀鈴鳳天天天年 曲軍羅星閣壽使廚解 平平陷得廟平平　旺 長生 官府 指背 74~83 乙 歲建 疾厄宮 巳	太祿地天咸 陽存劫空池 旺廟廟廟陷 沐浴 博士 咸池 84~93 丙 晦氣 財帛宮 午	天左右擎天蜚 府輔弼羊貴廉 廟廟廟廟旺 冠帶 力士 月煞 94~103 丁 喪門 子女宮 未	天太孤陰 機陰辰煞 得利平 科 祿 臨官 青龍 亡神 104~113 戊 貫索 夫妻宮 申
天地天天三寡 同空喜姚臺宿 平陷陷陷廟陷 權 養 伏兵 天煞 64~73 甲 病符 遷移宮 辰	出生西曆：1977年6月8日13時20分，星期三. 出生農曆：丁巳年 四月 廿二日 未時. 坤造 丁 丙 丙 乙 (日空辰、巳) 巳 午 申 未 1命宮 2兄弟 3夫妻 4子女 5財帛 6疾厄 7遷移 8交友 9官祿 10田宅 11福德 12父母 甲干 廉貞-太陽 乙干 天機-太陰 丙干 天同-廉貞 丁干 太陰-巨門 戊干 貪狼-天機 己干 武曲-文曲 庚干 太陽-天同 辛干 巨門-文昌 壬干 天梁-武曲 癸干 破軍-貪狼		紫貪天龍封破 微狼鉞池誥碎 旺利廟廟　平 帝旺 小耗 將星 114~123 己 官符 兄弟宮 酉
文天天 昌才傷 利旺陷 胎 大耗 災煞 54~63 癸 弔客 交友宮 卯			巨火紅八解大月 門星鸞座神耗德 陷廟陷平廟平 忌 衰 將軍 攀鞍 4~13 庚 小耗 命宮 戌
天天截劫天 官月空煞德 平　陷　平 絕 病符 劫煞 44~53 壬 天德 官祿宮 寅	廉七臺天華 貞殺輔哭蓋 利廟　廟陷 墓 喜神 華蓋 34~43 癸 白虎 田宅宮 丑	天天旬龍 梁刑空德 廟平陷 身宮 死 飛廉 息神 24~33 壬 龍德 福德宮 子	天文天天恩天天天 相曲魁馬光福巫虛 得旺旺平不廟　平 病 奏書 歲驛 14~23 辛 歲破 父母宮 亥

星情直讀：

本命夫妻宮陰煞、孤辰星；

本命交友宮天傷、截空星，照紫微星；

本命福德宮天梁、天刑、旬空星；

所以判斷：命主感情生活傷痕累累，和丈夫感情時好時壞，生離或者病亡。

事實上：命主 2005 年丈夫病故。

例題 11

<table>
<tr>
<td>武破文祿天天天劫天
曲軍昌存才官巫煞德
平平廟廟廟旺　　旺
科
博士　　　　　　絕
劫煞　46～55　癸
天德　財帛宮　巳</td>
<td>太擎地
陽羊空
旺陷廟
官府　　　　　　墓
災煞　36～45　甲
弔客　子女宮　午</td>
<td>天火紅封寡
府星鸞誥宿
廟利陷　不
身宮
伏兵　　　　　　死
天煞　26～35　乙
病符　夫妻宮　未</td>
<td>天太天解
機陰貴神
得利陷不
權
大耗　　　　　　病
指背　16～25　丙
歲建　兄弟宮　申</td>
</tr>
<tr>
<td>天左陀地三恩天截旬蜚華
同輔羅劫臺光使空空廉蓋
平廟廟陷廟廟陷陷陷　廟
祿
力士　　　　　　胎
華蓋　56～65　壬
白虎　疾厄宮　辰</td>
<td colspan="2" rowspan="2">出生西曆：1956年2月12日9時30分，星期日.
出生農曆：丙申年 正月 初一日 巳時.

乾造 丙　庚　己　己 (日空寅、卯)
　　 申　寅　酉　巳

1命宮　2兄弟　3夫妻　4子女　5財帛　6疾厄
7遷移　8交友　9官祿　10田宅　11福德　12父母

甲干 廉貞-太陽　乙干 天機-太陰　丙干 天同-廉貞　丁干 太陰-巨門
戊干 貪狼-天機　己干 武曲-文曲
庚干 太陽-天同　辛干 巨門-文昌　壬干 天梁-武曲　癸干 破軍-貪狼</td>
<td>紫貪文天天天咸破
微狼曲鉞刑空池碎
旺利廟廟廟旺平平
病符　　　　　　衰
咸池　6～15　丁
晦氣　命 宮　酉</td>
</tr>
<tr>
<td>鈴天大龍
星壽耗德
利陷不
青龍　　　　　　養
息神　66～75　辛
龍德　遷移宮　卯</td>
<td>巨右八天天
門弼座月哭
陷廟平　平
喜神　　　　　　帝旺
月煞　116～125　戊
喪門　父母宮　戌</td>
</tr>
<tr>
<td>天鳳天天陰年
馬閣傷虛煞解
旺廟平旺　廟
小耗　　　　　　長生
歲驛　76～85　庚
歲破　交友宮　寅</td>
<td>廉七天天月
貞殺喜姚德
利廟陷平
忌
將軍　　　　　　沐浴
攀鞍　86～95　辛
小耗　官祿宮　丑</td>
<td>天龍天天
梁池福廚
廟旺平
奏書　　　　　　冠帶
將星　96～105　庚
官符　田宅宮　子</td>
<td>天天臺孤
相魁輔辰
得旺　陷
飛廉　　　　　　臨官
亡神　106～115　己
貫索　福德宮　亥</td>
</tr>
</table>

星情直讀：

本命夫妻宮廉貞化忌、解神星；

本命交友宮巨門、地劫、天傷星；

本命福德宮武曲星，加會三台、左輔星；

所以判斷：命主夫婦多口舌、感情不好，半路夫妻，車禍去世或者病故。

事實上：命主 1996 年妻子因病去世。

第六節　生育子女　例題

觀察宮：命宮、子女宮、疾病宮（女命）、夫妻宮或財帛宮（男命）。

觀察星：廉貞、貪狼、天同、七殺、太陽、太陰、巨門、天相、天梁、破軍、天姚、紅鸞、天禧、龍池、鳳閣、天府天姚、恩光、天廚、天使、天福、天德、月德、擎羊、鈴星、火星、天刑、天傷、天月、天哭、天使。

條件：多顆星在宮或者照宮、星被四化。

判斷：以上幾個宮位，有兩個或以上坐有如上的星曜，並且符合如上的條件，則這一年子女出生。

以下例題，所用到的流年的命宮，標註在人運起止數字之上，為了使圖片簡潔清晰，對於其他的宮位不一一標註，您在心裡逆數就可以了。

例題 1

<table>
<tr>
<td>天左天鳳天天年
梁輔鉞閣福月解
得平旺廟旺　旺
奏書　絕
指背　5～14　丁
歲建　命宮　巳</td>
<td>七天天旬天咸
殺壽官空空池
旺平廟廟廟陷
1978年
飛廉　胎
咸池　15～24　戊
晦氣　父母宮　午</td>
<td>三八蜚
臺座廉
廟平
喜神　養
月煞　25～34　己
喪門　福德宮　未</td>
<td>廉鈴解天孤
貞星神巫辰
廟陷不　平
1980年　長生
病符
亡神　35～44　庚
貫索　田宅宮　申</td>
</tr>
<tr>
<td>紫天天臺寡
微相喜輔宿
得得陷　陷
將軍　墓
天煞　115～124　丙
病符　兄弟宮　辰</td>
<td colspan="2" rowspan="2">出生西曆：1953年3月29日19時30分，星期日.
出生農曆：癸巳年 二月 十五日 戌時.

坤造 癸　乙　己　甲 (日空申、酉)
　　 巳　卯　卯　戌

1命宮　2兄弟　3夫妻　4子女　5財帛　6疾厄
7遷移　8交友　9官祿　10田宅　11福德　12父母

甲干 廉貞-太陽　乙干 天機-太陰　丙干 天同-廉貞　丁干 太陰-巨門
戊干 貪狼-天機　己干 武曲-文曲
庚干 太陽-天同　辛干 巨門-文昌　壬干 天梁-武曲　癸干 破軍-貪狼</td>
<td>右地龍破
弼劫池碎
陷平廟平
大耗　沐浴
將星　45～54　辛
官符　官祿宮　酉</td>
</tr>
<tr>
<td>天巨天天
機門魁貴
旺廟廟旺
權
小耗　死
災煞　105～114　乙
弔客　夫妻宮　卯</td>
<td>破紅天天天大月
軍鸞刑才傷耗德
旺陷廟陷平平
祿
伏兵　冠帶
攀鞍　55～64　壬
小耗　交友宮　戌</td>
</tr>
<tr>
<td>貪文天劫天
狼曲姚煞德
平平旺　平
忌
青龍　病
劫煞　95～104　甲
天德　子女宮　寅</td>
<td>太太擎火地恩截天華
陽陰羊星空光空哭蓋
不廟廟得陷廟不廟陷
科　身宮
力士　衰
華蓋　85～94　乙
白虎　財帛宮　丑</td>
<td>武天文祿天封陰龍
曲府昌存使誥煞德
旺廟得廟陷
博士　帝旺
息神　75～84　甲
龍德　疾厄宮　子</td>
<td>天陀天天天
同羅馬廚虛
廟陷平　平
1983年　臨官
官府
歲驛　65～74　癸
歲破　遷移宮　亥</td>
</tr>
</table>

星情直讀： 1979 年

（1）1978 年流年命宮七殺對照天府，流年疾厄宮太陰同度擎羊，流年子女宮巨門會照天同、龍池。而流年子女宮巨門星，所以判斷：這年有機會生育，該為女孩。

（2）1980 年流年命宮廉貞、鈴星，流年疾厄宮巨門照龍池，流年子女宮天梁星同度鳳閣、天福星。而流年子女宮宮氣弱，而且有鳳閣、天福，所以判斷：這年有機會生育，該為女孩。

（3）1983 年流年命宮天同，流年疾厄宮七殺，流年子女宮廉貞、鈴星。而流年子女宮為廉貞，所以判斷：這年有機會生育，該為女孩。

事實上：命主 1978 年生女孩。1980 生女孩。1983 生女孩。

例題 2

天天天孤劫 喜廚空辰煞 廟 廟陷 小耗 絕 劫煞 105 ~ 114 己 晦氣 夫妻宮 巳	天文鳳蜚年 機曲閣廉解 廟陷平 廟 將軍 胎 災煞 115 ~ 124 庚 喪門 兄弟宮 午	紫破天天天 微軍鉞官月 廟旺旺廟 權 奏書 養 天煞 5 ~ 14 辛 貫索 命 宮 未	文天龍臺截 昌姚池輔空 得陷平 廟 飛廉 長生 指背 15 ~ 24 壬 官符 父母宮 申
太火天三封華 陽星刑臺誥蓋 旺陷平廟 廟 忌 青龍 墓 華蓋 95 ~ 104 戊 歲建 子女宮 辰	出生西曆：1964年9月23日4時0分，星期三. 出生農曆：甲辰年 八月 十八日 寅時. 乾造 甲 癸 乙 戊 (日空申、酉) 辰 酉 亥 寅 1命宮 2兄弟 3夫妻 4子女 5財帛 6疾厄 7遷移 8交友 9官祿 10田宅 11福德 12父母		天地天咸月 府空福池德 旺廟廟平 喜神 沐浴 咸池 25 ~ 34 癸 小耗 福德宮 酉
武七右擎天 曲殺弼羊壽 利旺陷陷陷 科 力士 死 息神 85 ~ 94 丁 病符 財帛宮 卯	甲干 廉貞-太陽 乙干 天機-太陰 丙干 天同-廉貞 丁干 太陰-巨門 戊干 貪狼-天機 己干 武曲-文曲 庚干 太陽-天同 辛干 巨門-文昌 壬干 天梁-武曲 癸干 破軍-貪狼		太八天天 陰座貴虛 旺平旺陷 病符 冠帶 月煞 35 ~ 44 甲 歲破 田宅宮 戌
大天祿天天解旬天 同梁存馬使神空哭 利廟廟旺平廟陷平 1993年 病 博士 75 ~ 84 丙 歲驛 疾厄宮 寅 弔客	天天陀地寡破天 相魁羅劫宿碎德 廟旺廟陷平陷廟 官府 衰 攀鞍 65 ~ 74 丁 天德 遷移宮 丑	巨鈴恩天陰 門星光傷煞 旺陷平陷 伏兵 帝旺 將星 55 ~ 64 丙 白虎 交友宮 子	廉貪左紅天天大龍 貞狼輔鸞才巫耗德 陷陷不廟廟 陷 祿 身宮 大耗 臨官 亡神 45 ~ 54 乙 龍德 官祿宮 亥

星情直讀： 1993 年

流年命宮天同化權、天梁、天使、天哭星；

流年子女宮廉貞化祿、貪狼化忌、紅鸞星；

流年夫妻宮巨門化權、鈴星、天傷、恩光星；

流年財帛宮太陰化科；

而流年子女宮是廉貞化祿、貪狼化忌；

所以判斷：這年家裡有添人進口的喜慶事，應是女孩。

事實上：1993 年命主的妻子生女孩。

例題 3

<table>
<tr>
<td>太地地劫天
陽劫空煞德
旺不廟　旺
祿
小耗　病
劫煞　23～32　辛
天德　夫妻宮　巳</td>
<td>破天解
軍福神
廟平廟
青龍　衰
災煞　13～22　壬
弔客　兄弟宮　午</td>
<td>天天陀紅截寡
機鉞羅鸞空宿
陷旺廟陷廟不
身宮
力士　2007年　帝旺
天煞　3～12　癸
病符　命宮　未</td>
<td>紫天祿火天封
微府存星刑誥
旺得廟陷陷
博士　臨官
指背　113～122　甲
歲建　父母宮　申</td>
</tr>
<tr>
<td>武文鈴蜚陰華
曲昌星廉煞蓋
廟得陷　　廟
權
將軍　死
華蓋　33～42　庚
白虎　子女宮　辰</td>
<td colspan="2" rowspan="2">出生西曆：1981年1月18日12時0分，星期日.
出生農曆：庚申年 十二月 十三日 午時.

坤造 庚　己　丙　甲 (日空辰、巳)
　　 申　丑　申　午

1命宮　2兄弟　3夫妻　4子女　5財帛　6疾厄
7遷移　8交友　9官祿　10田宅　11福德　12父母

甲干 廉貞-太陽　乙干 天機-太陰　丙干 天同-廉貞　丁干 太陰-巨門
戊干 貪狼-天機　己干 武曲-文曲
庚干 太陽-天同　辛干 巨門-文昌　壬干 天梁-武曲　癸干 破軍-貪狼</td>
<td>太擎天天咸破
陰羊貴空池碎
旺陷廟旺平平
科
官府　冠帶
咸池　103～112　乙
晦氣　福德宮　酉</td>
</tr>
<tr>
<td>天左三恩天天大龍
同輔臺光才壽耗德
平陷陷廟旺陷不
忌
奏書　墓
息神　43～52　己
龍德　財帛宮　卯</td>
<td>貪文天
狼曲哭
廟陷平
伏兵　沐浴
月煞　93～102　丙
喪門　田宅宮　戌</td>
</tr>
<tr>
<td>七天鳳天天天天年
殺馬閣使廚月虛解
廟旺廟平　　旺廟
飛廉　絕
歲驛　53～62　戊
歲破　疾厄宮　寅</td>
<td>天天天月
梁魁喜德
旺旺陷
喜神　胎
攀鞍　63～72　己
小耗　遷移宮　丑</td>
<td>廉天天龍天臺旬
貞相姚池傷輔空
平廟陷旺陷　陷
病符　養
將星　73～82　戊
官符　交友宮　子</td>
<td>巨右八天天孤
門弼座官巫辰
旺平廟旺　陷
大耗　長生
亡神　83～92　丁
貫索　官祿宮　亥</td>
</tr>
</table>

星情直讀： 2007 年

流年命宮紅鸞，照天梁星；

流年疾厄宮七殺、鳳閣、天使、天月星；

流年子女宮武曲、鈴星，照貪狼天哭；

而流年子女宮武曲星，照貪狼星；

所以判斷：這一年有機會生育，應為女孩。

事實上：命主 2007 年生女孩。

例題 4

<table>
<tr>
<td>武破天破劫月
曲軍鉞碎煞德
平平旺陷
忌
飛廉　　　　　絕
劫煞　85~94　乙
小耗　財帛宮　巳</td>
<td>太文天天天天天
陽曲刑福月哭虛
旺陷平平　陷平
喜神　　　　　胎
災煞　95~104　丙
歲破　子女宮　午</td>
<td>天大龍
府耗德
廟平
病符　　　　　養
天煞　105~114　丁
龍德　夫妻宮　未</td>
<td>天太文天臺天蜚陰
機陰昌貴輔巫廉煞
得利得陷
大耗　　　　　長生
指背　115~124　戊
白虎　兄弟宮　申</td>
</tr>
<tr>
<td>天火三龍天封解華
同星臺池使誥神蓋
平陷廟廟陷　廟廟
奏書　　　　　墓
華蓋　75~84　甲
官符　疾厄宮　辰</td>
<td colspan="2" rowspan="2">出生西曆：1972年11月21日4時0分，星期二.
出生農曆：壬子年 十月 十六日 寅時.

乾造 壬　辛　丙　庚 (日空子、醜)
　　 子　亥　辰　寅

1命宮 2兄弟 3夫妻 4子女 5財帛 6疾厄
7遷移 8交友 9官祿 10田宅 11福德 12父母

甲干 廉貞-太陽　乙干 天機-太陰　丙干 天同-廉貞　丁干 太陰-巨門
戊干 貪狼-天機　己干 武曲-文曲
庚干 太陽-天同　辛干 巨門-文昌　壬干 天梁-武曲　癸干 破軍-貪狼</td>
<td>紫貪地天天天咸天
微狼空喜才廚池德
旺利廟廟旺　平不
權
伏兵　　　　　沐浴
咸池　5~14　己
天德　命宮　酉</td>
</tr>
<tr>
<td>天紅截
魁鸞空
廟廟平
將軍　　　　　死
息神　65~74　癸
貫索　遷移宮　卯</td>
<td>巨陀天八恩鳳天寡年
門羅姚座光閣官宿解
陷廟廟平廟廟平陷廟
官府　　　　　冠帶
月煞　15~24　庚
弔客　父母宮　戌</td>
</tr>
<tr>
<td>大大旬孤
馬傷空辰
旺平陷平
小耗　　　　　病
歲驛　55~64　壬
喪門　交友宮　寅</td>
<td>廉七左右地天天
貞殺輔弼劫壽空
利廟廟廟陷廟平
科　　　　身宮
2000年
青龍　　　　　衰
攀鞍　45~54　癸
晦氣　官祿宮　丑</td>
<td>天擎鈴
梁羊星
廟陷陷
祿
力士　　　　　帝旺
將星　35~44　壬
歲建　田宅宮　子</td>
<td>天祿
相存
得廟
博士　　　　　臨官
亡神　25~34　辛
病符　福德宮　亥</td>
</tr>
</table>

星情直讀： 2000 年

流年命宮廉貞、七殺、左輔化科；

流年財帛宮貪狼、天廚、天喜星；

流年子女宮巨門、天姚、鳳閣、恩光星；

而流年子女宮巨門、鳳閣；

所以判斷：這一年家中有喜慶之事，生育應為女孩。

事實上：2000 年命主的妻子生女孩。

例題 5

<table>
<tr>
<td>天鈴恩天天孤
梁星光壽廚辰
得得平平　陷

絕
大耗
亡神　66～75　己
貫索　遷移宮　巳</td>
<td>七文龍天解
殺曲池使神
旺陷不平廟

墓
病符
將星　56～65　庚
官符　疾厄宮　午</td>
<td>天天天月
鉞喜官德
旺陷廟

死
喜神
攀鞍　46～55　辛
小耗　財帛宮　未</td>
<td>廉文天天鳳臺截天年
貞昌馬刑閣輔空虛解
廟得旺陷不　廟廟利
祿

病
飛廉
歲驛　36～45　壬
歲破　子女宮　申</td>
</tr>
<tr>
<td>紫天天封天陰
微相傷誥哭煞
得得平　平

1997年　胎
伏兵
月煞　76～85　戊
喪門　交友宮　辰</td>
<td colspan="2" rowspan="2">出生西曆：1975年2月3日4時0分，星期一.
出生農曆：甲寅年 十二月 廿三日 寅時.

坤造 甲　丁　庚　戊 (日空申、酉)
　　 寅　丑　辰　寅

1命宮　2兄弟　3夫妻　4子女　5財帛　6疾厄
7遷移　8交友　9官祿　10田宅　11福德　12父母

甲干 廉貞-太陽　乙干 天機-太陰　丙干 天同-廉貞　丁干 太陰-巨門
戊干 貪狼-天機　己干 武曲-文曲
庚干 太陽-天同　辛干 巨門-文昌　壬干 天梁-武曲　癸干 破軍-貪狼</td>
<td>地天破大龍
空福碎耗德
廟廟平不

衰
奏書
息神　26～35　癸
龍德　夫妻宮　酉</td>
</tr>
<tr>
<td>天巨左擎火天天咸
機門輔羊星貴空池
旺廟陷陷利旺平平

身宮
養
官府
咸池　86～95　丁
晦氣　官祿宮　卯</td>
<td>破蜚華
軍廉蓋
旺　平
權

帝旺
將軍
華蓋　16～25　甲
白虎　兄弟宮　戌</td>
</tr>
<tr>
<td>貪祿天
狼存月
平廟

長生
博士
指背　96～105　丙
歲建　田宅宮　寅</td>
<td>太太天陀地紅三八天寡
陽陰魁羅劫鸞臺座才宿
不廟旺廟陷陷廟廟平平
忌

沐浴
力士
天煞　106～115　丁
病符　福德宮　丑</td>
<td>武天天旬
曲府姚空
旺廟陷陷
科

冠帶
青龍
災煞　116～125　丙
弔客　父母宮　子</td>
<td>天右天劫天
同弼巫煞德
廟平　　平

臨官
小耗
劫煞　6～15　乙
天德　命 宮　亥</td>
</tr>
</table>

星情直讀： 1997 年

流年命宮天相、天傷、天哭星，照破軍化權；

流年疾厄宮天同、天德星，照天梁星；

流年子女宮太陽、太陰、紅鸞星；

而流年子女宮的太陽星化忌；

所以判斷：這一年有生育之喜，應為男孩。

事實上：命主 1997 年生兒子。

例題 6

<table>
<tr>
<td>廉貪陀地地破
貞狼羅劫空碎
陷陷陷不廟陷
權
臨官
力士
指背 25～34 己
白虎 夫妻宮 巳</td>
<td>巨祿紅三恩解咸天
門存鸞臺光神池德
旺廟旺旺廟廟陷旺
冠帶
博士
咸池 15～24 庚
天德 兄弟宮 午</td>
<td>天擎寡
相羊宿
得廟不
身宮
沐浴
官府
月煞 5～14 辛
弔客 命 宮 未</td>
<td>天天天天八封天
同梁鉞刑座誥廚
旺陷廟陷廟
科
1998年 長生
伏兵
亡神 115～124 壬
病符 父母宮 申</td>
</tr>
<tr>
<td>太文鈴天天陰龍
陰昌星才壽煞德
陷得陷陷廟
帝旺
青龍
天煞 35～44 戊
龍德 子女宮 辰</td>
<td colspan="2" rowspan="2">出生西曆：1970年1月11日12時0分，星期日.
出生農曆：己酉年 十二月 初四日 午時.

乾造 己 丁 辛 甲 (日空午、未)
酉 丑 卯 午

1命宮 2兄弟 3夫妻 4子女 5財帛 6疾厄
7遷移 8交友 9官祿 10田宅 11福德 12父母

甲干 廉貞-太陽 乙干 天機-太陰 丙干 天同-廉貞 丁干 太陰-巨門
戊干 貪狼-天機 己干 武曲-文曲
庚干 太陽-天同 辛干 巨門-文昌 壬干 天梁-武曲 癸干 破軍-貪狼</td>
<td>武七火天截天
曲殺星官空哭
利旺得平廟不
祿
養
大耗
將星 105～114 癸
歲建 福德宮 酉</td>
</tr>
<tr>
<td>天左天
府輔虛
得陷廟
衰
小耗
災煞 45～54 丁
歲破 財帛宮 卯</td>
<td>太文天
陽曲空
不陷陷
忌
胎
病符
攀鞍 95～104 甲
晦氣 田宅宮 戌</td>
</tr>
<tr>
<td>天天天旬大劫月
福使月空耗煞德
旺平 陷陷
病
將軍
劫煞 55～64 丙
小耗 疾厄宮 寅</td>
<td>紫破龍鳳年華
微軍池閣解蓋
廟旺平平得陷
死
奏書
華蓋 65～74 丁
官符 遷移宮 丑</td>
<td>天天天天天天壽
機魁喜姚貴傷輔
廟旺旺陷廟陷
墓
飛廉
息神 75～84 丙
貫索 交友宮 子</td>
<td>右天天孤蜚
弼馬巫辰廉
平平 陷
絕
喜神
歲驛 85～94 乙
喪門 官祿宮 亥</td>
</tr>
</table>

星情直讀：1998 年

流年命宮天同化祿、天梁化科；

流年夫妻宮巨門、紅鸞、天德星；

流年子女宮廉貞、貪狼化祿權；

而流年子女宮貪狼化祿權，宮氣陷落救助無效；

所以判斷：1998 年家中有喜慶之事，生育應是男孩。

事實上：1998 年命主的妻子生男孩。

例題 7

<table>
<tr>
<td>廉貪陀天天孤蜚破
貞狼羅馬廚辰廉碎
陷陷陷平 陷 陷
官府 臨官
歲驛 16～25 乙
喪門 父母宮 巳</td>
<td>巨左祿天三臺
門輔存喜臺輔
旺旺廟廟旺
忌
博士 帝旺
息神 26～35 丙
貫索 福德宮 午</td>
<td>天擎龍鳳天天年華
相羊池閣才壽解蓋
得廟廟陷平旺得陷
力士 衰
華蓋 36～45 丁
官符 田宅宮 未</td>
<td>天天右八大劫月
同梁弼座耗煞德
旺陷不廟陷
權
青龍 2016年 病
劫煞 46～55 戊
小耗 官祿宮 申</td>
</tr>
<tr>
<td>太文天天
陰曲月空
陷得 廟
祿
身宮
伏兵 冠帶
攀鞍 6～15 甲
晦氣 命宮 辰</td>
<td colspan="2" rowspan="2">出生西曆：1987年4月22日0時23分，星期三。
出生農曆：丁卯年 三月 廿五日 子時。
坤造 丁 甲 辛 戊 (日空辰、巳)
卯 辰 丑 子
1命宮 2兄弟 3夫妻 4子女 5財帛 6疾厄
7遷移 8交友 9官祿 10田宅 11福德 12父母
甲干 廉貞-太陽 乙干 天機-太陰 丙干 天同-廉貞 丁干 太陰-巨門
戊干 貪狼-天機 己干 武曲-文曲
庚干 太陽-天同 辛干 巨門-文昌 壬干 天梁-武曲 癸干 破軍-貪狼</td>
<td>武七天火恩天天
曲殺鉞星光傷虛
利旺廟得陷平旺
小耗 死
災煞 56～65 己
歲破 交友宮 酉</td>
</tr>
<tr>
<td>天天天天
府姚貴哭
得廟旺廟
大耗 沐浴
將星 116～125 癸
歲建 兄弟宮 卯</td>
<td>太文鈴解旬陰龍
陽昌星神空煞德
不陷廟廟陷
將軍 墓
天煞 66～75 庚
龍德 遷移宮 戌</td>
</tr>
<tr>
<td>天封天截
官誥巫空
平 陷
病符 長生
亡神 106～115 壬
病符 夫妻宮 寅</td>
<td>紫破寡
微軍宿
廟旺平
喜神 養
月煞 96～105 癸
弔客 子女宮 丑</td>
<td>天紅咸天
機鸞池德
廟廟陷廟
科
飛廉 胎
咸池 86～95 壬
天德 財帛宮 子</td>
<td>天地地天天天
魁劫空刑福使
旺 陷陷廟旺
奏書 絕
指背 76～85 辛
白虎 疾厄宮 亥</td>
</tr>
</table>

星情直讀：2016 年

流年命宮天同化祿、月德、天梁星；

流年疾厄宮天府、天姚、天哭星；

流年子女宮貪狼、廉貞、天廚星；

而子女宮貪狼、廉貞陷落，無救助；

所以判斷：2016 年有機會生育後代，應為男孩。

事實上：2016 年命主生男孩。

例題 8

<table>
<tr>
<td>天天破劫月
相廚碎煞德
得　陷

大耗
劫煞　66～75
小耗　遷移宮
絕 己巳</td>
<td>天文恩天解天天
梁曲光使神哭虛
廟陷廟平廟陷平

病符
災煞　56～65
歲破　疾厄宮
墓 庚午</td>
<td>廉七天天大龍
貞殺鉞官耗德
利廟旺廟平
祿

喜神
天煞　46～55
龍德　財帛宮
死 辛未</td>
<td>文天臺截蜚
昌刑輔空廉
得陷　廟

飛廉
指背　36～45
白虎　子女宮
病 壬申</td>
</tr>
<tr>
<td>巨火天龍天封陰華
門星貴池傷誥煞蓋
陷陷旺廟平　　廟

伏兵
華蓋　76～85
官符　交友宮
胎 戊辰</td>
<td colspan="2" rowspan="2">出生西曆：1985年2月1日4時50分，星期五.
出生農曆：甲子年 十二月 十二日 寅時.

坤造 甲　丁　辛　庚 (日空戌、亥)
　　 子　丑　未　寅

1命宮 2兄弟 3夫妻 4子女 5財帛 6疾厄
7遷移 8交友 9官祿 10田宅 11福德 12父母

甲干 廉貞-太陽 乙干 天機-太陰 丙干 天同-廉貞 丁干 太陰-巨門
戊干 貪狼-天機 己干 武曲-文曲
庚干 太陽-天同 辛干 巨門-文昌 壬干 天梁-武曲 癸干 破軍-貪狼</td>
<td>地天天咸天
空喜福池德
廟廟廟平不

奏書
咸池　26～35
天德　夫妻宮
衰 癸酉</td>
</tr>
<tr>
<td>紫貪左擎紅天
微狼輔羊鸞壽
旺利陷陷廟陷
身宮

官府
息神　86～95
貫索　官祿宮
養 丁卯</td>
<td>天鳳旬寡年
同閣空宿解
平廟陷陷廟

將軍
月煞　16～25
弔客　兄弟宮
帝旺 甲戌</td>
</tr>
<tr>
<td>天太祿天三天孤
機陰存馬臺月辰
得旺廟旺平　平

2016年
博士
歲驛　96～105
喪門　田宅宮
長生 丙寅</td>
<td>天天陀地天
府魁羅劫空
廟旺廟陷平

力士
攀鞍　106～115
晦氣　福德宮
沐浴 丁丑</td>
<td>太鈴天八
陽星姚座
陷陷陷陷
忌

青龍
將星　116～126
歲建　父母宮
冠帶 丙子</td>
<td>武破右天天
曲軍弼才巫
平平平廟
科 權

小耗
亡神　6～15
病符　命宮
臨官 乙亥</td>
</tr>
</table>

星情直讀：2016 年

流年命宮太陰星；

流年疾厄宮天喜、天德、天福星，照貪狼、紅鸞星；

流年子女宮破軍化權；

而流年子女宮武曲化科、破軍化權陷落，救助無效；

所以判斷：2016 年，這一年有喜慶之事，生育應為男孩。

事實上：2016 年命主生兒子。

例題 9

<table>
<tr>
<td>紫七陀天封天天孤蜚破
微殺羅馬誥巫廚辰廉碎
旺平陷平 陷 陷
身宮
長生
官府
歲驛 64～73 乙
喪門 遷移宮 巳</td>
<td>祿天天
存喜使
廟廟平
沐浴
博士
息神 74～83 丙
貫索 疾厄宮 午</td>
<td>文文擎三八龍鳳年華
昌曲羊臺座池閣解蓋
利旺廟廟平廟陷得陷
冠帶
力士
華蓋 84～93 丁
官符 財帛宮 未</td>
<td>地天解大劫月
空壽神耗煞德
廟旺不陷
臨官
青龍
劫煞 94～103 戊
小耗 子女宮 申</td>
</tr>
<tr>
<td>天天左天天
機梁輔傷空
利廟廟平廟
科
養
伏兵
攀鞍 54～63 甲
晦氣 交友宮 辰</td>
<td colspan="2" rowspan="2">出生西曆：1987年2月13日6時40分，星期五.
出生農曆：丁卯年 正月 十六日 卯時.

坤造 丁 壬 癸 乙(日空午、未)
卯 寅 巳 卯

1命宮 2兄弟 3夫妻 4子女 5財帛 6疾厄
7遷移 8交友 9官祿 10田宅 11福德 12父母

甲干 廉貞-太陽 乙干 天機-太陰 丙干 天同-廉貞 丁干 太陰-巨門
戊干 貪狼-天機 己干 武曲-文曲
庚干 太陽-天同 辛干 巨門-文昌 壬干 天梁-武曲 癸干 破軍-貪狼</td>
<td>廉破天天恩天臺天
貞軍鉞刑光貴輔虛
平陷廟廟陷廟 旺
帝旺
小耗
災煞 104～113 己
歲破 夫妻宮 酉</td>
</tr>
<tr>
<td>天天
相哭
陷廟
2014年
胎
大耗
將星 44～53 癸
歲建 官祿宮 卯</td>
<td>右天旬龍
弼月空德
廟 陷
衰
將軍
天煞 114～123 庚
龍德 兄弟宮 戌</td>
</tr>
<tr>
<td>太巨地天天截陰
陽門劫才官空煞
旺廟平廟平陷
忌
絕
病符
亡神 34～43 壬
病符 田宅宮 寅</td>
<td>武貪鈴天寡
曲狼星姚宿
廟廟得平平
墓
喜神
月煞 24～33 癸
弔客 福德宮 丑</td>
<td>天太火紅咸天
同陰星鸞池德
旺廟陷廟陷廟
權祿
死
飛廉
咸池 14～23 壬
天德 父母宮 子</td>
<td>天天天
府魁福
得旺廟
病
奏書
指背 4～13 辛
白虎 命宮 亥</td>
</tr>
</table>

星情直讀：2014 年

流年命宮天哭星；

流年疾厄宮天月星，照天梁星；

流年子女宮天同化權、太陰化祿、紅鸞、天德、火星；

而流年子女宮天同化權、太陰化祿在子，

所以判斷：2014 年有機會有機會生育後代，應為男孩。

事實上：2014 年命主生兒子。

例題 10

<table>
<tr>
<td>巨文三破
門昌臺碎
旺廟平陷
小耗 長生
亡神 114~123 辛
病符 父母宮 巳</td>
<td>廉天火地天
貞相星空福
平廟廟廟平
青龍 養
將星 104~113 壬
歲建 福德宮 午</td>
<td>天天陀封天截天
梁鉞羅誥月空空
旺旺廟 廟陷
力士 胎
攀鞍 94~103 癸
晦氣 田宅宮 未</td>
<td>七祿鈴天天天孤
殺存星馬姚壽辰
廟廟陷旺陷旺平
博士 絕
歲驛 84~93 甲
喪門 官祿宮 申</td>
</tr>
<tr>
<td>貪地天鳳寡年
狼劫刑閣宿解
廟陷平陷陷廟
將軍 沐浴
月煞 4~13 庚
弔客 命宮 辰</td>
<td colspan="2" rowspan="2">出生西曆：1990年9月25日10時18分，星期二.
出生農曆：庚午年 八月 初七日 巳時.

坤造 庚 乙 癸 丁 (日空午、未)
午 酉 巳 巳

1命宮 2兄弟 3夫妻 4子女 5財帛 6疾厄
7遷移 8交友 9官祿 10田宅 11福德 12父母

甲干 廉貞-太陽 乙干 天機-太陰 丙干 天同-廉貞 丁干 太陰-巨門
戊干 貪狼-天機 己干 武曲-文曲
庚干 太陽-天同 辛干 巨門-文昌 壬干 天梁-武曲 癸干 破軍-貪狼</td>
<td>天文擎紅八天
同曲羊鸞座傷
平廟陷旺廟平
忌
官府 墓
息神 74~83 乙
貫索 交友宮 酉</td>
</tr>
<tr>
<td>太右天咸天
陰弼喜池德
陷陷旺平平
科
奏書 冠帶
咸池 14~23 己
天德 兄弟宮 卯</td>
<td>武恩龍天旬華
曲光池才空蓋
廟廟陷陷陷平
權
伏兵 死
華蓋 64~73 丙
官符 遷移宮 戌</td>
</tr>
<tr>
<td>紫天天解天蜚
微府貴神廚廉
旺廟平廟
身宮
2015年
飛廉 臨官
指背 24~33 戊
白虎 夫妻宮 寅</td>
<td>天天大龍
機魁耗德
陷旺平
喜神 帝旺
天煞 34~43 己
龍德 子女宮 丑</td>
<td>破天天陰
軍哭虛煞
廟平陷
病符 衰
災煞 44~53 戊
歲破 財帛宮 子</td>
<td>太左天天臺天劫月
陽輔官使輔巫煞德
陷不旺旺
祿
大耗 病
劫煞 54~63 丁
小耗 疾厄宮 亥</td>
</tr>
</table>

星情直讀： 2015 年

流年命宮天府、天廚星；

流年疾厄宮紅鸞、擎羊、天同化權；

流年子女宮天使、太陽、月德星，照巨門化忌；

而流年子女宮太陽、天使、月德星，宮氣陷落無救助；

所以判斷：2015 年有機會生育後代，應為男孩。

事實上：2015 年命主生兒子。

例題 11

<table>
<tr>
<td>天祿天孤
機存官辰
平廟旺陷
權
身宮
臨官
博士
亡神 85～94 癸
貫索 官祿宮 巳</td>
<td>紫擎龍天
微羊池傷
廟陷不陷
冠帶
官府
將星 75～84 甲
官符 交友宮 午</td>
<td>地天天天月
劫喜壽月德
平陷旺
沐浴
伏兵
攀鞍 65～74 乙
小耗 遷移宮 未</td>
<td>破天天鳳天天年
軍馬姚閣使虛解
得旺陷不平廟利
長生
大耗
歲驛 55～64 丙
歲破 疾厄宮 申</td>
</tr>
<tr>
<td>七陀天截天
殺羅刑空哭
廟廟平陷平
帝旺
力士
月煞 95～104 壬
喪門 田宅宮 辰</td>
<td colspan="2" rowspan="2">出生西曆：1986年9月28日16時40分，星期日.
出生農曆：丙寅年 八月 廿五日 申時.

坤造 丙 丁 乙 甲 (日空申、酉)
寅 酉 亥 申

1命宮 2兄弟 3夫妻 4子女 5財帛 6疾厄
7遷移 8交友 9官祿 10田宅 11福德 12父母

甲干 廉貞-太陽 乙干 天機-太陰 丙干 天同-廉貞 丁干 太陰-巨門
戊干 貪狼-天機 己干 武曲-文曲
庚干 太陽-天同 辛干 巨門-文昌 壬干 天梁-武曲 癸干 破軍-貪狼</td>
<td>天火破大龍
鉞星碎耗德
廟得平不
2010年 養
病符
息神 45～54 丁
龍德 財帛宮 酉</td>
</tr>
<tr>
<td>太天右地八天天咸
陽梁弼空座才空池
廟廟陷平平旺平平
衰
青龍
咸池 105～114 辛
晦氣 福德宮 卯</td>
<td>廉天封旬蜚華
貞府誥空廉蓋
利廟 陷 平
忌
胎
喜神
華蓋 35～44 戊
白虎 子女宮 戌</td>
</tr>
<tr>
<td>武天文臺解
曲相昌輔神
得廟陷 廟
科
病
小耗
指背 115～124 庚
歲建 父母宮 寅</td>
<td>天巨紅恩寡
同門鸞光宿
不不陷廟平
祿
死
將軍
天煞 5～14 辛
病符 命 宮 丑</td>
<td>貪文天天陰
狼曲福廚煞
旺得平
墓
奏書
災煞 15～24 庚
弔客 兄弟宮 子</td>
<td>太左天鈴三天天劫天
陰輔魁星臺貴巫煞德
廟不旺利平平 平
絕
飛廉
劫煞 25～34 己
天德 夫妻宮 亥</td>
</tr>
</table>

星情直讀：2010 年

流年命宮無主星，有火星，照太陽、天梁星；

流年疾厄宮七殺、天刑、天哭星；

流年子女宮擎羊、天傷、龍池，照貪狼化忌；

而子女宮紫微星加會天相星和天府星，

所以判斷：2010 年有機會生育後代，應為男孩。

事實上：2010 年命主生兒子。

例題 12

<table>
<tr>
<td>廉貪天劫天
貞狼壽煞德
陷陷平　旺

臨官
大耗
劫煞　46～55　辛
天德　官祿宮　巳</td>
<td>巨天天天天
門刑福傷月
旺平平陷

帝旺
伏兵
災煞　56～65　壬
弔客　交友宮　午</td>
<td>天天陀紅截寡
相鉞羅鸞空宿
得旺廟陷廟不

衰
官府
天煞　66～75　癸
病符　遷移宮　未</td>
<td>天天祿鈴天天陰
同梁存星使巫煞
旺陷廟陷平
忌

病
博士
指背　76～85　甲
歲建　疾厄宮　申</td>
</tr>
<tr>
<td>太臺解蜚華
陰輔神廉蓋
陷　廟　廟
科

冠帶
病符
華蓋　36～45　庚
白虎　田宅宮　辰</td>
<td colspan="2" rowspan="2">出生西曆：1980年12月2日19時32分，星期二.
出生農曆：庚申年 十月 廿五日 戌時.

乾造 庚　丁　己　甲 (日空寅、卯)
　　 申　亥　酉　戌

1命宮　2兄弟　3夫妻　4子女　5財帛　6疾厄
7遷移　8交友　9官祿　10田宅　11福德　12父母

甲干 廉貞-太陽　乙干 天機-太陰　丙干 天同-廉貞　丁干 太陰-巨門
戊干 貪狼-天機　己干 武曲-文曲
庚干 太陽-天同　辛干 巨門-文昌　壬干 天梁-武曲　癸干 破軍-貪狼</td>
<td>武七擎地天天咸破
曲殺羊劫才空池碎
利旺陷平旺旺平平
權

身宮
死
力士
咸池　86～95　乙
晦氣　財帛宮　酉</td>
</tr>
<tr>
<td>天大龍
府耗德
得不

沐浴
喜神
息神　26～35　己
龍德　福德宮　卯</td>
<td>太天天
陽姚哭
不廟平
祿

2014年　墓
青龍
月煞　96～105　丙
喪門　子女宮　戌</td>
</tr>
<tr>
<td>文天鳳天天年
曲馬閣廚虛解
平旺廟　旺廟

長生
飛廉
歲驛　16～25　戊
歲破　父母宮　寅</td>
<td>紫破左右天地天三八天月
微軍輔弼魁空喜臺座貴德
廟旺廟廟旺陷陷廟廟旺

養
奏書
攀鞍　6～15　己
小耗　命　宮　丑</td>
<td>天文火龍封旬
機昌星池誥空
廟得陷旺　陷

胎
將軍
將星　116～125　戊
官符　兄弟宮　子</td>
<td>恩天孤
光官辰
不旺陷

絕
小耗
亡神　106～115　丁
貫索　夫妻宮　亥</td>
</tr>
</table>

星情直讀： 2014 年

流年命宮太陽化祿、天姚、天哭星；

流年子女宮天相、紅鸞星，照破軍化祿、月德、天喜；

流年夫妻宮天同化忌、天梁星；

流年財帛宮巨門化權、天傷、天刑、天福星；

而流年子女宮天相、紅鸞星，天相較弱，照破軍化祿；

所以判斷：2014 年，這一年家中有喜慶之事，生育應為女孩。

事實上：2014 年命主妻子生女兒。

第七節 不利後代 例題

觀察宮：子女宮、官祿宮（子女宮的疾厄宮）、父母宮（子女宮的官祿宮）、夫妻宮（子女宮的父母宮）。

觀察星：巨門、天梁、太陰、太陽、天同、天刑、天哭、天月、陀羅、空亡、天空、截空、天傷星等。

條件：凶星旺、無主星、宮氣衰弱、太陰陷落、太陽陷落、天同星較弱。

判斷：以上幾個宮位，有兩個或以上坐有如上的星曜，並且符合如上的條件，則不利後代。

例題 1

<table>
<tr>
<td>太陀火天破
陽羅星廚碎
旺陷得　陷
長生
官府
指背　34 ~ 43　乙
白虎　田宅宮　巳</td>
<td>破左文祿紅咸天
軍輔曲存鸞池德
廟旺陷廟旺陷旺
身宮
沐浴
博士
咸池　44 ~ 53　丙
天德　官祿宮　午</td>
<td>天擎天寡
機羊傷宿
陷廟陷不
科
冠帶
力士
月煞　54 ~ 63　丁
弔客　交友宮　未</td>
<td>紫天右文臺
微府弼昌輔
旺得不得
臨官
青龍
亡神　64 ~ 73　戊
病符　遷移宮　申</td>
</tr>
<tr>
<td>武封天旬龍
曲誥月空德
廟　　陷
養
伏兵
天煞　24 ~ 33　甲
龍德　福德宮　辰</td>
<td colspan="2" rowspan="2">出生西曆：1957年4月17日4時32分，星期三。
出生農曆：丁酉年 三月 十八日 寅時。

坤造 丁　甲　己　丙 (日空子、醜)
　　 酉　辰　未　寅

1命宮　2兄弟　3夫妻　4子女　5財帛　6疾厄
7遷移　8交友　9官祿　10田宅　11福德　12父母

甲干 廉貞-太陽　乙干 天機-太陰　丙干 天同-廉貞　丁干 太陰-巨門
戊干 貪狼-天機　己干 武曲-文曲
庚干 太陽-天同　辛干 巨門-文昌　壬干 天梁-武曲　癸干 破軍-貪狼</td>
<td>太天地天天
陰鉞空使哭
旺廟廟陷不
祿
帝旺
小耗
將星　74 ~ 83　己
歲建　疾厄宮　酉</td>
</tr>
<tr>
<td>天天八天天
同姚座壽虛
平廟平陷廟
權
胎
大耗
災煞　14 ~ 23　癸
歲破　父母宮　卯</td>
<td>貪天解天陰
狼貴神空煞
廟旺廟陷
衰
將軍
攀鞍　84 ~ 93　庚
晦氣　財帛宮　戌</td>
</tr>
<tr>
<td>七天天截大劫月
殺官巫空耗煞德
廟平　陷陷
絕
病符
劫煞　4 ~ 13　壬
小耗　命 宮　寅</td>
<td>天地龍鳳年華
梁劫池閣解蓋
旺陷平平得陷
墓
喜神
華蓋　114 ~ 123　癸
官符　兄弟宮　丑</td>
<td>廉天鈴天恩
貞相星喜光
平廟陷旺平
死
飛廉
息神　104 ~ 113　壬
貫索　夫妻宮　子</td>
<td>巨天天天三天天孤蜚
門魁馬刑臺才福辰廉
旺旺平陷平廟廟陷
忌
病
奏書
歲驛　94 ~ 103　辛
喪門　子女宮　亥</td>
</tr>
</table>

解析：

（1）子女宮坐有巨門星和天刑星；

（2）官祿宮遭遇殺破狼；

（3）父母宮坐有平勢的天同星。

三個宮位不吉，所以判斷：不利後代，事實上：婚後一女夭折之後再沒有生育。

例題 2

<table>
<tr>
<td>廉貪天天天孤蜚破
貞狼鉞馬福辰廉碎
陷陷旺平旺陷　陷
忌
臨官
奏書
歲驛　116~125　丁
喪門　兄弟宮　巳</td>
<td>巨文天天
門曲喜官
旺陷廟廟
權
帝旺
飛廉
息神　6~15　戊
貫索　命 宮　午</td>
<td>天天天龍鳳年華
相姚貴池閣解蓋
得旺旺廟陷得陷
衰
喜神
華蓋　16~25　己
官符　父母宮　未</td>
<td>天天文臺大劫月
同梁昌輔耗煞德
旺陷得　陷
病
病符
劫煞　26~35　庚
小耗　福德宮　申</td>
</tr>
<tr>
<td>太右封旬天
陰弼誥空空
陷廟　陷廟
科
冠帶
將軍
攀鞍　106~115　丙
晦氣　夫妻宮　辰</td>
<td colspan="2" rowspan="2">出生西曆：1963年9月2日4時0分，星期一.
出生農曆：癸卯年 七月 十五日 寅時.

坤造 癸　庚　戊　甲 (日空寅、卯)
　　 卯　申　申　寅

1命宮　2兄弟　3夫妻　4子女　5財帛　6疾厄
7遷移　8交友　9官祿　10田宅　11福德　12父母

甲干 廉貞-太陽　乙干 天機-太陰　丙干 天同-廉貞　丁干 太陰-巨門
戊干 貪狼-天機　己干 武曲-文曲
庚干 太陽-天同　辛干 巨門-文昌　壬干 天梁-武曲　癸干 破軍-貪狼</td>
<td>武七地恩天天
曲殺空光才虛
利旺廟陷旺旺
死
大耗
災煞　36~45　辛
歲破　田宅宮　酉</td>
</tr>
<tr>
<td>天天天天
府魁刑哭
得廟廟廟
沐浴
小耗
將星　96~105　乙
歲建　子女宮　卯</td>
<td>太左龍
陽輔德
不廟
身宮
墓
伏兵
天煞　46~55　壬
龍德　官祿宮　戌</td>
</tr>
<tr>
<td>八解天陰
座神巫煞
廟廟
長生
青龍
亡神　86~95　甲
病符　財帛宮　寅</td>
<td>紫破擎地天天截寡
微軍羊劫壽使空宿
廟旺廟陷廟陷不平
祿
養
力士
月煞　76~85　乙
弔客　疾厄宮　丑</td>
<td>天祿鈴紅三咸天
機存星鸞臺池德
廟廟陷廟平陷廟
胎
博士
咸池　66~75　甲
天德　遷移宮　子</td>
<td>陀火天天天
羅星傷廚月
陷利旺
絕
官府
指背　56~65　癸
白虎　交友宮　亥</td>
</tr>
</table>

解析：

（1）子女宮主星天府星不旺，而坐有天哭和天刑星；

（2）官祿宮太陽星陷落；

（3）夫妻宮太陰星陷落。

三個宮位不吉，所以判斷：不利後代，事實上：結婚兩次都沒有生育後代。

例題 3

<table>
<tr>
<td>天右陀破
同弼羅碎
廟平陷陷

官府　　　臨官
指背　26～35　己
白虎　福德宮　巳</td>
<td>武天文祿紅天恩封咸天
曲府昌存鸞姚光誥池德
旺旺陷廟旺平廟　陷旺
祿
博士　　　帝旺
咸池　36～45　庚
天德　田宅宮　午</td>
<td>太太擎火地寡
陽陰羊星空宿
得不廟利平不

力士　　　衰
月煞　46～55　辛
弔客　官祿宮　未</td>
<td>貪文天天天天天天
狼曲鉞貴壽傷巫廚
平得廟陷旺平
權忌
青龍　　　病
亡神　56～65　壬
病符　交友宮　申</td>
</tr>
<tr>
<td>破八陰龍
軍座煞德
旺旺

伏兵　　　冠帶
天煞　16～25　戊
龍德　父母宮　辰</td>
<td colspan="2" rowspan="2">出生西曆：1969年8月8日8時0分，星期五.
出生農曆：己酉年 六月 廿六日 辰時.

坤造 己 壬 乙 庚 (日空子、醜)
酉 申 卯 辰

1命宮 2兄弟 3夫妻 4子女 5財帛 6疾厄
7遷移 8交友 9官祿 10田宅 11福德 12父母

甲干 廉貞-太陽 乙干 天機-太陰 丙干 天同-廉貞 丁干 太陰-巨門
戊干 貪狼-天機 己干 武曲-文曲
庚干 太陽-天同 辛干 巨門-文昌 壬干 天梁-武曲 癸干 破軍-貪狼</td>
<td>天巨左天截天
機門輔官空哭
旺廟陷平廟不

小耗　　　死
將星　66～75　癸
歲建　遷移宮　酉</td>
</tr>
<tr>
<td>地天天
劫月虛
平　廟

大耗　　　沐浴
災煞　6～15　丁
歲破　命宮　卯</td>
<td>紫天三天臺天
微相臺使輔空
得得旺陷　陷

將軍　　　墓
攀鞍　76～85　甲
晦氣　疾厄宮　戌</td>
</tr>
<tr>
<td>廉鈴天天旬大劫月
貞星刑福空耗煞德
廟廟廟旺陷陷

病符　　　長生
劫煞　116～125　丙
小耗　兄弟宮　寅</td>
<td>龍鳳年華
池閣解蓋
平平得陷

喜神　　　養
華蓋　106～115　丁
官符　夫妻宮　丑</td>
<td>七天天天解
殺魁喜才神
旺旺旺旺廟

飛廉　　　胎
息神　96～105　丙
貫索　子女宮　子</td>
<td>天天孤蜚
梁馬辰廉
陷平陷
科　　　身宮
奏書　　　絕
歲驛　86～95　乙
喪門　財帛宮　亥</td>
</tr>
</table>

解析：

（1）父母宮破軍、陰煞；

（2）官祿宮太陽星、太陰星不旺；

（3）夫妻宮無主星，宮氣衰弱。

三個宮位不吉，所以判斷：不利後代，事實上：婚姻正常，婚後無子女。

例題 4

<table>
<tr>
<td>巨左陀天封天破
門輔羅傷誥月碎
旺平陷平　　陷

絕
官府　己
指背　52 ~ 61　己
白虎　交友宮　巳</td>
<td>廉天祿火紅三咸天
貞相存星鸞臺池德
平廟廟廟旺旺陷旺
身宮
胎
博士
咸池　62 ~ 71　庚
天德　遷移宮　午</td>
<td>天文文擎恩天天寡
梁昌曲羊光貴使宿
旺利旺廟旺旺平不
科　忌
養
力士
月煞　72 ~ 81　辛
弔客　疾厄宮　未</td>
<td>七天地八解天天
殺鉞空座神巫廚
廟廟廟廟不

長生
青龍
亡神　82 ~ 91　壬
病符　財帛宮　申</td>
</tr>
<tr>
<td>貪龍
狼德
廟
權
墓
伏兵
天煞　42 ~ 51　戊
龍德　官祿宮　辰</td>
<td colspan="2" rowspan="2">出生西曆：1969年3月19日6時0分，星期三。
出生農曆：己酉年 二月 初二日 卯時.

坤造　己　丁　癸　乙(日空午、未)
　　　酉　卯　巳　卯

1命宮　2兄弟　3夫妻　4子女　5財帛　6疾厄
7遷移　8交友　9官祿　10田宅　11福德　12父母

甲干 廉貞-太陽　乙干 天機-太陰　丙干 天同-廉貞　丁干 太陰-巨門
戊干 貪狼-天機　己干 武曲-文曲
庚干 太陽-天同　辛干 巨門-文昌　壬干 天梁-武曲　癸干 破軍-貪狼</td>
<td>天右天天臺截天
同弼才官輔空哭
平陷旺平　廟不

沐浴
小耗
將星　92 ~ 101　癸
歲建　子女宮　酉</td>
</tr>
<tr>
<td>太天天
陰壽虛
陷陷廟

死
大耗
災煞　32 ~ 41　丁
歲破　田宅宮　卯</td>
<td>武天天
曲刑空
廟廟陷
祿
冠帶
將軍
攀鞍　102 ~ 111　甲
晦氣　夫妻宮　戌</td>
</tr>
<tr>
<td>紫天地天天旬大劫月
微府劫姚福空耗煞德
旺廟平旺旺陷陷

病
病符
劫煞　22 ~ 31　丙
小耗　福德宮　寅</td>
<td>天鈴龍鳳年華
機星池閣解蓋
陷得平平得陷

衰
喜神
華蓋　12 ~ 21　丁
官符　父母宮　丑</td>
<td>破天天陰
軍魁喜煞
廟旺旺

帝旺
飛廉
息神　2 ~ 11　丙
貫索　命 宮　子</td>
<td>太天孤蜚
陽馬辰廉
陷平陷

臨官
奏書
歲驛　112 ~ 121　乙
喪門　兄弟宮　亥</td>
</tr>
</table>

解析：

（1）子女宮天同星較弱，同度天哭星、截空星；

（2）官祿宮遭遇殺破狼；

（3）父母宮主星天機陷落，對照天梁星和擎羊星；

（4）夫妻宮武曲星，同度天刑星。

四個宮位不吉，所以判斷：不利後代，事實上：婚後無子女。感情也不好。

例題 5

<table>
<tr>
<td>天天天天孤劫
梁喜廚空辰煞
得廟　廟陷

大耗　　　　　長生
劫煞　34 ~ 43　己
晦氣　子女宮　巳</td>
<td>七文火恩鳳封解蜚陰年
殺昌星光閣誥神廉煞解
旺陷廟廟平　廟　　廟

病符　　　　　養
災煞　24 ~ 33　庚
喪門　夫妻宮　午</td>
<td>天地天天
鉞空刑官
旺平陷廟

喜神　　　　　胎
天煞　14 ~ 23　辛
貫索　兄弟宮　未</td>
<td>廉文天龍天截
貞曲貴池壽空
廟得陷平旺廟
祿
飛廉　　　　　絕
指背　4 ~ 13　壬
官符　命 宮　申</td>
</tr>
<tr>
<td>紫天華
微相蓋
得得廟
身宮
伏兵　　　　　沐浴
華蓋　44 ~ 53　戊
歲建　財帛宮　辰</td>
<td colspan="2" rowspan="2">出生西曆：1964年12月5日8時0分，星期六。
出生農曆：甲辰年 十一月 初二日 辰時.

坤造 甲　乙　戊　丙 (日空午、未)
　　 辰　亥　子　辰

1命宮　2兄弟　3夫妻　4子女　5財帛　6疾厄
7遷移　8交友　9官祿　10田宅　11福德　12父母

甲干 廉貞-太陽　乙干 天機-太陰　丙干 天同-廉貞　丁干 太陰-巨門
戊干 貪狼-天機　己干 武曲-文曲
庚干 太陽-天同　辛干 巨門-文昌　壬干 天梁-武曲　癸干 破軍-貪狼</td>
<td>天咸月
福池德
廟平

奏書　　　　　墓
咸池　114 ~ 123　癸
小耗　父母宮　酉</td>
</tr>
<tr>
<td>天巨擎地三天
機門羊劫臺使
旺廟陷平陷平

官府　　　　　冠帶
息神　54 ~ 63　丁
病符　疾厄宮　卯</td>
<td>破臺天天
軍輔月虛
旺　　陷
權
將軍　　　　　死
月煞　104 ~ 113　甲
歲破　福德宮　戌</td>
</tr>
<tr>
<td>貪左祿鈴天天旬天
狼輔存星馬巫空哭
平廟廟廟旺　陷平

博士　　　　　臨官
歲驛　64 ~ 73　丙
弔客　遷移宮　寅</td>
<td>太太天陀天寡破天
陽陰魁羅傷宿碎德
不廟旺廟平平陷廟
忌
力士　　　　　帝旺
攀鞍　74 ~ 83　丁
天德　交友宮　丑</td>
<td>武天右天
曲府弼才
旺廟廟旺
科
青龍　　　　　衰
將星　84 ~ 93　丙
白虎　官祿宮　子</td>
<td>天紅天八大龍
同鸞姚座耗德
廟廟陷廟陷

小耗　　　　　病
亡神　94 ~ 103　乙
龍德　田宅宮　亥</td>
</tr>
</table>

解析：

（1）子女宮天梁星不旺同度天空星；

（2）父母宮無主星，坐截空星；

（3）夫妻宮七殺同度火星。

三個宮位不吉，所以判斷：不利後代，事實上：二婚，第一個孩子是男孩，不幸夭折，再沒有生育。

例題 6

<table>
<tr>
<td>太文天天破劫月
陽昌鉞巫碎煞德
旺廟旺　陷

臨官
飛廉
劫煞　45～54　乙
小耗　財帛宮　巳</td>
<td>破地天天天天
軍空貴福哭虛
廟廟廟平陷平

冠帶
奏書
災煞　35～44　丙
歲破　子女宮　午</td>
<td>天火天封大龍
機星壽誥耗德
陷利旺　平
身宮
沐浴
將軍
天煞　25～34　丁
龍德　夫妻宮　未</td>
<td>紫天解蜚
微府神廉
旺得不
權
長生
小耗
指背　15～24　戊
白虎　兄弟宮　申</td>
</tr>
<tr>
<td>武左地龍天華
曲輔劫池使蓋
廟廟陷廟陷廟
忌科
帝旺
喜神
華蓋　55～64　甲
官符　疾厄宮　辰</td>
<td colspan="2" rowspan="2">出生西曆：1972年2月25日10時0分，星期五.
出生農曆：壬子年 正月 十一日 巳時.

坤造 壬　壬　丙　癸 (日空午、未)
　　 子　寅　戌　巳

1命宮　2兄弟　3夫妻　4子女　5財帛　6疾厄
7遷移　8交友　9官祿　10田宅　11福德　12父母

甲干 廉貞-太陽　乙干 天機-太陰　丙干 天同-廉貞　丁干 太陰-巨門
戊干 貪狼-天機　己干 武曲-文曲
庚干 太陽-天同　辛干 巨門-文昌　壬干 天梁-武曲　癸干 破軍-貪狼</td>
<td>太文天天天天咸天
陰曲喜刑才廚池德
旺廟廟廟旺　平不

養
青龍
咸池　5～14　己
天德　命宮　酉</td>
</tr>
<tr>
<td>天天鈴紅截
同魁星鸞空
平廟利廟平

衰
病符
息神　65～74　癸
貫索　遷移宮　卯</td>
<td>貪右陀鳳天天寡年
狼弼羅閣官月宿解
廟廟廟廟平　陷廟

胎
力士
月煞　115～124　庚
弔客　父母宮　戌</td>
</tr>
<tr>
<td>七天三恩天旬孤陰
殺馬臺光傷空辰煞
廟旺平平平陷平

病
大耗
歲驛　75～84　壬
喪門　交友宮　寅</td>
<td>天天天
梁姚空
旺平平
祿
死
伏兵
攀鞍　85～94　癸
晦氣　官祿宮　丑</td>
<td>廉天擎八
貞相羊座
平廟陷陷

墓
官府
將星　95～104　壬
歲建　田宅宮　子</td>
<td>巨祿臺
門存輔
旺廟

絕
博士
亡神　105～114　辛
病符　福德宮　亥</td>
</tr>
</table>

解析：

（1）子女宮遭遇殺破狼，並坐有天哭星；

（2）遭遇殺破狼，並坐有天月星、陀羅星；

（3）夫妻宮主星天機陷落，坐有火星、封誥星。

三個宮位不吉，所以判斷：不利後代，事實上：由於婦科疾患，一生沒有生育。

例題 7

<table>
<tr>
<td>天天天天劫天
同刑傷巫煞德
廟陷平　　旺
忌
絕
小耗　76～85　辛
劫煞
天德　交友宮　巳</td>
<td>武天天
曲府福
旺旺平
權
墓
青龍　66～75　壬
災煞
弔客　遷移宮　午</td>
<td>太太天陀紅天截寡
陽陰鉞羅鸞使空宿
得不旺廟陷平廟不
祿科
死
力士　56～65　癸
天煞
病符　疾厄宮　未</td>
<td>貪祿鈴天
狼存星才
平廟陷廟
身宮
病
博士　46～55　甲
指背
歲建　財帛宮　申</td>
</tr>
<tr>
<td>破天臺解蜚華
軍壽輔神廉蓋
旺廟　廟　廟
胎
將軍　86～95　庚
華蓋
白虎　官祿宮　辰</td>
<td colspan="2" rowspan="2">出生西曆：1980年11月3日20時0分，星期一.
出生農曆：庚申年 九月 廿六日 戌時.

坤造 庚　丙　庚　丙 (日空申、酉)
　　 申　戌　辰　戌

1命宮　2兄弟　3夫妻　4子女　5財帛　6疾厄
7遷移　8交友　9官祿　10田宅　11福德　12父母

甲干 廉貞-太陽　乙干 天機-太陰　丙干 天同-廉貞　丁干 太陰-巨門
戊干 貪狼-天機　己干 武曲-文曲
庚干 太陽-天同　辛干 巨門-文昌　壬干 天梁-武曲　癸干 破軍-貪狼</td>
<td>天巨擎地天天咸破
機門羊劫姚空池碎
旺廟陷平廟旺平平
衰
官府　36～45　乙
咸池
晦氣　子女宮　酉</td>
</tr>
<tr>
<td>大龍
耗德
不
養
奏書　96～105　己
息神
龍德　田宅宮　卯</td>
<td>紫天天陰
微相哭煞
得得平
帝旺
伏兵　26～35　丙
月煞
喪門　夫妻宮　戌</td>
</tr>
<tr>
<td>廉右文天天鳳天天天年
貞弼曲馬貴閣廚月虛解
廟旺平旺平廟　　旺廟
長生
飛廉　106～115　戊
歲驛
歲破　福德宮　寅</td>
<td>天地天三八月
魁空喜臺座德
旺陷陷廟廟
沐浴
喜神　116～125　己
攀鞍
小耗　父母宮　丑</td>
<td>七左文火恩龍封句
殺輔昌星光池誥空
旺旺得陷平旺　陷
冠帶
病符　6～15　戊
將星
官符　命宮　子</td>
<td>天天孤
梁官辰
陷旺陷
臨官
大耗　16～25　丁
亡神
貫索　兄弟宮　亥</td>
</tr>
</table>

解析：

（1）子女宮坐有巨門星，同度天空星；

（2）父母宮無主星，對照太陰星和太陽星不旺；

（3）官祿宮破軍星。

三個宮位不吉，所以判斷：不利後代，事實上：婚後有一女兒，但女兒出生後患癲癇，發育遲緩。

第八節　出國　例題

觀察宮：命宮、官祿宮、遷移宮以及田宅宮。

觀察星：巨門、太陰太陽、天機天同、金輿星、巨門天同、巨門天機、破軍，武曲破軍、天梁、天馬星、紫微文曲、紫微文昌、天相、紫微右弼化科、太陽巨門、天同天梁、天同太陰、天空地空、七殺、龍池、鳳閣、天梁文曲、貪狼武曲、殺破狼、巨門右弼等。

條件：星在宮或者會照；星較旺，或者有化祿、化權、化科。

判斷：以上幾個宮位，有兩個或以上的宮，坐或者會照如上的星曜四個以上，或以上宮有四化星，則這一年出國。（注意：本節只研究出國留學、工作、定居等，不考慮旅遊和購物等類型的短暫出國。）

以下例題，所用到的流年的命宮，標註在大運起止數字之上，為了使圖片簡潔清晰，對於其他的宮位不一一標註，您在心裡逆數就可以了。

例題 1

<table>
<tr>
<td>天天天破劫月
機使廚碎煞德
平平　陷
小耗　臨官
劫煞　76～85　己
小耗　疾厄宮　巳</td>
<td>紫文天解天天陰
微曲貴神哭虛煞
廟陷廟廟陷平
將軍　帝旺
災煞　86～95　庚
歲破　財帛宮　午</td>
<td>天天天大龍
鉞刑官耗德
旺陷廟平
奏書　2018年　衰
天煞　96～105　辛
龍德　子女宮　未</td>
<td>破文恩臺截蜚
軍昌光輔空廉
得得平　廟
權
飛廉　病
指背　106～115　壬
白虎　夫妻宮　申</td>
</tr>
<tr>
<td>七火龍封華
殺星池誥蓋
廟陷廟　廟
青龍　冠帶
華蓋　66～75　戊
官符　遷移宮　辰</td>
<td colspan="2" rowspan="2">出生西曆：1984年12月23日3時45分，星期日.
出生農曆：甲子年 十一月 初二日 寅時.

乾造 甲 丙 辛 庚 (日空午、未)
　　 子 子 卯 寅

1命宮 2兄弟 3夫妻 4子女 5財帛 6疾厄
7遷移 8交友 9官祿 10田宅 11福德 12父母

甲干 廉貞-太陽 乙干 天機-太陰 丙干 天同-廉貞 丁干 太陰-巨門
戊干 貪狼-天機 己干 武曲-文曲
庚干 太陽-天同 辛干 巨門-文昌 壬干 天梁-武曲 癸干 破軍-貪狼</td>
<td>地天天咸天
空喜福池德
廟廟廟平不
喜神　死
咸池　116～125　癸
天德　兄弟宮　酉</td>
</tr>
<tr>
<td>太天擎紅三天
陽梁羊鸞臺傷
廟廟陷廟陷陷
忌
力士　沐浴
息神　56～65　丁
貫索　交友宮　卯</td>
<td>廉天鳳天天旬寡年
貞府閣才月空宿解
利廟廟陷　陷陷廟
祿
病符　墓
月煞　6～15　甲
弔客　命宮　戌</td>
</tr>
<tr>
<td>武天左祿天天天孤
曲相輔存馬壽巫辰
得廟廟廟旺旺　平
科　身宮
博士　長生
歲驛　46～55　丙
喪門　官祿宮　寅</td>
<td>天巨天陀地天
同門魁羅劫空
不不旺廟陷平
官府　養
攀鞍　36～45　丁
晦氣　田宅宮　丑</td>
<td>貪右鈴
狼弼星
旺廟陷
伏兵　胎
將星　26～35　丙
歲建　福德宮　子</td>
<td>太天八
陰姚座
廟陷廟
大耗　絕
亡神　16～25　乙
病符　父母宮　亥</td>
</tr>
</table>

星情直讀：2018 年

流年命宮天鉞星，加會太陽化忌、天梁、太陰化祿；

流年遷移宮天同化權、巨門化忌、天空星；

流年田宅宮鳳閣星，照七殺、龍池星；

流年官祿宮太陰化祿合天相、天馬、左輔星；

所以判斷：2018 年，這一年有機會出國。

事實上：2018 年命主出國留學。

例題 2

<table>
<tr>
<td>八天破劫月
座廚碎煞德
廟　陷

大耗　　絕
劫煞　106～115　己
小耗　福德宮　巳</td>
<td>天解天天陰
機神哭虛煞
廟廟陷平

病符　　墓
災煞　96～105　庚
歲破　田宅宮　午</td>
<td>紫破天鈴天恩天天大龍
微軍鉞星刑光貴官耗德
廟旺旺利陷旺旺廟平
權
喜神　　死
天煞　86～95　辛
龍德　官祿宮　未</td>
<td>地天截蜚
劫傷空廉
廟平廟

飛廉　　病
指背　76～85　壬
白虎　交友宮　申</td>
</tr>
<tr>
<td>太龍華
陽池蓋
旺廟廟
忌
伏兵　　胎
華蓋　116～125　戊
官符　父母宮　辰</td>
<td colspan="2" rowspan="2">出生西曆：1984年12月29日18時0分，星期六.
出生農曆：甲子年 十一月 初八日 酉時.

坤造 甲　丙　丁　己 (日空辰、巳)
　　 子　子　酉　酉

1命宮　2兄弟　3夫妻　4子女　5財帛　6疾厄
7遷移　8交友　9官祿　10田宅　11福德　12父母

甲干 廉貞-太陽　乙干 天機-太陰　丙干 天同-廉貞　丁干 太陰-巨門
戊干 貪狼-天機　己干 武曲-文曲
庚干 太陽-天同　辛干 巨門-文昌　壬干 天梁-武曲　癸干 破軍-貪狼</td>
<td>天天三天天咸天
府喜臺壽福池德
旺廟廟平廟平不
身宮
奏書　　衰
咸池　66～75　癸
天德　遷移宮　酉</td>
</tr>
<tr>
<td>武七擎紅天臺
曲殺羊鸞才輔
利旺陷廟旺
科
官府　　養
息神　6～15　丁
貫索　命 宮　卯</td>
<td>太鳳天天旬寡年
陰閣使月空宿解
旺廟陷　陷陷廟

2019年　帝旺
將軍
月煞　56～65　甲
弔客　疾厄宮　戌</td>
</tr>
<tr>
<td>天天左祿地天天孤
同梁輔存空馬巫辰
利廟廟廟陷旺　平

博士　　長生
歲驛　16～25　丙
喪門　兄弟宮　寅</td>
<td>天文文天陀天
相昌曲魁羅空
廟廟廟旺廟平

力士　　沐浴
攀鞍　26～35　丁
晦氣　夫妻宮　丑</td>
<td>巨右
門弼
旺廟

青龍　　冠帶
將星　36～45　丙
歲建　子女宮　子</td>
<td>廉貪火天封
貞狼星姚誥
陷陷利陷
祿
小耗　　臨官
亡神　46～55　乙
病符　財帛宮　亥</td>
</tr>
</table>

星情直讀：2019 年

流年命宮太陰、鳳閣星，照太陽化祿、龍池，加會天梁、天馬、天機星；

流年遷移宮太陽化祿、龍池星；

流年官祿宮天同化忌、天梁、天馬星；

所以判斷：2019 年，這一年有機會出國。

事實上：2019 年命主出國讀研究生。

例題 3

<table>
<tr>
<td>天天天破劫月
梁壽廚碎煞德
得平　陷
身宮
臨官
大耗
劫煞　82 ~ 91　己
小耗　官祿宮　巳</td>
<td>七鈴恩天天天
殺星光傷哭虛
旺廟廟陷陷平
冠帶
病符
災煞　72 ~ 81　庚
歲破　交友宮　午</td>
<td>天地天天大龍
鉞劫官月耗德
旺平廟　平
沐浴
喜神
天煞　62 ~ 71　辛
龍德　遷移宮　未</td>
<td>廉天天截蜚
貞姚使空廉
廟陷平廟
祿
長生
飛廉
指背　52 ~ 61　壬
白虎　疾厄宮　申</td>
</tr>
<tr>
<td>紫天天三天龍華
微相州臺貴池蓋
得得平廟旺廟廟
帝旺
伏兵
華蓋　92 ~ 101　戊
官符　田宅宮　辰</td>
<td colspan="2" rowspan="2">出生西曆：1984年9月1日15時28分，星期六.
出生農曆．甲子年 八月 初六日 申時.

乾造 甲　壬　戊　庚 (日空辰、巳)
　　子　申　戌　申

1命宮　2兄弟　3夫妻　4子女　5財帛　6疾厄
7遷移　8交友　9官祿　10田宅　11福德　12父母

甲干 廉貞-太陽　乙干 天機-太陰　丙干 天同-廉貞　丁干 太陰-巨門
戊干 貪狼-天機　己干 武曲-文曲
庚干 太陽-天同　辛干 巨門-文昌　壬干 天梁-武曲　癸干 破軍-貪狼</td>
<td>天天咸天
喜福池德
廟廟平不
養
奏書
咸池　42 ~ 51　癸
天德　財帛宮　酉</td>
</tr>
<tr>
<td>天巨右擎地紅
機門弼羊空鸞
旺廟陷陷平廟
衰
官府
息神　102 ~ 111　丁
貫索　福德宮　卯</td>
<td>破火八鳳封旬寡年
軍星座閣誥空宿解
旺廟平廟　陷陷廟
權
胎
將軍
月煞　32 ~ 41　甲
弔客　子女宮　戌</td>
</tr>
<tr>
<td>貪文祿天臺解孤
狼昌存馬輔神辰
平陷廟旺　廟平
病
博士
歲驛　112 ~ 121　丙
喪門　父母宮　寅</td>
<td>太太天陀天天
陽陰魁羅才空
不廟旺廟平平
忌
死
力士
攀鞍　2 ~ 11　丁
晦氣　命　宮　丑</td>
<td>武天文陰
曲府曲煞
旺廟得
科
墓
青龍
將星　12 ~ 21　丙
歲建　兄弟宮　子</td>
<td>天左天
同輔巫
廟不
絕
小耗
亡神　22 ~ 31　乙
病符　夫妻宮　亥</td>
</tr>
</table>

星情直讀：

本命命宮太陰、太陽、天空星；

本命田宅宮，照破軍化權、火星、鳳閣星；

本命官祿宮天梁星，照天同星；

所以判斷：一生多有出國機會。

事實上：命主由於工作長年漂泊在海外，生活總是半年在國內半年在國外。

例題 4

<table>
<tr>
<td>太左天天天截
陽輔馬福月空
旺平平旺　廟
權
長生
病符
歲驛　114～123　癸
弔客　兄弟宮　巳</td>
<td>破天火八天
軍鉞星座廚
廟　廟旺
沐浴
大耗
息神　4～13　甲
病符　命宮　午</td>
<td>天鈴天華
機星壽蓋
陷利旺陷
冠帶
伏兵
華蓋　14～23　乙
歲建　父母宮　未</td>
<td>紫天陀地紅三解天天孤劫
微府羅劫鸞臺神巫空辰煞
旺得陷廟廟旺不　旺平
2016年
臨官
官府
劫煞　24～33　丙
晦氣　福德宮　申</td>
</tr>
<tr>
<td>武寡天
曲宿德
廟陷廟
養
喜神
攀鞍　104～113　壬
天德　夫妻宮　辰</td>
<td colspan="2" rowspan="2">出生西曆：1991年4月12日18時0分，星期五.
出生農曆：辛未年 二月 廿八日 酉時.

坤造 辛　壬　壬　己(日空寅、卯)
　　 未　辰　子　酉

1命宮 2兄弟 3夫妻 4子女 5財帛 6疾厄
7遷移 8交友 9官祿 10田宅 11福德 12父母

甲干 廉貞-太陽 乙干 天機-太陰 丙干 天同-廉貞 丁干 太陰-巨門
戊干 貪狼-天機 己干 武曲-文曲
庚干 太陽-天同 辛干 巨門-文昌 壬干 天梁-武曲 癸干 破軍-貪狼</td>
<td>太右祿天
陰弼存官
旺陷廟平
帝旺
博士
災煞　34～43　丁
喪門　田宅宮　酉</td>
</tr>
<tr>
<td>天恩天鳳臺蜚年
同光貴閣輔廉解
平廟旺旺　　廟
胎
飛廉
將星　94～103　辛
白虎　子女宮　卯</td>
<td>貪擎天旬
狼羊刑空
廟廟廟陷
衰
力士
天煞　44～53　戊
貫索　官祿宮　戌</td>
</tr>
<tr>
<td>七天地天天龍
殺魁空喜姚德
廟　陷廟旺
絕
奏書
亡神　84～93　庚
龍德　財帛宮　寅</td>
<td>天文文天天天破
梁昌曲才使虛碎
旺廟廟平陷廟陷
忌科
墓
將軍
月煞　74～83　辛
歲破　疾厄宮　丑</td>
<td>廉天咸陰大月
貞相池煞耗德
平廟陷　旺
身宮
死
小耗
咸池　64～73　庚
小耗　遷移宮　子</td>
<td>巨龍天封天
門池傷誥哭
旺旺旺　平
祿
病
青龍
指背　54～63　己
官符　交友宮　亥</td>
</tr>
</table>

星情直讀： 2016 年

流年遷移宮七殺、地空星；

流年官祿宮天相星，貪狼化祿飛入，照破軍、天鉞星；

流年田宅宮巨門、龍池星，太陰化權飛入，照太陽星；

所以判斷： 2016 年，這一年有機會出國。

事實上： 2016 年命主出國讀研。

例題 5

<table>
<tr>
<td>太文祿天天孤劫
陰昌存喜空辰煞
陷廟廟廟廟陷
權
身宮
臨官
博士
劫煞　106 ~ 115　丁
晦氣　夫妻宮　巳</td>
<td>貪擎地鳳解天蜚陰年
狼羊空閣神廚廉煞解
旺陷廟平廟　　　廟
祿
帝旺
力士
災煞　116 ~ 125　戊
喪門　兄弟宮　午</td>
<td>天巨天火天封
同門鉞星刑誥
不不旺利陷
衰
青龍
天煞　6 ~ 15　己
貫索　命 宮　未</td>
<td>武天龍
曲相池
得廟平
2014年　病
小耗
指背　16 ~ 25　庚
官符　父母宮　申</td>
</tr>
<tr>
<td>廉天陀地八天華
貞府羅劫坐貴蓋
利廟廟陷旺旺廟
冠帶
官府
華蓋　96 ~ 105　丙
歲建　子女宮　辰</td>
<td colspan="2" rowspan="2">出生西曆：1988年12月17日9時28分，星期六。
出生農曆：戊辰年 十一月 初九日 巳時。

乾造 戊　甲　丙　癸 (日空寅、卯)
　　 辰　子　午　巳

1命宮 2兄弟 3夫妻 4子女 5財帛 6疾厄
7遷移 8交友 9官祿 10田宅 11福德 12父母

甲干 廉貞-太陽 乙干 天機-太陰 丙干 天同-廉貞 丁干 太陰-巨門
戊干 貪狼-天機 己干 武曲-文曲
庚干 太陽-天同 辛干 巨門-文昌 壬干 天梁-武曲 癸干 破軍-貪狼</td>
<td>太天文天咸月
陽梁曲壽池德
平得廟平平
死
將軍
咸池　26 ~ 35　辛
小耗　福德宮　酉</td>
</tr>
<tr>
<td>鈴天天
星官福
利旺平
沐浴
伏兵
息神　86 ~ 95　乙
病符　財帛宮　卯</td>
<td>七三天旬天
殺臺月空虛
廟旺　陷陷
墓
奏書
月煞　36 ~ 45　壬
大耗　田宅宮　戌</td>
</tr>
<tr>
<td>破左天天大天
軍輔馬使巫哭
得廟旺平　平
長生
大耗
歲驛　76 ~ 85　甲
弔客　疾厄宮　寅</td>
<td>天寡破天
魁宿碎德
旺平陷廟
養
病符
攀鞍　66 ~ 75　乙
天德　遷移宮　丑</td>
<td>紫右恩天截
微弼光傷空
平廟平陷陷
科
胎
喜神
將星　56 ~ 65　甲
白虎　交友宮　子</td>
<td>天紅天天臺大龍
機鸞姚才輔耗德
平廟陷廟　陷
忌
絕
飛廉
亡神　46 ~ 55　癸
龍德　官祿宮　亥</td>
</tr>
</table>

星情直讀：2014 年

流年命宮天相、龍池星，照天馬星；

流年遷移宮破軍、天馬星，加會貪狼化祿，七殺星；

流年官祿宮紫微、右弼化科，照地空星，加會天相星；

流年田宅宮天機化忌，照文昌化忌；

所以判斷：2014 年，這一年有機會出國。

事實上：2014 年命主出國留學。

例題 6

<table>
<tr>
<td>紫七左陀天天封天天孤蜚破
微殺輔羅馬傷誥廚月辰廉碎
旺平平陷平平 陷 陷
病
官府
歲驛 63 ~ 62 乙
喪門 交友宮 巳</td>
<td>祿天三
存喜臺
廟廟旺
身宮
死
博士
息神 63 ~ 72 丙
貫索 遷移宮 午</td>
<td>文文擎恩天龍鳳天年華
昌曲羊光貴池閣使解蓋
利旺廟旺旺廟陷平得陷
2016年 墓
力士
華蓋 73 ~ 82 丁
官符 疾厄宮 未</td>
<td>地八解天大劫月
空座神巫耗煞德
廟廟不 陷
絕
青龍
劫煞 83 ~ 92 戊
小耗 財帛宮 申</td>
</tr>
<tr>
<td>天天天
機梁空
利廟廟
科
衰
伏兵
攀鞍 43 ~ 52 甲
晦氣 官祿宮 辰</td>
<td colspan="2" rowspan="2">出生西曆：1987年3月13日5時40分，星期五.
出生農曆：丁卯年 二月 十四日 卯時.

坤造 丁 癸 辛 辛 (日空子、醜)
卯 卯 酉 卯

1命宮 2兄弟 3夫妻 4子女 5財帛 6疾厄
7遷移 8交友 9官祿 10田宅 11福德 12父母

甲干 廉貞-太陽 乙干 天機-太陰 丙干 天同-廉貞 丁干 太陰-巨門
戊干 貪狼-天機 己干 武曲-文曲
庚干 太陽-天同 辛干 巨門-文昌 壬干 天梁-武曲 癸干 破軍-貪狼</td>
<td>廉破右天天臺天
貞軍弼鉞壽輔虛
平陷陷廟平 旺
胎
小耗
災煞 93 ~ 102 己
歲破 子女宮 酉</td>
</tr>
<tr>
<td>天天天
相才哭
陷旺廟
帝旺
大耗
將星 33 ~ 42 癸
歲建 田宅宮 卯</td>
<td>天旬龍
刑空德
廟陷
養
將軍
天煞 103 ~ 112 庚
龍德 夫妻宮 戌</td>
</tr>
<tr>
<td>太巨地天天截
陽門劫姚官空
旺廟平旺平陷
忌
臨官
病符
亡神 23 ~ 32 壬
病符 福德宮 寅</td>
<td>武貪鈴寡
曲狼星宿
廟廟得平
冠帶
喜神
月煞 13 ~ 22 癸
弔客 父母宮 丑</td>
<td>天太火紅咸陰天
同陰星鸞池煞德
旺廟陷廟陷 廟
權 祿
沐浴
飛廉
咸池 3 ~ 12 壬
天德 命 宮 子</td>
<td>天天天
府魁福
得旺廟
長生
奏書
指背 113 ~ 122 辛
白虎 兄弟宮 亥</td>
</tr>
</table>

星情直讀： 2016 年

流年命宮文昌化科、文曲、龍池、鳳閣星；

流年田宅宮無主星，照天梁、天機化權科、天空星；

流年遷移宮貪狼武曲星；

所以判斷：2016 年，這一年有機會出國。

事實上：2016 年命主移民加拿大。

例題 7

<table>
<tr>
<td>廉貪左文陀天三天
貞狼輔曲羅馬臺月
陷陷平廟陷平平
權 忌
力士
歲驛　96~105　己　絕
弔客　田宅宮　巳</td>
<td>巨祿
門存
旺廟
博士
息神　86~95　庚　墓
病符　官祿宮　午</td>
<td>天擎天臺華
相羊傷輔蓋
得廟陷　陷
官府
華蓋　76~85　辛　死
歲建　交友宮　未</td>
<td>天天天紅恩解天天天孤劫
同梁鉞鸞光神巫廚空辰煞
旺陷廟廟平不　　旺平
科
伏兵
劫煞　66~75　壬　病
晦氣　遷移宮　申</td>
</tr>
<tr>
<td>太天寡天
陰貴宿德
陷旺陷廟
身宮
青龍
攀鞍　106~115　戊　胎
天德　福德宮　辰</td>
<td colspan="2" rowspan="2">出生西曆：1979年3月23日1時50分，星期五.
出生農曆：己未年 二月 廿五日 丑時.

乾造 己 丁 己 乙(日空午、未)
　　 未 卯 丑 丑

1命宮 2兄弟 3夫妻 4子女 5財帛 6疾厄
7遷移 8交友 9官祿 10田宅 11福德 12父母

甲干 廉貞-太陽 乙干 天機-太陰 丙干 天同-廉貞 丁干 太陰-巨門
戊干 貪狼-天機 己干 武曲-文曲
庚干 太陽-天同 辛干 巨門-文昌 壬干 天梁-武曲 癸干 破軍-貪狼</td>
<td>武七右文八天天天截
曲殺弼昌座才官使空
利旺陷廟廟旺平陷廟
祿
大耗
災煞　56~65　癸　衰
喪門　疾厄宮　酉</td>
</tr>
<tr>
<td>天鳳封蜚年
府閣誥廉解
得旺　　廟
小耗
將星　116~125　丁　養
白虎　父母宮　卯</td>
<td>太火地天
陽星空刑
不廟陷廟
病符
天煞　46~55　甲　帝旺
貫索　財帛宮　戌</td>
</tr>
<tr>
<td>天天天龍
喜姚福德
廟旺旺
將軍
亡神　6~16　丙　長生
龍德　命宮　寅</td>
<td>紫破天破
微軍虛碎
廟旺廟陷
奏書
月煞　16~25　丁　沐浴
歲破　兄弟宮　丑</td>
<td>天天地旬咸陰大月
機魁劫空池煞耗德
廟旺陷陷陷　旺
2017年
飛廉
咸池　26~36　丙　冠帶
小耗　夫妻宮　子</td>
<td>鈴龍天天
星池壽哭
利旺旺平
喜神
指背　36~45　乙　臨官
官符　子女宮　亥</td>
</tr>
</table>

星情直讀： 2017 年

流年命宮天機化科星，照巨門化忌；

流年遷移宮巨門化忌，天同化權飛入；

流年田宅宮鳳閣星，照七殺星；

流年官祿宮太陰化祿；

所以判斷：2017 年，這一年有機會出國。

事實上：2017 年命主去美國工作。

例題 8

<table>
<tr>
<td>太陀鈴天
陽羅星馬
旺陷得平

官府　長生
歲驛　84～93　己
弔客　財帛宮　巳</td>
<td>破左祿地天
軍輔存劫壽
廟旺廟廟平

博士　沐浴
息神　94～103　庚
病符　子女宮　午</td>
<td>天擎恩華
機羊光蓋
陷廟旺陷

力士　冠帶
華蓋　104～113　辛
歲建　夫妻宮　未</td>
<td>紫天右天紅天天孤劫
微府弼鉞鸞廚空辰煞
旺得不廟廟　旺平

青龍　臨官
劫煞　114～123　壬
晦氣　兄弟宮　申</td>
</tr>
<tr>
<td>武火地天天天寡天
曲星空才使月宿德
廟陷陷陷陷　陷廟
祿

伏兵　養
攀鞍　74～83　戊
天德　疾厄宮　辰</td>
<td colspan="2" rowspan="2">出生西曆：1979年4月14日13時40分，星期六。
出生農曆：己未年 三月 十八日 未時.

坤造 己　戊　辛　乙 (日空寅、卯)
　　 未　辰　亥　未

1命宮　2兄弟　3夫妻　4子女　5財帛　6疾厄
7遷移　8交友　9官祿　10田宅　11福德　12父母

甲干 廉貞-太陽　乙干 天機-太陰　丙干 天同-廉貞　丁干 太陰-巨門
戊干 貪狼-天機　己干 武曲-文曲
庚干 太陽-天同　辛干 巨門-文昌　壬干 天梁-武曲　癸干 破軍-貪狼</td>
<td>太天封截
陰官誥空
旺平　廟

小耗　帝旺
災煞　4～13　癸
喪門　命宮　酉</td>
</tr>
<tr>
<td>天文天八天鳳蜚年
同昌姚座貴閣廉解
平利廟平旺旺　廟

大耗　胎
將星　64～73　丁
白虎　遷移宮　卯</td>
<td>貪解陰
狼神煞
廟廟
權

將軍　衰
天煞　14～23　甲
貫索　父母宮　戌</td>
</tr>
<tr>
<td>七天天天天龍
殺喜福傷巫德
廟廟旺平

病符　2016年　絕
亡神　54～63　丙
龍德　交友宮　寅</td>
<td>天臺天破
梁輔虛碎
旺　廟陷
科

喜神　墓
月煞　44～53　丁
歲破　官祿宮　丑</td>
<td>廉天天旬咸大月
貞相魁空池耗德
平廟旺陷陷旺

飛廉　死
咸池　34～43　丙
小耗　田宅宮　子</td>
<td>巨文天三龍天
門曲刑臺池哭
旺旺陷平旺平
忌　身宮

奏書　病
指背　24～33　乙
官符　福德宮　亥</td>
</tr>
</table>

星情直讀：2016 年

流年命宮七殺星，加會破軍星、貪狼化權；

流年田宅宮太陽星，加會太陰星、天梁化科，照巨門、文曲化忌；

流年官祿宮破軍星，照天相星；

所以判斷：2016 年，這一年有機會出國。

事實上：2016 年命主出國工作。

例題 9

<table>
<tr>
<td>天紅大龍
鉞鸞耗德
旺旺陷
飛廉
亡神 116~125 絕
龍德 父母宮 乙巳</td>
<td>天天解
機福神
廟平廟
奏書
將星 106~115 墓
白虎 福德宮 丙午</td>
<td>紫破寡天
微軍宿德
廟旺不廟
權
將軍
攀鞍 96~105 死
天德 田宅宮 丁未</td>
<td>地天天天天
劫馬刑壽哭
廟旺陷旺廟
小耗
歲驛 86~95 病
弔客 官祿宮 戊申</td>
</tr>
<tr>
<td>太天陰
陽虛煞
旺陷
喜神
月煞 6~15 胎
歲破 命宮 甲辰</td>
<td colspan="2" rowspan="2">出生西曆：1983年2月4日17時31分，星期五.
出生農曆：壬戌年 十二月 廿二日 酉時.

坤造 壬 癸 癸 辛 (日空子、丑)
戌 丑 亥 酉

1命宮 2兄弟 3夫妻 4子女 5財帛 6疾厄
7遷移 8交友 9官祿 10田宅 11福德 12父母

甲干 廉貞-太陽 乙干 天機-太陰 丙干 天同-廉貞 丁干 太陰-巨門
戊干 貪狼-天機 己干 武曲-文曲
庚干 太陽-天同 辛干 巨門-文昌 壬干 天梁-武曲 癸干 破軍-貪狼</td>
<td>天恩天天天
府光貴傷廚
旺陷廟平
青龍
息神 76~85 衰
病符 交友宮 己酉</td>
</tr>
<tr>
<td>武七左天臺截咸月
曲殺輔魁輔空池德
利旺陷廟 平平
忌 科
病符
咸池 16~25 養
小耗 兄弟宮 癸卯</td>
<td>太陀火天華
陰羅星官蓋
旺廟廟平平
身宮
力士
華蓋 66~75 帝旺
歲建 遷移宮 庚戌</td>
</tr>
<tr>
<td>天天地八龍天天
同梁空座池才月
利廟陷廟平廟
祿
大耗
指背 26~35 長生
官符 夫妻宮 壬寅</td>
<td>天文文破
相昌曲碎
廟廟廟陷
伏兵
天煞 36~45 沐浴
貫索 子女宮 癸丑</td>
<td>巨擎鈴天三鳳旬蜚年
門羊星姚臺閣空廉解
旺陷陷陷平廟陷 廟
官府
災煞 46~55 冠帶
喪門 財帛宮 壬子</td>
<td>廉貪右祿天天封天天孤劫
貞狼弼存喜使誥巫空辰煞
陷陷平廟旺旺 平陷
博士
劫煞 56~65 臨官
晦氣 疾厄宮 辛亥</td>
</tr>
</table>

星情直讀：

本命命宮太陽星；

本命遷移宮太陰星；

本命官祿宮，照天同、天梁化祿；

本命田宅宮紫微化科、破軍星，照天相、文曲、文昌；

所以判斷：一生多有出國機會。

事實上：命主由於工作原因常年奔波在海外，跑遍了世界大部分的國家。

例題 10

<table>
<tr>
<td>巨左陀地地鳳天年
門輔羅劫空閣月解
旺平陷不廟廟　旺
長生
力士
指背　44 ~ 53　己
歲建　財帛宮　巳</td>
<td>廉天祿八恩天咸
貞相存座光空池
平廟廟旺廟廟陷
養
博士
咸池　34 ~ 43　庚
晦氣　子女宮　午</td>
<td>天擎蜚
梁羊廉
旺廟
科
胎
官府
月煞　24 ~ 33　辛
喪門　夫妻宮　未</td>
<td>七天三封解天天孤
殺鉞臺誥神巫廚辰
廟廟旺　不　　平
絕
伏兵
亡神　14 ~ 23　王
貫索　兄弟宮　申</td>
</tr>
<tr>
<td>貪文鈴天天寡
狼昌星喜使宿
廟得陷陷陷陷
權
沐浴
青龍
天煞　54 ~ 63　戊
病符　疾厄宮　辰</td>
<td colspan="2" rowspan="2">出生西曆：1989年3月11日12時33分，星期六。
出生農曆：己巳年 二月 初四日 午時。

乾造 己　丁　庚　壬 (日空戌、亥)
　　 巳　卯　午　午

1命宮 2兄弟 3夫妻 4子女 5財帛 6疾厄
7遷移 8交友 9官祿 10田宅 11福德 12父母

甲干 廉貞-太陽　乙干 天機-太陰　丙干 天同-廉貞　丁干 太陰-巨門
戊干 貪狼-天機　己干 武曲-文曲
庚干 太陽-天同　辛干 巨門-文昌　壬干 天梁-武曲　癸干 破軍-貪狼</td>
<td>天右火龍天截破
同弼星池官空碎
平陷得廟平廟平
身宮
2016年　墓
大耗
將星　4 ~ 13　癸
官符　命　宮　酉</td>
</tr>
<tr>
<td>太
陰
陷
冠帶
小耗
災煞　64 ~ 73　丁
弔客　遷移宮　卯</td>
<td>武文紅天旬大月
曲曲鸞刑空耗德
廟陷陷廟陷平
祿忌
死
病符
攀鞍　114 ~ 123　甲
小耗　父母宮　戌</td>
</tr>
<tr>
<td>紫天天天天天天劫天
微府姚才壽福傷煞德
旺廟旺廟旺旺平　平
臨官
將軍
劫煞　74 ~ 83　丙
天德　交友宮　寅</td>
<td>天天華
機哭蓋
陷廟陷
帝旺
奏書
華蓋　84 ~ 93　丁
白虎　官祿宮　丑</td>
<td>破天天臺陰龍
軍魁貴輔煞德
廟旺廟
衰
飛廉
息神　94 ~ 103　丙
龍德　田宅宮　子</td>
<td>太天天
陽馬虛
陷平平
病
喜神
歲驛　104 ~ 113　乙
歲破　福德宮　亥</td>
</tr>
</table>

星情直讀： 2016 年

流年命宮天同化祿、龍池星；

流年遷移宮太陰星；

流年官祿宮天機化權星，照天梁化科星；

流年田宅宮破軍星；

所以判斷：2016 年，這一年有機會出國。

事實上：2016 年命主去菲律賓工作。

例題 11

<table>
<tr>
<td>天祿鈴恩天孤
相存星光官辰
得廟得平旺陷
博士 長生
亡神 114～123 癸
貫索 兄弟宮 巳</td>
<td>天文擎八龍
梁曲羊座池
廟陷陷旺不
力士 沐浴
將星 4～13 甲
官符 命 宮 午</td>
<td>廉七天天月
貞殺喜姚德
利廟陷旺
忌
青龍 冠帶
攀鞍 14～23 乙
小耗 父母宮 未</td>
<td>文天三鳳天臺天年
昌馬臺閣才輔虛解
得旺旺不廟 廟利
科
小耗 臨官
歲驛 24～33 丙
歲破 福德宮 申</td>
</tr>
<tr>
<td>巨右陀封截天
門弼羅誥空哭
陷廟廟 陷平
官府 養
月煞 104～113 壬
喪門 夫妻宮 辰</td>
<td colspan="2" rowspan="2">出生西曆：1986年8月16日4時20分，星期六。
出生農曆：丙寅午 七月 十一日 寅時。
乾造 丙 丙 壬 壬（日空午、未）
寅 申 辰 寅
1命宮 2兄弟 3夫妻 4子女 5財帛 6疾厄
7遷移 8交友 9官祿 10田宅 11福德 12父母
甲干 廉貞-太陽 乙干 天機-太陰 丙干 天同-廉貞 丁干 太陰-巨門
戊干 貪狼-天機 己干 武曲-文曲
庚干 太陽-天同 辛干 巨門-文昌 壬干 天梁-武曲 癸干 破軍-貪狼</td>
<td>天地破大龍
鉞空碎耗德
廟廟平不
將軍 帝旺
息神 34～43 丁
龍德 田宅宮 酉</td>
</tr>
<tr>
<td>紫貪火天天天咸
微狼星刑貴空池
旺利利廟旺平平
伏兵 胎
咸池 94～103 辛
晦氣 子女宮 卯</td>
<td>天左旬蜚華
同輔空廉蓋
平廟陷 平
祿
身宮
奏書 衰
華蓋 44～53 戊
白虎 官祿宮 戌</td>
</tr>
<tr>
<td>天太解大陰
機陰神巫煞
得旺廟
權
大耗 絕
指背 84～93 庚
歲建 財帛宮 寅</td>
<td>天地紅天寡
府劫鸞使宿
廟陷陷陷平
病符 墓
天煞 74～83 辛
病符 疾厄宮 丑</td>
<td>太天天天
陽壽福廚
陷平平
喜神 2015年 死
災煞 64～73 庚
弔客 遷移宮 子</td>
<td>武破天天天劫天
曲軍魁傷月煞德
平平旺旺 平
飛廉 病
劫煞 54～63 己
天德 交友宮 亥</td>
</tr>
</table>

星情直讀：2015 年

流年命宮太陽星，照天梁化科；

流年遷移宮天梁化科、文曲星，加會天機化權、太陰星，天同化祿；

流年官祿宮巨門星；

所以判斷：2015 年，這一年有機會出國。

事實上：2015 年命主出國工作。

例題 12

<table>
<tr>
<td>天文陀三恩鳳天年
梁昌羅臺光閣巫解
得廟陷平平廟　旺
科
2012年　長生
力士
指背　44～53　己
歲建　財帛宮　巳</td>
<td>七祿地天咸
殺存空空池
旺廟廟廟陷
養
博士
咸池　34～43　庚
晦氣　子女宮　午</td>
<td>擎封蜚
羊誥廉
廟
身宮
胎
官府
月煞　24～33　辛
喪門　夫妻宮　未</td>
<td>廉天火解天孤
貞鉞星神廚辰
廟廟陷不　平
絕
伏兵
亡神　14～23　壬
貫索　兄弟宮　申</td>
</tr>
<tr>
<td>紫天左地天天寡
微相輔劫喜使宿
得得廟陷陷陷陷
沐浴
青龍
天煞　54～63　戊
病符　疾厄宮　辰</td>
<td colspan="2" rowspan="2">出生西曆：1989年2月7日10時0分，星期二。
出生農曆：己巳年 正月 初二日 巳時.

乾造 己　丙　戊　丁 (日空辰、巳)
　　 巳　寅　戌　巳

1命宮　2兄弟　3夫妻　4子女　5財帛　6疾厄
7遷移　8交友　9官祿　10田宅　11福德　12父母

甲干 廉貞-太陽　乙干 天機-太陰　丙干 天同-廉貞　丁干 太陰-巨門
戊干 貪狼-天機　己干 武曲-文曲
庚干 太陽-天同　辛干 巨門-文昌　壬干 天梁-武曲　癸干 破軍-貪狼</td>
<td>文天八天龍天截破
曲刑座貴池官空碎
廟廟廟廟廟平廟平
忌
墓
大耗
將星　4～13　癸
官符　命 宮　酉</td>
</tr>
<tr>
<td>天巨鈴
機門星
旺廟利
冠帶
小耗
災煞　64～73　丁
弔客　遷移宮　卯</td>
<td>破右紅天旬大月
軍弼鸞月空耗德
旺廟陷　陷平
死
病符
攀鞍　114～123　甲
小耗　父母宮　戌</td>
</tr>
<tr>
<td>貪天天天陰劫天
狼才福傷煞煞德
平廟旺平　　平
權
臨官
將軍
劫煞　74～83　丙
天德　交友宮　寅</td>
<td>太太天天華
陽陰姚哭蓋
不廟平廟陷
帝旺
奏書
華蓋　84～93　丁
白虎　官祿宮　丑</td>
<td>武天天天龍
曲府魁壽德
旺廟旺平
祿
衰
飛廉
息神　94～103　丙
龍德　田宅宮　子</td>
<td>天天臺天
同馬輔虛
廟平　平
病
喜神
歲驛　104～113　乙
歲破　福德宮　亥</td>
</tr>
</table>

星情直讀：2012 年

流年命宮天梁化科、文昌、鳳閣星，照天同星；

流年遷移宮天同天馬星，加會天機巨門星；

流年官祿宮文曲化忌、龍池，照天機巨門星；

所以判斷：2012 年，這一年有機會出國。

事實上：2012 年命主出國工作。

第九節　財運預測　例題

觀察宮：

1、命宮、財帛宮組合吉利，則有財而且財旺。

2、命宮、田宅宮組合吉利，則有財而且財旺。

3、命宮、官祿宮組合吉利，則有財而且財旺。

4、財帛宮、官祿宮組合吉利，則有財而且財旺。

5、財帛宮、田宅宮組合吉利，則有財而且財旺。

6、命宮、官祿宮、財帛宮三宮吉利，則有財而且財旺。

觀察星：

財運好：太陰、武曲、天巫、天梁、天鉞、天魁、右弼、武曲貪狼、天府、天喜、祿存、武曲天相、太陰天機、破軍化祿、火星貪狼化祿、鈴星武曲化祿、紫微祿存、紫微貪狼、天機化祿、巨門化祿、天梁化祿。

財運差：主星陷落、主星化忌、地空、天空、劫煞、旬空、大耗、火星、陀羅、破軍、巨門、陷落的太陽、天哭、祿出、殺破狼。

注意以下幾點：

1、財星坐以上的宮（及其對宮）而且財星較旺，才能財運好。

2、凡是宮中有財星而星弱的情況，一般為財運差。

3、想要有財運，以上各宮不能有廟旺的六煞星，若是有六煞星必須處於利陷狀態而且不能多於兩個；若是有凶的主星必須化祿了，比如破軍化祿等。

4、廟旺的七殺、廉貞、紫微也是吉星，對偏財有益處。

5、注意地劫和破軍對宮和星的破壞。

6、命宮、財帛宮、官祿宮、田宅宮之中若是有兩個宮中有破軍、地劫或者其他較弱的「邪正星」，那財運就不會好。

7、命宮三合殺破狼，同時田宅宮有天馬祿存、主星廟旺、宮無凶星，也會爆發財運。

8、田宅宮有祿、馬兩星，財帛宮有財星而且財星旺，必定爆發。

以下例題，所用到的流年的命宮，標註在大運起止數字之上，為了使圖片簡潔清晰，對於其他的宮位不一一標註，您在心裡逆數就可以了。

例題 1

<table>
<tr>
<td>巨祿天天破劫月
門存刑巫碎煞德
旺廟陷　陷

博士
劫煞　93 ~ 102　病 丁
小耗　子女宮　巳</td>
<td>廉天文擎天旬天天
貞相曲羊廚空哭虛
平廟陷陷　廟陷平

力士
災煞　103 ~ 112　死 戊
歲破　夫妻宮　午</td>
<td>天天天大龍
梁鉞貴耗德
旺旺旺平

青龍
天煞　113 ~ 122　墓 己
龍德　兄弟宮　未</td>
<td>七文天臺蜚
殺昌才輔廉
廟得廟

小耗
指背　3 ~ 12　絕 庚
白虎　命宮　申</td>
</tr>
<tr>
<td>貪陀火龍封解華
狼羅星池誥神蓋
廟廟陷廟　廟廟
祿

官府
華蓋　83 ~ 92　衰 丙
官符　財帛宮　辰</td>
<td colspan="2" rowspan="2">出生西曆：1948年10月5日4時0分，星期二。
出生農曆：戊子年 九月 初三日 寅時.

乾造 戊　辛　癸　甲 (日空子、醜)
　　 子　酉　亥　寅

1命宮　2兄弟　3夫妻　4子女　5財帛　6疾厄
7遷移　8交友　9官祿　10田宅　11福德　12父母

甲干 廉貞-太陽　乙干 天機-太陰　丙干 天同-廉貞　丁干 太陰-巨門
戊干 貪狼-天機　己干 武曲-文曲
庚干 太陽-天同　辛干 巨門-文昌　壬干 天梁-武曲　癸干 破軍-貪狼</td>
<td>天地天天恩咸天
同空喜姚光池德
平廟廟廟陷平不

將軍
咸池　13 ~ 22　胎 辛
天德　父母宮　酉</td>
</tr>
<tr>
<td>太紅天天天
陰鸞官福使
陷廟旺平平
權
1986年
伏兵
息神　73 ~ 82　帝旺 乙
貫索　疾厄宮　卯</td>
<td>武鳳寡陰年
曲閣宿煞解
廟廟陷　廟

奏書
月煞　23 ~ 32　養 壬
弔客　福德宮　戌</td>
</tr>
<tr>
<td>紫天右天三天孤
微府弼馬臺月辰
旺廟旺旺平　平
科

大耗
歲驛　63 ~ 72　臨官 甲
喪門　遷移宮　寅</td>
<td>天天地大天
機魁劫傷空
陷旺陷平平
忌

病符
攀鞍　53 ~ 62　冠帶 乙
晦氣　交友宮　丑</td>
<td>破左鈴八天截
軍輔星座壽空
廟旺陷陷平陷
身宮

喜神
將星　43 ~ 52　沐浴 甲
歲建　官祿宮　子</td>
<td>太
陽
陷

飛廉
亡神　33 ~ 42　長生 癸
病符　田宅宮　亥</td>
</tr>
</table>

星情直讀：1986 年

流年命宮太陰化權，但是宮中無凶星；

流年財帛宮太陽，照巨門祿存星；

流年官祿宮天梁、天鉞、天貴星，照天魁星；

流年田宅宮天相星，加會紫微、天府、右弼化科星，武曲星；

所以判斷：1986 年，這一年財運很好。

事實上：命主 1986 年發財。

例題 2

<table>
<tr>
<td>廉貪天天天孤蜚破
貞狼鉞馬福辰廉碎
陷陷旺平旺陷　陷
忌
奏書　　　　　病
歲驛　83～92　丁
喪門　財帛宮　巳</td>
<td>巨文天天天天
門曲喜刑官月
旺陷廟平廟
權
飛廉　　　　　死
息神　93～102　戊
貫索　子女宮　午</td>
<td>天龍鳳年華
相池閣解蓋
得廟陷得陷
喜神　　　　　墓
華蓋　103～112　己
官符　夫妻宮　未</td>
<td>天天文天臺天陰大劫月
同梁昌貴輔巫煞耗煞德
旺陷得陷　　陷
病符　　　　　絕
劫煞　113～122　庚
小耗　兄弟宮　申</td>
</tr>
<tr>
<td>太三天天封解旬天
陰臺壽使誥神空空
陷廟廟陷　廟陷廟
科
將軍　　　　　衰
攀鞍　73～82　丙
晦氣　疾厄宮　辰</td>
<td colspan="2" rowspan="2">出生西曆：1963年12月13日4時20分，星期五。
出生農曆：癸卯年 十月 廿八日 寅時。

坤造 癸　甲　庚　戊（日空午、未）
　　 卯　子　寅　寅

1命宮 2兄弟 3夫妻 4子女 5財帛 6疾厄
7遷移 8交友 9官祿 10田宅 11福德 12父母

甲干 廉貞-太陽 乙干 天機-太陰 丙干 天同-廉貞 丁干 太陰-巨門
戊干 貪狼-天機 己干 武曲-文曲
庚干 太陽-天同 辛干 巨門-文昌 壬干 天梁-武曲 癸干 破軍-貪狼</td>
<td>武七地天
曲殺空虛
利旺廟旺
　　1995年
大耗　　　　　胎
災煞　3～12　辛
歲破　命 宮　酉</td>
</tr>
<tr>
<td>天天天
府魁哭
得廟廟
小耗　　　　　帝旺
將星　63～72　乙
歲建　遷移宮　卯</td>
<td>太天八恩龍
陽姚座光德
不廟平廟
伏兵　　　　　養
天煞　13～22　壬
龍德　父母宮　戌</td>
</tr>
<tr>
<td>天
傷
平
青龍　　　　　臨官
亡神　53～62　甲
病符　交友宮　寅</td>
<td>紫破左右擎地截寡
微軍輔弼羊劫空宿
廟旺廟廟廟陷不平
祿　　　　　身宮
力士　　　　　冠帶
月煞　43～52　乙
弔客　官祿宮　丑</td>
<td>天祿鈴紅天咸天
機存星鸞才池德
廟廟陷廟旺陷廟
博士　　　　　沐浴
咸池　33～42　甲
天德　田宅宮　子</td>
<td>陀火天
羅星廚
陷利
官府　　　　　長生
指背　23～32　癸
白虎　福德宮　亥</td>
</tr>
</table>

星情直讀：1995 年

流年命宮太陰星，加會太陽、天鉞星，天梁化權、左輔、右弼星，主星廟旺；流年官祿宮天梁化權、左輔、右弼星；

流年田宅宮天相、祿存星，加會武曲星，紫微化科天府星，主星廟旺；

所以判斷：1995 年，這一年財運不錯。

事實上：命主 1995 年發財。

例題 3

<table>
<tr>
<td>廉貪陀地地天天天天孤蜚破
貞狼羅劫空馬姚傷巫辰廉碎
陷陷陷不廟平平平 陷 陷
權
力士 臨官
歲驛 72～81 己
喪門 交友宮 巳</td>
<td>巨右祿天八陰
門弼存喜座煞
旺旺廟廟旺
博士 冠帶
息神 62～71 庚
貫索 遷移宮 午</td>
<td>天擎龍鳳天天年華
相羊池閣使月解蓋
得廟廟陷平 得陷
官府 沐浴
華蓋 52～61 辛
官符 疾厄宮 未</td>
<td>天天左天三封天旬大劫月
同梁輔鉞臺誥廚空耗煞德
旺陷平廟旺 廟陷
科
伏兵 長生
劫煞 42～51 壬
小耗 財帛宮 申</td>
</tr>
<tr>
<td>太文鈴天
陰昌星空
陷得陷廟
青龍 帝旺
攀鞍 82～91 戊
晦氣 官祿宮 辰</td>
<td colspan="2" rowspan="2">出生西曆：1939年7月11日12時0分，星期二。
出生農曆：己卯年 五月 廿五日 午時。
乾造 己 辛 己 庚(日空寅、卯)
卯 未 酉 午
1命宮 2兄弟 3夫妻 4子女 5財帛 6疾厄
7遷移 8交友 9官祿 10田宅 11福德 12父母
甲干 廉貞-太陽 乙干 天機-太陰 丙干 天同-廉貞 丁干 太陰-巨門
戊干 貪狼-天機 己干 武曲-文曲
庚干 太陽-天同 辛干 巨門-文昌 壬干 天梁-武曲 癸干 破軍-貪狼</td>
<td>武七天天截天
曲殺貴官空虛
利旺廟平廟旺
祿
大耗 養
災煞 32～41 癸
歲破 子女宮 酉</td>
</tr>
<tr>
<td>天火恩天天天
府星光才壽哭
得利廟旺陷廟
小耗 衰
將星 92～101 丁
歲建 田宅宮 卯</td>
<td>太文龍
陽曲德
不陷
忌
病符 胎
天煞 22～31 甲
龍德 夫妻宮 戌</td>
</tr>
<tr>
<td>天
福
旺
1999年
將軍 病
亡神 102～111 丙
病符 福德宮 寅</td>
<td>紫破天寡
微軍刑宿
廟旺陷平
奏書 死
月煞 112～121 丁
弔客 父母宮 丑</td>
<td>天天紅臺解咸天
機魁鸞輔神池德
廟旺廟 廟陷廟
身宮
飛廉 墓
咸池 2～11 丙
天德 命宮 子</td>
<td>喜神 絕
指背 12～21 乙
白虎 兄弟宮 亥</td>
</tr>
</table>

星情直讀：1999 年

流年命宮無主星，照天同、天鉞星；

流年財帛宮太陽星陷落；

流年田宅宮貪狼、廉貞陷落同度地空、地劫星；

所以判斷：1999 年，這一年財運差，容易破財。

事實上：命主 1999 年被騙損失十幾萬元。

例題 4

<table>
<tr>
<td>巨鈴紅大龍
門星鸞耗德
旺得旺陷
1999年
大耗 亡神 龍德
82～91
財帛宮
絕 辛巳</td>
<td>廉天文天天天
貞相曲刑福月
平廟陷平平
伏兵 將星 白虎
92～101
子女宮
胎 壬午</td>
<td>天天陀天天截寡天
梁鉞羅貴才空宿德
旺旺廟旺平廟不廟
官府 攀鞍 天德
102～111
夫妻宮
養 癸未</td>
<td>七文祿天臺天天陰
殺昌存馬輔巫哭煞
廟得廟旺　廟
博士 歲驛 弔客
112～121
兄弟宮
長生 甲申</td>
</tr>
<tr>
<td>貪天封解天
狼使誥神虛
廟陷　廟陷
病符 月煞 歲破
72～81
疾厄宮
墓 庚辰</td>
<td colspan="2" rowspan="2">出生西曆：1970年11月1日4時0分，星期日.
出生農曆：庚戌年 十月 初三日 寅時.

乾造 庚 丙 乙 戊 (日空午、未)
　　 戌 戌 酉 寅

1命宮 2兄弟 3夫妻 4子女 5財帛 6疾厄
7遷移 8交友 9官祿 10田宅 11福德 12父母

甲干 廉貞-太陽 乙干 天機-太陰 丙干 天同-廉貞 丁干 太陰-巨門
戊干 貪狼-天機 己干 武曲-文曲
庚干 太陽-天同 辛干 巨門-文昌 壬干 天梁-武曲 癸干 破軍-貪狼</td>
<td>天擎地恩
同羊空光
平陷廟陷
忌
力士 息神 病符
2～11
命宮
沐浴 乙酉</td>
</tr>
<tr>
<td>太火三咸月
陰星臺池德
陷利陷平
科
喜神 咸池 小耗
62～71
遷移宮
死 己卯</td>
<td>武天華
曲姚蓋
廟廟平
權
青龍 華蓋 歲建
12～21
父母宮
冠帶 丙戌</td>
</tr>
<tr>
<td>紫天龍天天旬
微府池傷廚空
旺廟平平　陷
飛廉 指背 官符
52～61
交友宮
病 戊寅</td>
<td>天左右天地破
機輔弼魁劫碎
陷廟廟旺陷陷
身宮
奏書 天煞 貫索
42～51
官祿宮
衰 己丑</td>
<td>破鳳蜚年
軍閣廉解
廟廟　廟
將軍 災煞 喪門
32～41
田宅宮
帝旺 戊子</td>
<td>太天八天天天孤劫
陽喜座壽官空辰煞
陷旺廟旺旺平陷
祿
小耗 劫煞 晦氣
22～31
福德宮
臨官 丁亥</td>
</tr>
</table>

星情直讀： 1999 年

流年命宮巨門化權，同度鈴星而且鈴星較旺；流年財帛宮天機星陷落，同度左輔右弼天鉞星；流年官祿宮天同星陷落化忌，同度擎羊和地空星；流年田宅宮七殺逢殺破狼（並且貪狼化忌），同度文昌、祿存星；

所以判斷：1999 年，這一年事業不順，財運上壓力很大，有借錢等事情。

事實上：命主 1999 年，因為妻子患病而破財。

例題 5

<table>
<tr>
<td>巨文陀天破
門昌羅廚碎
旺廟陷　陷
忌
臨官
官府
指背　16~25　乙
白虎　父母宮　巳</td>
<td>廉天祿地紅咸天
貞相存空鸞池德
平廟廟廟旺陷旺
帝旺
博士
咸池　26~35　丙
天德　福德宮　午</td>
<td>天擎封天寡
梁羊誥月宿
旺廟　　不
1994年　衰
力士
月煞　36~45　丁
弔客　田宅宮　未</td>
<td>七火天
殺星姚
廟陷陷
病
青龍
亡神　46~55　戊
病符　官祿宮　申</td>
</tr>
<tr>
<td>貪地天三旬龍
狼劫刑臺空德
廟陷平廟陷
冠帶
伏兵
天煞　6~15　甲
龍德　命宮　辰</td>
<td colspan="2" rowspan="2">出生西曆：1957年8月30日10時0分，星期五.
出生農曆：丁酉年 八月 初六日 巳時.

坤造 丁　戊　甲　己 (日空申、酉)
　　 酉　申　戌　巳

1命宮 2兄弟 3夫妻 4子女 5財帛 6疾厄
7遷移 8交友 9官祿 10田宅 11福德 12父母

甲干 廉貞-太陽　乙干 天機-太陰　丙干 天同-廉貞　丁干 太陰-巨門
戊干 貪狼-天機　己干 武曲-文曲
庚干 太陽-天同　辛干 巨門-文昌　壬干 天梁-武曲　癸干 破軍-貪狼</td>
<td>天文天恩天天
同曲鉞光傷哭
平廟廟陷平不
權
死
小耗
將星　56~65　己
歲建　交友宮　酉</td>
</tr>
<tr>
<td>太右鈴天
陰弼星虛
陷陷利廟
祿
沐浴
大耗
災煞　116~125　癸
歲破　兄弟宮　卯</td>
<td>武八天
曲座空
廟平陷
墓
將軍
攀鞍　66~75　庚
晦氣　遷移宮　戌</td>
</tr>
<tr>
<td>紫天天解截大劫月
微府官神空耗煞德
旺廟平廟陷陷
身宮
長生
病符
劫煞　106~115　壬
小耗　夫妻宮　寅</td>
<td>天天龍鳳天年華
機貴池閣才解蓋
陷旺平平平得陷
科
養
喜神
華蓋　96~105　癸
官符　子女宮　丑</td>
<td>破天陰
軍喜煞
廟旺
胎
飛廉
息神　86~95　壬
貫索　財帛宮　子</td>
<td>太左天天天天天臺天孤蜚
陽輔魁馬壽福使輔巫辰廉
陷不旺平旺廟旺　　陷
絕
奏書
歲驛　76~85　辛
喪門　疾厄宮　亥</td>
</tr>
</table>

星情直讀：1994 年

流年命宮天梁星，同度廟旺的擎羊星；

流年財帛宮太陰星陷落，右弼星陷落；

流年官祿宮太陽陷落，照巨門化忌、文昌星；

所以判斷：1994 年，這一年財運差，尤其注意票據或者股票之類。

事實上：命主 1994 年因股票破財。

例題 6

<table>
<tr>
<td>巨陀鈴天
門羅星馬
旺陷得平
臨官
力士
歲驛 15～24 己
弔客 兄弟宮 巳</td>
<td>廉天祿地恩解
貞相存劫光神
平廟廟廟廟廟
冠帶
博士
息神 5～14 庚
病符 命 宮 午</td>
<td>天擎三八華
梁羊臺座蓋
旺廟廟平陷
科
沐浴
官府
華蓋 115～124 辛
歲建 父母宮 未</td>
<td>七天紅天天天孤劫
殺鉞鸞刑廚空辰煞
廟廟廟陷 旺平
身宮
長生
伏兵
劫煞 105～114 壬
晦氣 福德宮 申</td>
</tr>
<tr>
<td>貪火地寡陰天
狼星空宿煞德
廟陷陷陷 廟
權
2005年 帝旺
青龍
攀鞍 25～34 戊
天德 夫妻宮 辰</td>
<td colspan="2" rowspan="2">出生西曆：1980年2月3日14時0分，星期日.
出生農曆：己未年 十二月 十七日 未時.

乾造 己 丁 丙 乙 (日空寅、卯)
未 丑 午 未

1命宮 2兄弟 3夫妻 4子女 5財帛 6疾厄
7遷移 8交友 9官祿 10田宅 11福德 12父母

甲干 廉貞-太陽 乙干 天機-太陰 丙干 天同-廉貞 丁干 太陰-巨門
戊干 貪狼-天機 己干 武曲-文曲
庚干 太陽-天同 辛干 巨門-文昌 壬干 天梁-武曲 癸干 破軍-貪狼</td>
<td>天天封截
同官誥空
平平 廟
養
大耗
災煞 95～104 癸
喪門 田宅宮 酉</td>
</tr>
<tr>
<td>太左文鳳天蜚年
陰輔昌閣壽廉解
陷陷利旺陷 廟
衰
小耗
將星 35～44 丁
白虎 子女宮 卯</td>
<td>武
曲
廟
祿
胎
病符
天煞 85～94 甲
貫索 官祿宮 戌</td>
</tr>
<tr>
<td>紫天天天天天龍
微府喜貴福月德
旺廟廟平旺
病
將軍
亡神 45～54 丙
龍德 財帛宮 寅</td>
<td>天天天臺天破
機才使輔虛碎
陷平陷 廟陷
死
奏書
月煞 55～64 丁
歲破 疾厄宮 丑</td>
<td>破天天旬咸大月
軍魁姚空池耗德
廟旺陷陷陷旺
墓
飛廉
咸池 65～74 丙
小耗 遷移宮 子</td>
<td>太右文龍天天天
陽弼曲池傷巫哭
陷平旺旺旺 平
忌
絕
喜神
指背 75～84 乙
官符 交友宮 亥</td>
</tr>
</table>

星情直讀：2005 年

流年命宮貪狼星，逢殺破狼；

流年財帛宮破軍星、大耗星，照地劫、祿存、天相星；

流年官祿宮七殺星，逢殺破狼；

流年田宅宮天梁化科同度廟旺的擎羊星；

所以判斷：2005 年，這一年事業運氣低落，蠻幹將會更加糟糕，破財年份。

事實上：命主 2005 年破財。

例題 7

<table>
<tr>
<td>太天紅天大龍
陽鉞鸞傷耗德
旺旺旺平陷
病
飛廉
亡神 53 ~ 62 乙
龍德 交友宮 巳</td>
<td>破天臺解陰
軍福輔神煞
廟平　廟
死
喜神
將星 63 ~ 72 丙
白虎 遷移宮 午</td>
<td>天天恩天寡天
機刑光使宿德
陷陷旺平不廟
墓
病符
攀鞍 73 ~ 82 丁
天德 疾厄宮 未</td>
<td>紫天天天
微府馬哭
旺得旺廟
權
絕
大耗
歲驛 83 ~ 92 戊
弔客 財帛宮 申</td>
</tr>
<tr>
<td>武文天
曲曲虛
廟得陷
忌
衰
奏書
月煞 43 ~ 52 甲
歲破 官祿宮 辰</td>
<td colspan="2" rowspan="2">出生西曆：1983年1月6日0時0分，星期四。
出生農曆：壬戌年 十一月 廿三日 子時.

乾造 壬 壬 甲 甲 (日空辰、巳)
戌 子 午 子

1命宮 2兄弟 3夫妻 4子女 5財帛 6疾厄
7遷移 8交友 9官祿 10田宅 11福德 12父母

甲干 廉貞-太陽 乙干 天機-太陰 丙干 天同-廉貞 丁干 太陰-巨門
戊干 貪狼-天機 己干 武曲-文曲
庚干 太陽-天同 辛干 巨門-文昌 壬干 天梁-武曲 癸干 破軍-貪狼</td>
<td>太天
陰廚
旺
胎
伏兵
息神 93 ~ 102 己
病符 子女宮 酉</td>
</tr>
<tr>
<td>天天鈴截咸月
同魁星空池德
平廟利平平
帝旺
將軍
咸池 33 ~ 42 癸
小耗 田宅宮 卯</td>
<td>貪文陀天天天天華
狼昌羅才壽官月蓋
廟陷廟陷廟平　平
養
官府
華蓋 103 ~ 112 庚
歲建 夫妻宮 戌</td>
</tr>
<tr>
<td>七左八龍封天
殺輔座池誥巫
廟廟廟平
科
2006年 臨官
小耗
指背 23 ~ 32 壬
官符 福德宮 寅</td>
<td>天火天破
梁星貴碎
旺得旺陷
祿
冠帶
青龍
天煞 13 ~ 22 癸
貫索 父母宮 丑</td>
<td>廉天右擎三鳳句蜚年
貞相弼羊臺閣空廉解
平廟廟陷平廟陷　廟
身宮
沐浴
力士
災煞 3 ~ 12 壬
喪門 命 宮 子</td>
<td>巨祿地地天天天孤劫
門存劫空喜姚空辰煞
旺廟　陷旺陷平陷
長生
博士
劫煞 113 ~ 122 辛
晦氣 兄弟宮 亥</td>
</tr>
</table>

星情直讀：2006 年

流年命宮七殺星，逢殺破狼，照紫天府星；

流年財帛宮貪狼、陀羅星，逢殺破狼，照武曲化忌；

流年官祿宮破軍星，逢殺破狼；

所以判斷：2006 年，這一年事業變化大，但是結果很糟糕，破財年份。

事實上：命主 2006 年投資被騙 3 萬元。

例題 8

<table>
<tr>
<td>天陀鳳封天天年
相羅閣誥巫廚解
得陷廟　　　旺
身宮
2006年　長生
官府
指背　64～73　乙
歲建　遷移宮　巳</td>
<td>天祿火天天咸
梁存星使空池
廟廟廟平廟陷
沐浴
博士
咸池　74～83　丙
晦氣　疾厄宮　午</td>
<td>廉七文文擎蜚
貞殺昌曲羊廉
利廟利旺廟
冠帶
力士
月煞　84～93　丁
喪門　財帛宮　未</td>
<td>地解孤
空神辰
廟不平
臨官
青龍
亡神　94～103　戊
貫索　子女宮　申</td>
</tr>
<tr>
<td>巨左天恩天天天寡
門輔喜光貴才傷宿
陷廟陷廟旺陷平陷
忌
養
伏兵
天煞　54～63　甲
病符　交友宮　辰</td>
<td colspan="2" rowspan="2">出生西曆：1977年2月28日6時0分，星期一.
出生農曆：丁巳年 正月 十一日 卯時.

坤造 丁　壬　丙　辛 (日空子、醜)
　　 巳　寅　辰　卯

1命宮 2兄弟 3夫妻 4子女 5財帛 6疾厄
7遷移 8交友 9官祿 10田宅 11福德 12父母

甲干 廉貞-太陽　乙干 天機-太陰　丙干 天同-廉貞　丁干 太陰-巨門
戊干 貪狼-天機　己干 武曲-文曲
庚干 太陽-天同　辛干 巨門-文昌　壬干 天梁-武曲　癸干 破軍-貪狼</td>
<td>天天龍臺破
鉞刑池輔碎
廟廟廟　平
帝旺
小耗
將星　104～113　己
官符　夫妻宮　酉</td>
</tr>
<tr>
<td>紫貪
微狼
旺利
胎
大耗
災煞　44～53　癸
弔客　官祿宮　卯</td>
<td>天右紅天天大月
同弼鸞壽月耗德
平廟陷廟　平
權
衰
將軍
攀鞍　114～123　庚
小耗　兄弟宮　戌</td>
</tr>
<tr>
<td>天太地三天截陰劫天
機陰劫臺官空煞煞德
得旺平平平陷　　平
科祿
絕
病符
劫煞　34～43　壬
天德　田宅宮　寅</td>
<td>天鈴天天華
府星姚哭蓋
廟得平廟陷
墓
喜神
華蓋　24～33　癸
白虎　福德宮　丑</td>
<td>太八旬龍
陽座空德
陷陷陷
死
飛廉
息神　14～23　壬
龍德　父母宮　子</td>
<td>武破天天天天
曲軍魁馬福虛
平平旺平廟平
病
奏書
歲驛　4～13　辛
歲破　命 宮　亥</td>
</tr>
</table>

星情直讀： 2006 年

流年命宮天相陷落；

流年財帛宮天府鈴星，照七殺擎羊；

流年田宅宮地空星，照天機、太陰、劫煞星；

所以判斷： 2006 年，這一年經濟上壓力大，有突發性質的破財，

事實上： 命主 2006 年破財。

例題 9

<table>
<tr>
<td>天陀地地天天
同羅劫空馬廚
廟陷不廟平
權
臨官
力士
歲驛 12 ~ 21 乙
弔客 兄弟宮 巳</td>
<td>武天祿解陰
曲府存神煞
旺旺廟廟
身宮
冠帶
博士
息神 2 ~ 11 丙
病符 命 宮 午</td>
<td>太太擎天三八華
陽陰羊刑臺座蓋
得不廟陷廟平陷
祿
沐浴
官府
華蓋 112 ~ 121 丁
歲建 父母宮 未</td>
<td>貪紅恩封天孤劫
狼鸞光誥空辰煞
平廟平 旺平
長生
伏兵
劫煞 102 ~ 111 戊
晦氣 福德宮 申</td>
</tr>
<tr>
<td>破文鈴寡天
軍昌星宿德
旺得陷陷廟
帝旺
青龍
攀鞍 22 ~ 31 甲
天德 夫妻宮 辰</td>
<td colspan="2" rowspan="2">出生西曆：1967年12月19日12時0分，星期二。
出生農曆：丁未年 十一月 十八日 午時。

乾造 丁 壬 丁 丙 (日空子、醜)
未 子 巳 午

1命宮 2兄弟 3夫妻 4子女 5財帛 6疾厄
7遷移 8交友 9官祿 10田宅 11福德 12父母

甲干 廉貞-太陽 乙干 天機-太陰 丙干 天同-廉貞 丁干 太陰-巨門
戊干 貪狼-天機 己干 武曲-文曲
庚干 太陽-天同 辛干 巨門-文昌 壬干 天梁-武曲 癸干 破軍-貪狼</td>
<td>天巨天
機門鉞
旺廟廟
科忌
2006年 養
大耗
災煞 92 ~ 101 己
喪門 田宅宮 酉</td>
</tr>
<tr>
<td>火鳳蜚年
星閣廉解
利旺 廟
衰
小耗
將星 32 ~ 41 癸
白虎 子女宮 卯</td>
<td>紫天文天
微相曲月
得得陷
胎
病符
天煞 82 ~ 91 庚
貫索 官祿宮 戌</td>
</tr>
<tr>
<td>廉左天天天大截旬龍
貞輔喜貴官巫空空德
廟廟廟平平 陷陷
病
將軍
亡神 42 ~ 51 壬
龍德 財帛宮 寅</td>
<td>天天天天破
才壽使虛碎
平廟陷廟陷
死
奏書
月煞 52 ~ 61 癸
歲破 疾厄宮 丑</td>
<td>七右臺咸大月
殺弼輔池耗德
旺廟 陷旺
墓
飛廉
咸池 62 ~ 71 壬
小耗 遷移宮 子</td>
<td>天天天龍天天天
梁魁姚池福傷哭
陷旺陷旺廟旺平
絕
喜神
指背 72 ~ 81 辛
官符 交友宮 亥</td>
</tr>
</table>

星情直讀： 2006 年

流年命宮巨門化權、天機星；

流年財帛宮天同化祿、地空星；

流年官祿宮無主星，照太陽、擎羊、天刑星；

所以判斷： 2006 年，這一年事業運氣低迷，容易得罪人，財運不好。

事實上： 命主 2006 年，口舌多，而且不存財。

例題 10

<table>
<tr>
<td>太祿天天天天孤劫
陽存喜才官空辰煞
旺廟廟廟旺廟陷

博士 絕
劫煞 45～54 癸
晦氣 官祿宮 巳</td>
<td>破擎天鳳天天蜚年
軍羊刑閣傷月廉解
廟陷平平陷 廟

力士 2005年 胎
災煞 55～64 甲
喪門 交友宮 午</td>
<td>天
機
陷
權

青龍 養
天煞 65～74 乙
貫索 遷移宮 未</td>
<td>紫天鈴龍天天陰
微府星池使巫煞
旺得陷平平

小耗 長生
指背 75～84 丙
官符 疾厄宮 申</td>
</tr>
<tr>
<td>武陀臺解截華
曲羅輔神空蓋
廟廟 廟陷廟

官府 墓
華蓋 35～44 壬
歲建 田宅宮 辰</td>
<td colspan="2" rowspan="2">出生西曆：1976年12月1日20時0分，星期三。
出生農曆：丙辰年 十月 十一日 戌時.

乾造 丙 己 丁 庚 (日空午、未)
辰 亥 亥 戌

1命宮 2兄弟 3夫妻 4子女 5財帛 6疾厄
7遷移 8交友 9官祿 10田宅 11福德 12父母

甲干 廉貞-太陽 乙干 天機-太陰 丙干 天同-廉貞 丁干 太陰-巨門
戊干 貪狼-天機 己干 武曲-文曲
庚干 太陽-天同 辛干 巨門-文昌 壬干 天梁-武曲 癸干 破軍-貪狼</td>
<td>太天地恩咸月
陰鉞劫光池德
旺廟平陷平
身宮
將軍 沐浴
咸池 85～94 丁
小耗 財帛宮 酉</td>
</tr>
<tr>
<td>天八
同座
平平
祿

伏兵 死
息神 25～34 辛
病符 福德宮 卯</td>
<td>貪天天
狼姚虛
廟廟陷

奏書 冠帶
月煞 95～104 戊
歲破 子女宮 戌</td>
</tr>
<tr>
<td>七文天天
殺曲馬哭
廟平旺平

大耗 病
歲驛 15～24 庚
弔客 父母宮 寅</td>
<td>天左右地天寡破天
梁輔弼空壽宿碎德
旺廟廟陷廟平陷廟

病符 衰
攀鞍 5～14 辛
天德 命 宮 丑</td>
<td>廉天文火天封天旬
貞相昌星福誥廚空
平廟得陷平 陷
忌 科

喜神 帝旺
將星 115～124 庚
白虎 兄弟宮 子</td>
<td>巨天紅三天大龍
門魁鸞臺貴耗德
旺旺廟平平陷

飛廉 臨官
亡神 105～114 己
龍德 夫妻宮 亥</td>
</tr>
</table>

星情直讀： 2005 年

流年命宮破軍、鳳閣星，照文昌化科、天相星，逢殺破狼；流年財帛宮七殺星，照紫微、天府星，逢殺破狼；流年田宅宮太陰星，武曲化祿飛入，加會太陽、祿存、天空星，天梁化科、左輔、右弼星；

所以判斷：2005 年，這一年有大宗的財務進出，買車、買房一類的。

事實上：命主 2005 年，買房花錢，裝修花錢。

例題 11

<table>
<tr>
<td>太天地地紅大龍
陽鉞劫空鸞耗德
旺旺不廟旺陷
身宮
臨官
飛廉
亡神 6~15 乙
龍德 命宮 巳</td>
<td>破天恩天天
軍刑光福月
廟平廟平
2008年 帝旺
喜神
將星 16~25 丙
白虎 父母宮 午</td>
<td>天火寡天
機星宿德
陷利不廟
衰
病符
攀鞍 26~35 丁
天德 福德宮 未</td>
<td>紫天天封天天陰
微府馬誥巫哭煞
旺得旺　　廟
權
病
大耗
歲驛 36~45 戊
弔客 田宅宮 申</td>
</tr>
<tr>
<td>武文三解天
曲昌臺神虛
廟得廟廟陷
忌
冠帶
奏書
月煞 116~125 甲
歲破 兄弟宮 辰</td>
<td colspan="2" rowspan="2">出生西曆：1982年12月12日12時0分，星期日.
出生農曆：壬戌年 十月 廿八日 午時.

乾造 壬 壬 己 庚 (日空戌、亥)
戌 子 巳 午

1命宮 2兄弟 3夫妻 4子女 5財帛 6疾厄
7遷移 8交友 9官祿 10田宅 11福德 12父母

甲干 廉貞-太陽 乙干 天機-太陰 丙干 天同-廉貞 丁干 太陰-巨門
戊干 貪狼-天機 己干 武曲-文曲
庚干 太陽-天同 辛干 巨門-文昌 壬干 天梁-武曲 癸干 破軍-貪狼</td>
<td>太鈴天
陰星廚
旺得
死
伏兵
息神 46~55 己
病符 官祿宮 酉</td>
</tr>
<tr>
<td>天天天天截咸月
同魁才壽空池德
平廟旺陷平平
沐浴
將軍
咸池 106~115 癸
小耗 夫妻宮 卯</td>
<td>貪文陀天八天天華
狼曲羅姚座官傷蓋
廟陷廟廟平平平平
墓
官府
華蓋 56~65 庚
歲建 交友宮 戌</td>
</tr>
<tr>
<td>七龍
殺池
廟平
長生
小耗
指背 96~105 壬
官符 子女宮 寅</td>
<td>天左右破
梁輔弼碎
旺廟廟陷
祿 科
養
青龍
天煞 86~95 癸
貫索 財帛宮 丑</td>
<td>廉天擎天鳳天臺旬蜚年
貞相羊貴閣使輔空廉解
平廟陷廟廟陷　陷　廟
胎
力士
災煞 76~85 壬
喪門 疾厄宮 子</td>
<td>巨祿天天孤劫
門存喜空辰煞
旺廟旺平陷
絕
博士
劫煞 66~75 辛
晦氣 遷移宮 亥</td>
</tr>
</table>

星情直讀：2008 年

流年命宮破軍星，照天相，逢殺破狼；

流年財帛宮七殺星，照紫微化權、天府星，逢殺破狼；

流年官祿宮貪狼、陀羅星，照武曲化忌，逢殺破狼；

流年田宅宮太陰化忌、鈴星，加會太陽、天梁化祿權；

所以判斷：2008 年，這一年有大宗的資金運作，但是破財。

事實上：命主 2008 年炒股票破財數萬元。

例題 12

巨陀天凪天天天年 門羅刑閣使巫廚解 旺陷陷廟平 旺 忌 長生 力士 54～63 乙 指背 歲建 疾厄宮 巳	廉天祿三臺天咸 貞相存臺輔空池 平廟廟旺 廟陷 養 博士 44～53 丙 咸池 晦氣 財帛宮 午	天擎蜚 梁羊廉 旺廟 胎 官府 34～43 丁 月煞 喪門 子女宮 未	七八孤 殺座辰 廟廟平 絕 伏兵 24～33 戊 亡神 貫索 夫妻宮 申
貪文天解寡 狼曲喜神宿 廟得陷廟陷 沐浴 青龍 64～73 甲 天煞 病符 遷移宮 辰	出生西曆：1977年10月19日0時0分，星期三。 出生農曆：丁巳年 九月 初七日 子時. 乾造 丁 庚 己 甲(日空寅、卯) 巳 戌 酉 子 1命宮 2兄弟 3夫妻 4子女 5財帛 6疾厄 7遷移 8交友 9官祿 10田宅 11福德 12父母 甲干 廉貞-太陽 乙干 天機-太陰 丙干 天同-廉貞 丁干 太陰-巨門 戊干 貪狼-天機 己干 武曲-文曲 庚干 太陽-天同 辛干 巨門-文昌 壬干 天梁-武曲 癸干 破軍-貪狼		天天天天龍破 同鉞姚貴池碎 平廟廟廟廟平 權 墓 大耗 14～23 己 將星 官符 兄弟宮 酉
太火恩天天天 陰星光才壽傷 陷利廟旺陷陷 祿 冠帶 小耗 74～83 癸 災煞 弔客 交友宮 卯			武文鈴紅陰大月 曲昌星鸞煞耗德 廟陷廟陷 平 身宮 死 病符 4～13 庚 攀鞍 小耗 命宮 戌
紫天右天封天截劫天 微府弼官誥月空煞德 旺廟旺平 陷 平 臨官 將軍 84～93 壬 劫煞 天德 官祿宮 寅	天天華 機哭蓋 陷廟陷 科 2007年 帝旺 奏書 94～103 癸 華蓋 白虎 田宅宮 丑	破左旬龍 軍輔空德 廟旺陷 衰 飛廉 104～113 壬 息神 龍德 福德宮 子	太天地地天天天 陽魁劫空馬福虛 陷旺 陷平廟平 病 喜神 114～123 辛 歲驛 歲破 父母宮 亥

星情直讀： 2007 年

流年命宮天機陷落，同度天哭、旬空；

流年財帛宮天同化權、龍池、天鉞、天貴星；

流年官祿宮巨門化忌、天刑；

所以判斷：2007 年，這一年事業上失去機遇，不受賞識等，財運上花耗多。

事實上：命主 2007 年破財，調動工作沒有成功。

第十節　流年官運　例題

觀察宮位：命宮、官祿宮、財帛宮，兼看父母宮、交友宮、福德宮。

觀察星：天鉞、天魁、左輔、右弼、紫微、文昌、大府、天巫、破軍化祿、陷落的擎羊、陷落的火星、太陽、廟旺的巨門、天相、天梁化祿、廟旺的廉貞、龍池、鳳閣、三台、八座、廟旺的七殺星文曲（或文昌）、火星廟旺的天同、恩光、天官、天貴、廟旺的破軍天鉞或者廟旺的破軍天魁、祿存。

條件：星在宮，星較旺、無六煞凶星、三方會照吉利。

判斷：以上幾個宮位，有兩個或以上的宮，坐或者會照如上的星曜四個以上，或以上宮有四化的星，則這一年有官運或者升遷。

以下例題，所用到的流年的命宮，標註在大運起止數字之上，為了使圖片簡潔清晰，對於其他的宮位不一一標註，您在心裡逆數就可以了。

例題 1

天陀封破 相羅誥碎 得陷　陷 力士　長生 指背　44～53　己 白虎　財帛宮　巳	天祿火紅三天解咸陰天 梁存星鸞臺才神池煞德 廟廟廟旺旺旺廟陷　旺 科 博士　養 咸池　34～43　庚 天德　子女宮　午	廉七文文擎天寡 貞殺昌曲羊刑宿 利廟利旺廟陷不 忌 官府　胎 月煞　24～33　辛 弔客　夫妻宮　未	天地八天 鉞空座廚 廟廟廟 伏兵　絕 亡神　14～23　壬 病符　兄弟宮　申
巨天龍 門使德 陷陷 青龍　沐浴 天煞　54～63　戊 龍德　疾厄宮　辰	出生西曆：1969年12月25日6時0分，星期四. 出生農曆：己酉年 十一月 十七日 卯時. 乾造 己 丙 甲 丁 (日空申、酉) 酉 子 戌 卯 1命宮 2兄弟 3夫妻 4子女 5財帛 6疾厄 7遷移 8交友 9官祿 10田宅 11福德 12父母		天臺截天 官輔空哭 平　廟不 大耗　墓 將星　4～13　癸 歲建　命宮　酉
紫貪天 微狼虛 旺利廟 權 身宮 小耗　冠帶 災煞　64～73　丁 歲破　遷移宮　卯	甲干 廉貞-太陽 乙干 天機-太陰 丙干 天同-廉貞 丁干 太陰-巨門 戊干 貪狼-天機 己干 武曲-文曲 庚干 太陽-天同 辛干 巨門-文昌 壬干 天梁-武曲 癸干 破軍-貪狼		天恩天天天 同光貴月空 平廟旺　陷 病符　死 攀鞍　114～123　甲 晦氣　父母宮　戌
天太左地天天天旬大劫月 機陰輔劫福傷巫空耗煞德 得旺廟平旺平　陷陷 將軍　臨官 劫煞　74～83　丙 小耗　交友宮　寅	天鈴龍鳳年華 府星池閣解蓋 廟得平平得陷 奏書　2000年　帝旺 華蓋　84～93　丁 官符　官祿宮　丑	太右天天天 陽弼魁喜壽 陷廟旺旺平 飛廉　衰 息神　94～103　丙 貫索　田宅宮　子	武破天天孤蜚 曲軍馬姚辰廉 平平平陷陷 祿 喜神　病 歲驛　104～113　乙 喪門　福德宮　亥

星情直讀：2000 年

流年命宮天府星、龍池、鳳閣星，照七殺、文昌、擎羊星；

流年官祿宮天相星；

流年財帛宮，照紫微、貪狼星；

所以判斷：2000 年，這一年事業上多明爭暗鬥，但是能獲得威望和權柄。

事實上：命主 2000 年升遷。

例題 2

<table>
<tr>
<td>武破天鈴天天孤
曲軍鉞星刑巫辰
平平旺得陷　陷
忌
飛廉　1995年　絕
亡神　95~104　乙
貫索　子女宮　巳</td>
<td>太文龍天
陽曲池福
旺陷不平

喜神　胎
將星　105~114　丙
官符　夫妻宮　午</td>
<td>天天月
府喜德
廟陷

病符　養
奏書　115~124　丁
小耗　兄弟宮　未</td>
<td>天太文天天鳳臺天年
機陰昌馬貴閣輔虛解
得利得旺陷不　廟利

大耗　長生
歲驛　5~14　戊
歲破　命宮　申</td>
</tr>
<tr>
<td>天封解旬天
同誥神空哭
平　廟陷平

奏書　墓
月煞　85~94　甲
喪門　財帛宮　辰</td>
<td colspan="2" rowspan="2">出生西曆：1962年10月14日4時0分，星期日.
出生農曆：壬寅年 九月 十六日 寅時.

乾造 壬　庚　乙　戊 (日空午、未)
　　 寅　戌　酉　寅

1命宮 2兄弟 3夫妻 4子女 5財帛 6疾厄

7遷移 8交友 9官祿 10田宅 11福德 12父母

甲干 廉貞-太陽 乙干 天機-太陰 丙干 天同-廉貞 丁干 太陰-巨門

戊干 貪狼-天機 己干 武曲-文曲

庚干 太陽-天同 辛干 巨門-文昌 壬干 天梁-武曲 癸干 破軍-貪狼</td>
<td>紫貪地天天破大龍
微狼空姚廚碎耗德
旺利廟廟　平不
權
伏兵　沐浴
息神　15~24　己
龍德　父母宮　酉</td>
</tr>
<tr>
<td>天火三天截天咸
魁星臺使空空池
廟利陷平平平平

將軍　死
咸池　75~84　癸
晦氣　疾厄宮　卯</td>
<td>巨陀恩天天蜚陰華
門羅光才官廉煞蓋
陷廟廟陷平　　平

官府　冠帶
華蓋　25~34　庚
白虎　福德宮　戌</td>
</tr>
<tr>
<td>右天天
弼壽月
旺旺

小耗　病
指背　65~74　壬
歲建　遷移宮　寅</td>
<td>廉七地紅天寡
貞殺劫鸞傷宿
利廟陷陷平平

青龍　衰
天煞　55~64　癸
病符　交友宮　丑</td>
<td>天左擎
梁輔羊
廟旺陷
祿科
身宮
力士　帝旺
災煞　45~54　壬
弔客　官祿宮　子</td>
<td>天祿八劫天
相存座煞德
得廟廟　平

博士　臨官
劫煞　35~44　辛
天德　田宅宮　亥</td>
</tr>
</table>

星情直讀：1995 年

流年命宮天鉞星，照天相、祿存、八座星；

流年官祿宮紫微化科、貪狼星；

流年福德宮天府星，照七殺星；

所以判斷：1995 年，這一年事業有好機會，可以掌權。

事實上：命主 1995 年升任廠長。

例題 3

<table>
<tr>
<td>天陀天天破
相羅使廚碎
得陷平　陷
長生
力士
指背　54 ~ 63　乙
白虎　疾厄宮　巳</td>
<td>天祿紅八咸天
梁存鸞座池德
廟廟旺旺陷旺
身宮
養
博士
咸池　44 ~ 53　丙
天德　財帛宮　午</td>
<td>廉七擎天天寡
貞殺羊姚才宿
利廟廟旺平不
2003年　胎
官府
月煞　34 ~ 43　丁
弔客　子女宮　未</td>
<td>鈴三
星臺
陷旺
絕
伏兵
亡神　24 ~ 33　戊
病符　夫妻宮　申</td>
</tr>
<tr>
<td>巨右臺旬龍
門弼輔空德
陷廟　陷
忌
沐浴
青龍
天煞　64 ~ 73　甲
龍德　遷移宮　辰</td>
<td colspan="2" rowspan="2">出生西曆：1957年8月6日20時0分，星期二。
出生農曆：丁酉年 七月 十一日 戌時.

乾造 丁　丁　庚　丙 (日空寅、卯)
　　 酉　未　戌　戌

1命宮 2兄弟 3夫妻 4子女 5財帛 6疾厄
7遷移 8交友 9官祿 10田宅 11福德 12父母

甲干 廉貞-太陽 乙干 天機-太陰 丙干 天同-廉貞 丁干 太陰-巨門
戊干 貪狼-天機 己干 武曲-文曲
庚干 太陽-天同 辛干 巨門-文昌 壬干 天梁-武曲 癸干 破軍-貪狼</td>
<td>天地恩天
鉞劫光哭
廟平陷不
墓
大耗
將星　14 ~ 23　己
歲建　兄弟宮　酉</td>
</tr>
<tr>
<td>紫貪天天天天
微狼刑壽傷虛
旺利廟陷陷廟
冠帶
小耗
災煞　74 ~ 83　癸
歲破　交友宮　卯</td>
<td>天左天
同輔空
平廟陷
權
死
病符
攀鞍　4 ~ 13　庚
晦氣　命 宮　戌</td>
</tr>
<tr>
<td>天太文天解天截陰大劫月
機陰曲官神巫空煞耗煞德
得旺平平廟　陷　陷
科 祿
臨官
將軍
劫煞　84 ~ 93　壬
小耗　官祿宮　寅</td>
<td>天火地龍鳳年華
府星空池閣解蓋
廟得陷平平得陷
帝旺
奏書
華蓋　94 ~ 103　癸
官符　田宅宮　丑</td>
<td>太文天封
陽昌喜誥
陷得旺
衰
飛廉
息神　104 ~ 113　壬
貫索　福德宮　子</td>
<td>武破天天天天天孤蜚
曲軍魁馬貴福月辰廉
平平旺平平廟　陷
病
喜神
歲驛　114 ~ 123　辛
喪門　父母宮　亥</td>
</tr>
</table>

星情直讀： 2003 年

流年命宮七殺、擎羊、利勢廉貞星，照天府、火星；

流年官祿宮天魁星，照天相星；

流年財帛宮紫微、貪狼星，照天鉞星；

所以判斷： 2003 年，這一年事業上不順利，多競爭和壓力，是非難免。

事實上： 命主 2003 年，競爭處長職位落選。

例題 4

<table>
<tr>
<td>巨天
門馬
旺平

伏兵 病
歲驛 23～32 辛
弔客 夫妻宮 巳</td>
<td>廉天左火八天截
貞相輔星座廚空
平廟旺廟旺 廟

大耗 衰
息神 13～22 壬
病符 兄弟宮 午</td>
<td>天鈴華
梁星蓋
旺利陷
權
病符 帝旺
華蓋 3～12 癸
歲建 命 宮 未</td>
<td>七右天地紅三天天天孤劫
殺弼鉞劫鸞臺壽福空辰煞
廟不廟廟廟旺旺廟旺平

喜神 1993年 臨官
劫煞 113～122 甲
晦氣 父母宮 申</td>
</tr>
<tr>
<td>貪擎天天旬寡天
狼羊官月空宿德
廟廟旺 陷陷廟

官府 死
攀鞍 33～42 庚
天德 子女宮 辰</td>
<td colspan="2" rowspan="2">出生西曆：1955年3月26日18時0分，星期六。
出生農曆：乙未年 三月 初三日 酉時.

乾造 乙 己 丙 丁(日空午、未)
未 卯 戌 酉

1命宮 2兄弟 3夫妻 4子女 5財帛 6疾厄
7遷移 8交友 9官祿 10田宅 11福德 12父母

甲干 廉貞-太陽 乙干 天機-太陰 丙干 天同-廉貞 丁干 太陰-巨門
戊干 貪狼-天機 己干 武曲-文曲
庚干 太陽-天同 辛干 巨門-文昌 壬干 天梁-武曲 癸干 破軍-貪狼</td>
<td>天
同
平

飛廉 冠帶
災煞 103～112 乙
喪門 福德宮 酉</td>
</tr>
<tr>
<td>太祿天鳳臺蜚年
陰存姚閣輔廉解
陷廟廟旺 廟
忌
博士 墓
將星 43～52 己
白虎 財帛宮 卯</td>
<td>武解陰
曲神煞
廟廟

奏書 沐浴
天煞 93～102 丙
貫索 田宅宮 戌</td>
</tr>
<tr>
<td>紫天陀地天恩天天天天龍
微府羅空喜光貴才使巫德
旺廟陷陷廟平平廟平
科
力士 絕
亡神 53～62 戊
龍德 疾厄宮 寅</td>
<td>天文文天破
機昌曲虛碎
陷廟廟廟陷
祿 身宮
青龍 胎
月煞 63～72 己
歲破 遷移宮 丑</td>
<td>破天天咸大月
軍魁傷池耗德
廟旺陷陷旺

小耗 養
咸池 73～82 戊
小耗 交友宮 子</td>
<td>太天龍封天
陽刑池誥哭
陷陷旺 平

將軍 長生
指背 83～92 丁
官符 官祿宮 亥</td>
</tr>
</table>

星情直讀：1993 年

流年命宮七殺、地劫、天鉞、三台星；

流年官祿宮破軍化祿、天魁星，照天相、左輔、八座、火星；

流年財帛宮貪狼、擎羊星；

所以判斷：1993 年，這一年事業上有進步，在軍、警界會有威名和權柄。

事實上：命主 1993 年，升任團長。

例題 5

<table>
<tr>
<td>天恩天
馬光貴
平平平

臨官
伏兵
歲驛 105～114 辛
弔客 福德宮 巳</td>
<td>天火解天截陰
機星神廚空煞
廟廟廟　廟
祿
冠帶
大耗
息神 95～104 壬
病符 田宅宮 午</td>
<td>紫破鈴天三八華
微軍星刑臺座蓋
廟旺利陷廟平陷
科
沐浴
病符
華蓋 85～94 癸
歲建 官祿宮 未</td>
<td>天地紅天天天孤劫
鉞劫鸞福傷空辰煞
廟廟廟廟平旺平

長生
喜神
劫煞 75～84 甲
晦氣 交友宮 申</td>
</tr>
<tr>
<td>太擎天天旬寡天
陽羊壽官空宿德
旺廟廟旺陷陷廟

帝旺
官府
攀鞍 115～124 庚
天德 父母宮 辰</td>
<td colspan="2" rowspan="2">出生西曆：1955年12月19日18時0分，星期一.
出生農曆：乙未年 十一月 初六日 酉時.

乾造 乙 戊 甲 癸 (日空子、醜)
　　 未 子 寅 酉

1命宮 2兄弟 3夫妻 4子女 5財帛 6疾厄
7遷移 8交友 9官祿 10田宅 11福德 12父母

甲干 廉貞-太陽 乙干 天機-太陰 丙干 天同-廉貞 丁干 太陰-巨門
戊干 貪狼-天機 己干 武曲-文曲
庚干 太陽-天同 辛干 巨門-文昌 壬干 天梁-武曲 癸干 破軍-貪狼</td>
<td>天
府
旺

身宮
養
飛廉
災煞 65～74 乙
喪門 遷移宮 酉</td>
</tr>
<tr>
<td>武七祿鳳臺蜚年
曲殺存閣輔廉解
利旺廟旺　　廟

衰
博士
將星 5～14 己
白虎 命 宮 卯</td>
<td>太天天天
陰才使月
旺陷陷
忌
胎
奏書
天煞 55～64 丙
貫索 疾厄宮 戌</td>
</tr>
<tr>
<td>天天左陀地天天龍
同梁輔羅空喜巫德
利廟廟陷陷廟
權
病
力士
亡神 15～24 戊
龍德 兄弟宮 寅</td>
<td>天文文天破
相昌曲虛碎
廟廟廟廟陷

死
青龍
月煞 25～34 己
歲破 夫妻宮 丑</td>
<td>巨右天咸大月
門弼魁池耗德
旺廟旺陷旺

1991年 墓
小耗
咸池 35～44 戊
小耗 子女宮 子</td>
<td>廉貪天龍封天
貞狼姚池誥哭
陷陷陷旺　平

絕
將軍
指背 45～54 丁
官符 財帛宮 亥</td>
</tr>
</table>

星情直讀：1991 年

流年命宮巨門化祿、右弼、天魁星；

流年官祿宮太陽化權、擎羊、天德星，照太陰星；

流年福德宮天梁、左輔、天喜星，加會天機星，太陰星；

所以判斷：1991 年，這一年事業有調動或者調整，是屬於升遷性質的變動。

事實上：命主 1991 年，升任副局長。

例題 6

<table>
<tr>
<td>天祿天破
同存官碎
廟廟旺陷
祿
博士　　　　絕
亡神　12～21　癸
病符　父母宮　巳</td>
<td>武天擎地天三天
曲府羊劫刑臺月
旺旺陷廟平旺
身宮
1998年
力士　　　　胎
將星　22～31　甲
歲建　福德宮　午</td>
<td>太太恩天
陽陰光空
得不旺陷
青龍　　　　養
攀鞍　32～41　乙
晦氣　田宅宮　未</td>
<td>貪火天八天孤陰
狼星馬座巫辰煞
平陷旺廟　平
小耗　　　　長生
歲驛　42～51　丙
喪門　官祿宮　申</td>
</tr>
<tr>
<td>破陀地鳳解截寡年
軍羅空閣神空宿解
旺廟陷陷廟陷陷廟
官府　　　　墓
月煞　2～11　壬
弔客　命宮　辰</td>
<td colspan="2" rowspan="2">出生西曆：1966年11月29日14時0分，星期二。
出生農曆：丙午年 十月 十八日 未時.

乾造 丙　己　壬　丁(日空午、未)
　　 午　亥　辰　未

1命宮 2兄弟 3夫妻 4子女 5財帛 6疾厄
7遷移 8交友 9官祿 10田宅 11福德 12父母

甲干 廉貞-太陽　乙干 天機-太陰　丙干 天同-廉貞　丁干 太陰-巨門
戊干 貪狼-天機　己干 武曲-文曲
庚干 太陽-天同　辛干 巨門-文昌　壬干 天梁-武曲　癸干 破軍-貪狼</td>
<td>天巨天紅天封
機門鉞鸞傷誥
旺廟廟旺平
權
將軍　　　　沐浴
息神　52～61　丁
貫索　交友宮　酉</td>
</tr>
<tr>
<td>文天天咸天
昌喜貴池德
利旺旺平平
科
伏兵　　　　死
咸池　112～121　辛
天德　兄弟宮　卯</td>
<td>紫天鈴天龍天華
微相星姚池才蓋
得得廟廟陷陷平
奏書　　　　冠帶
華蓋　62～71　戊
官符　遷移宮　戌</td>
</tr>
<tr>
<td>廉旬蜚
貞空廉
廟陷
忌
大耗　　　　病
指背　102～111　庚
白虎　夫妻宮　寅</td>
<td>左右臺大龍
輔弼輔耗德
廟廟　平
病符　　　　衰
天煞　92～101　辛
龍德　子女宮　丑</td>
<td>七天天天天天
殺壽福廚哭虛
旺平平　平陷
喜神　　　　帝旺
災煞　82～91　庚
歲破　財帛宮　子</td>
<td>天文天天劫月
梁曲魁使煞德
陷旺旺旺
飛廉　　　　臨官
劫煞　72～81　己
小耗　疾厄宮　亥</td>
</tr>
</table>

星情直讀： 1998 年

流年命宮武曲化權、天府、三台星、陷落的擎羊星，照七殺星；

流年官祿宮紫微、天相星，照破軍、陀羅星；

流年財帛宮廟旺的廉貞星；

所以判斷：1998 年，這一年事業壓力阻力比較多，不過，職稱或者職位有提升。

事實上：命主 1998 年升遷副處。

例題 7

<table>
<tr>
<td>天左祿火天天封天劫天
同輔存星官傷誥月煞德
廟平廟得旺平　　旺
祿
博士　絕
劫煞　55～64　癸
天德　交友宮　巳</td>
<td>武天擎
曲府羊
旺旺陷
身宮
力士　胎
災煞　65～74　甲
弔客　遷移宮　午</td>
<td>太太文文紅天寡
陽陰昌曲鸞使宿
得不利旺陷平不
科
青龍　養
天煞　75～84　乙
病符　疾厄宮　未</td>
<td>貪地天解天
狼空才神巫
平廟廟不
小耗　長生
指背　85～94　丙
歲建　財帛宮　申</td>
</tr>
<tr>
<td>破陀截旬蜚華
軍羅空空廉蓋
旺廟陷陷　廟
官府　墓
華蓋　45～54　壬
白虎　官祿宮　辰</td>
<td colspan="2" rowspan="2">出生西曆：1956年4月1日6時0分，星期日.
出生農曆：丙申年 二月 廿一日 卯時.

乾造 丙 辛 戊 乙 (日空辰、巳)
申 卯 戌 卯

1命宮 2兄弟 3夫妻 4子女 5財帛 6疾厄
7遷移 8交友 9官祿 10田宅 11福德 12父母

甲干 廉貞-太陽 乙干 天機-太陰 丙干 天同-廉貞 丁干 太陰-巨門
戊干 貪狼-天機 己干 武曲-文曲
庚干 太陽-天同 辛干 巨門-文昌 壬干 天梁-武曲 癸干 破軍-貪狼</td>
<td>天巨右天臺天咸破
機門弼鉞輔空池碎
旺廟陷廟　旺平平
權
將軍　沐浴
咸池　95～104　丁
晦氣　子女宮　酉</td>
</tr>
<tr>
<td>大龍
耗德
不
伏兵　死
1992年
息神　35～44　辛
龍德　田宅宮　卯</td>
<td>紫天天天
微相刑哭
得得廟平
奏書　冠帶
月煞　105～114　戊
喪門　夫妻宮　戌</td>
</tr>
<tr>
<td>廉地天天恩天鳳天天年
貞劫馬姚光貴閣壽虛解
廟平旺旺平平廟旺旺廟
忌
大耗　病
歲驛　25～34　庚
歲破　福德宮　寅</td>
<td>鈴天三八月
星喜臺座德
得陷廟廟
病符　衰
攀鞍　15～24　辛
小耗　父母宮　丑</td>
<td>七龍天天陰
殺池福廚煞
旺旺平
喜神　帝旺
將星　5～14　庚
官符　命宮　子</td>
<td>天天孤
梁魁辰
陷旺陷
飛廉　臨官
亡神　115～124　己
貫索　兄弟宮　亥</td>
</tr>
</table>

星情直讀： 1992 年

流年命宮，照天機、巨門、天鉞星；

流年官祿宮太陽、文曲、文昌星，照三台八座星；

流年福德宮天同、火星、祿存、左輔化科；

所以判斷：1992 年，這一年事業上有好機遇，有升遷。

事實上：命主 1992 年升任「國字頭」單位副主任。

例題 8

廉貪祿孤 貞狼存辰 陷陷廟陷 祿 博士 亡神 貫索 絕 32~41 丁巳 田宅宮	巨擎地龍天天 門羊劫池壽廚 旺陷廟不平 力士 將星 官符 胎 42~51 戊午 官祿宮	天天天天天月 相鉞喜傷月德 得旺陷陷 青龍 攀鞍 小耗 1982年 養 52~61 己未 交友宮	天天火天天鳳旬天年 同梁星馬姚閣空虛解 旺陷陷旺陷不廟廟利 小耗 歲驛 歲破 長生 62~71 庚申 遷移宮
太陀地天天天 陰羅空刑才哭 陷廟陷平陷平 權 身宮 官府 月煞 喪門 墓 22~31 丙辰 福德宮	出生西曆：1938年10月18日14時0分，星期二。 出生農曆：戊寅年 八月 廿五日 未時。 乾造 戊 壬 癸 己（日空申、酉） 寅 戌 未 未 1命宮 2兄弟 3夫妻 4子女 5財帛 6疾厄 7遷移 8交友 9官祿 10田宅 11福德 12父母		武七天封破大龍 曲殺使誥碎耗德 利旺陷 平不 將軍 息神 龍德 沐浴 72~81 辛酉 疾厄宮
天右文八天天天咸 府弼昌座官福空池 得陷利平旺平平平 科 伏兵 咸池 晦氣 死 12~21 乙卯 父母宮	甲干 廉貞-太陽 乙干 天機-太陰 丙干 天同-廉貞 丁干 太陰-巨門 戊干 貪狼-天機 己干 武曲-文曲 庚干 太陽-天同 辛干 巨門-文昌 壬干 天梁-武曲 癸干 破軍-貪狼		太鈴天蜚華 陽星貴廉蓋 不廟旺 平 奏書 華蓋 白虎 冠帶 82~91 壬戌 財帛宮
恩解 光神 平廟 大耗 指背 歲建 病 2~11 甲寅 命宮	紫破天紅臺寡 微軍魁鸞輔宿 廟旺旺陷 平 病符 天煞 病符 衰 112~121 乙丑 兄弟宮	天截陰 機空煞 廟陷 忌 喜神 災煞 弔客 帝旺 102~111 甲子 夫妻宮	左文三天劫天 輔曲臺巫煞德 不旺平 平 飛廉 劫煞 大耗 臨官 92~101 癸亥 子女宮

星情直讀：1982 年

流年命宮天相、天鉞星，合巨門星；

流年官祿宮左輔化科、文曲星；

流年福德宮七殺星，照天府、文昌、天官星；

所以判斷：1982 年，這一年事業上有更好的機遇、升遷等。

事實上：命主 1982 年升任市長。

例題 9

<table>
<tr>
<td>巨鳳年
門閣解
旺廟旺
伏兵 1839年 臨官
指背 32～41 辛
歲建 子女宮 巳</td>
<td>廉天臺天截天咸
貞相輔廚空空池
平廟　廟廟陷
大耗 冠帶
咸池 22～31 壬
晦氣 夫妻宮 午</td>
<td>天天蜚
梁姚廉
旺旺
權
病符 沐浴
月煞 12～21 癸
喪門 兄弟宮 未</td>
<td>七天天孤
殺鉞福辰
廟廟廟平
身宮
喜神 長生
亡神 2～11 甲
貫索 命宮 申</td>
</tr>
<tr>
<td>貪右文擎天天天寡
狼弼曲羊喜貴官宿
廟廟得廟陷旺旺陷
官府 帝旺
天煞 42～51 庚
病符 財帛宮 辰</td>
<td colspan="2" rowspan="2">出生西曆：1785年8月30日0時0分，星期二.
出生農曆：乙巳年 七月 廿六日 子時.

乾造 乙 甲 癸 壬 (日空戌、亥)
巳 申 酉 子

1命宮 2兄弟 3夫妻 4子女 5財帛 6疾厄
7遷移 8交友 9官祿 10田宅 11福德 12父母

甲干 廉貞-太陽 乙干 天機-太陰 丙干 天同-廉貞 丁干 太陰-巨門
戊干 貪狼-天機 己干 武曲-文曲
庚干 太陽-天同 辛干 巨門-文昌 壬干 天梁-武曲 癸干 破軍-貪狼</td>
<td>天龍破
同池碎
平廟平
飛廉 養
將星 112～121 乙
官符 父母宮 酉</td>
</tr>
<tr>
<td>太祿火天八天
陰存星刑座使
陷廟利廟平平
忌
博士 衰
災煞 52～61 己
弔客 疾厄宮 卯</td>
<td>武左文鈴紅恩大月
曲輔昌星鸞光耗德
廟廟陷廟陷廟平
奏書 胎
攀鞍 102～111 丙
小耗 福德宮 戌</td>
</tr>
<tr>
<td>紫天陀封解天旬陰劫天
微府羅誥神巫空煞煞德
旺廟陷　廟　陷　　平
科
力士 病
劫煞 62～71 戊
天德 遷移宮 寅</td>
<td>天天天天天華
機才壽傷哭蓋
陷平廟平廟陷
祿
青龍 死
華蓋 72～81 己
白虎 交友宮 丑</td>
<td>破天龍
軍魁德
廟旺
小耗 墓
息神 82～91 戊
龍德 官祿宮 子</td>
<td>太地地天三天天
陽劫空馬臺月虛
陷　陷平平　平
將軍 絕
歲驛 92～101 丁
歲破 田宅宮 亥</td>
</tr>
</table>

星情直讀： 1839年

流年命宮巨門、鳳閣星；

流年官祿宮，合貪狼化權、右弼、天官、天貴星；

流年財帛宮武曲化祿飛入，照天梁化科；

流年福德宮天梁星化科，貪狼化權飛入；

所以：命主1839年升任兩廣總督（正二品，相當於現代的省委書記）。

例題 10

<table>
<tr>
<td>天八封天破
相座誥廚碎
得廟　　陷
小耗　1925年　長生
亡神　84～93　己
病符　財帛宮　巳</td>
<td>天鈴解陰
梁星神煞
廟廟廟
將軍　沐浴
將星　94～103　庚
歲建　子女宮　午</td>
<td>廉七文文天天天天
貞殺昌曲鉞刑官空
利廟利旺旺陷廟陷
祿
奏書　冠帶
攀鞍　104～113　辛
晦氣　夫妻宮　未</td>
<td>地天截孤
空馬空辰
廟旺廟平
飛廉　臨官
歲驛　114～123　壬
喪門　兄弟宮　申</td>
</tr>
<tr>
<td>巨火鳳天旬寡年
門星閣使空宿解
陷陷陷陷陷陷廟
青龍　養
月煞　74～83　戊
弔客　疾厄宮　辰</td>
<td colspan="2" rowspan="2">出生西曆：1894年12月4日5時23分，星期二。
出生農曆：甲午年 十一月 初八日 卯時。

乾造 甲 乙 庚 己(日空申、酉)
　　 午 亥 辰 卯

1命宮 2兄弟 3夫妻 4子女 5財帛 6疾厄
7遷移 8交友 9官祿 10田宅 11福德 12父母

甲干 廉貞-太陽 乙干 天機-太陰 丙干 天同-廉貞 丁干 太陰-巨門
戊干 貪狼-天機 己干 武曲-文曲
庚干 太陽-天同 辛干 巨門-文昌 壬干 天梁-武曲 癸干 破軍-貪狼</td>
<td>紅三天天臺
鸞臺壽福輔
旺廟平廟
喜神　帝旺
息神　4～13　癸
貫索　命宮　酉</td>
</tr>
<tr>
<td>紫貪擎天天咸天
微狼羊喜才池德
旺利陷旺旺平平
身宮
力士　胎
咸池　64～73　丁
天德　遷移宮　卯</td>
<td>天龍天華
同池月蓋
平陷　平
病符　衰
華蓋　14～23　甲
官符　父母宮　戌</td>
</tr>
<tr>
<td>天太左祿地天天蜚
機陰輔存劫傷巫廉
得旺廟廟平平
博士　絕
指背　54～63　丙
白虎　交友宮　寅</td>
<td>天天陀恩天大龍
府魁羅光貴耗德
廟旺廟廟旺平
官府　墓
天煞　44～53　丁
龍德　官祿宮　丑</td>
<td>太右大大
陽弼哭虛
陷廟平陷
忌
伏兵　死
災煞　34～43　丙
歲破　田宅宮　子</td>
<td>武破天劫月
曲軍姚煞德
平平陷
科權
大耗　病
劫煞　24～33　乙
小耗　福德宮　亥</td>
</tr>
</table>

星情直讀：1925 年

流年命宮天相、八座星；

流年官祿宮三台星，照紫微、貪狼星；

流年福德宮七殺、文曲、文昌、天鉞、天官星，照天府、天魁、恩光、天貴星；

所以：命主 1925 年被委任財政部長。

例題 11

<table>
<tr>
<td>天文祿天孤
府曲存才辰
得廟廟廟陷
身宮
臨官
博士
亡神 102～111 丁
貫索 福德宮 巳</td>
<td>天太左擎龍天
同陰輔羊池廚
陷不旺陷不
權
冠帶
官府
將星 92～101 戊
官符 田宅宮 午</td>
<td>武貪天天天臺月
曲狼鉞喜壽輔德
廟廟旺陷旺
祿
沐浴
伏兵
攀鞍 82～91 己
小耗 官祿宮 未</td>
<td>太巨右天鳳天旬天年
陽門弼馬閣傷空虛解
得廟不旺不平廟廟利
科
長生
大耗
歲驛 72～81 庚
歲破 交友宮 申</td>
</tr>
<tr>
<td>陀鈴天天
羅星月哭
廟陷　平
帝旺
力士
月煞 112～121 丙
喪門 父母宮 辰</td>
<td colspan="2" rowspan="2">出生西曆：1938年4月20日1時38分，星期三。
出生農曆：戊寅年 三月 二十日 丑時.

坤造 戊　丙　壬　辛 (日空申、酉)
　　 寅　辰　午　丑

1命宮 2兄弟 3夫妻 4子女 5財帛 6疾厄
7遷移 8交友 9官祿 10田宅 11福德 12父母

甲干 廉貞-太陽 乙干 天機-太陰 丙干 天同-廉貞 丁干 太陰-巨門
戊干 貪狼-天機 己干 武曲-文曲
庚干 太陽-天同 辛干 巨門-文昌 壬干 天梁-武曲 癸干 破軍-貪狼</td>
<td>天文破大龍
相昌碎耗德
陷廟平不
養
病符
息神 62～71 辛
龍德 遷移宮 酉</td>
</tr>
<tr>
<td>廉破天恩天天封天咸
貞軍姚光官福誥空池
平陷廟廟旺平　平平
1963年 衰
青龍
咸池 2～11 乙
晦氣 命宮 卯</td>
<td>天天地天解蜚陰華
機梁空使神廉煞蓋
利廟陷陷廟　　平
忌
胎
喜神
華蓋 52～61 壬
白虎 疾厄宮 戌</td>
</tr>
<tr>
<td>火天
星巫
廟
病
小耗
指背 12～21 甲
歲建 兄弟宮 寅</td>
<td>天紅三八寡
魁鸞臺座宿
旺陷廟廟平
死
將軍
天煞 22～31 乙
病符 夫妻宮 丑</td>
<td>地截
劫空
陷陷
墓
奏書
災煞 32～41 甲
弔客 子女宮 子</td>
<td>紫七天天劫天
微殺刑貴煞德
旺平陷平　平
絕
飛廉
劫煞 42～51 癸
天德 財帛宮 亥</td>
</tr>
</table>

星情直讀：1963 年

流年命宮破軍化祿、天官、恩光星，照文昌星；

流年官祿宮武曲、貪狼、天鉞星；

流年福德宮天府、文曲、祿存星，照天紫微化科；

所以：命主 1963 年出版第一部長篇小說，從此登陸文壇。

例題 12

<table>
<tr>
<td>太天地地天三恩天孤劫
陽鉞劫空喜臺光空辰煞
旺旺不廟廟平平廟陷
臨官
飛廉 22~31 乙
劫煞 巳
晦氣 夫妻宮</td>
<td>破風天解旬蜚年
軍閣福神空廉解
廟平平廟廟　廟
冠帶
奏書 12~21 丙
災煞 午
喪門 兄弟宮</td>
<td>天
機
陷
身宮
沐浴
將軍 2~11 丁
天煞 未
貫索 命宮</td>
<td>紫天火天龍封
微府星刑池誥
旺得陷陷平
權
長生
小耗 112~121 戊
指背 申
官符 父母宮</td>
</tr>
<tr>
<td>武文鈴陰華
曲昌星煞蓋
廟得陷　廟
忌
帝旺
喜神 32~41 甲
華蓋 辰
歲建 子女宮</td>
<td colspan="2" rowspan="2">出生西曆：1953年1月29日12時10分，星期四.
出生農曆：壬辰年 十二月 十五日 午時.

坤造 壬　癸　庚　壬 (日空申、酉)
　　 辰　丑　辰　午

1命宮 2兄弟 3夫妻 4子女 5財帛 6疾厄
7遷移 8交友 9官祿 10田宅 11福德 12父母

甲干 廉貞-太陽 乙干 天機-太陰 丙干 天同-廉貞 丁干 太陰-巨門
戊干 貪狼-天機 己干 武曲 文曲
庚干 太陽-天同 辛干 巨門-文昌 壬干 天梁-武曲 癸干 破軍-貪狼</td>
<td>太八天咸月
陰座廚池德
旺廟　平
養
青龍 102~111 己
咸池 酉
小耗 福德宮</td>
</tr>
<tr>
<td>天左天截
同輔魁空
平陷廟平
科
衰
病符 42~51 癸
息神 卯
病符 財帛宮</td>
<td>貪文陀天天
狼曲羅官虛
廟陷廟平陷
1969年
胎
力士 92~101 庚
月煞 戌
歲破 田宅宮</td>
</tr>
<tr>
<td>七天天天天
殺馬使月哭
廟旺平　平
病
大耗 52~61 壬
歲驛 寅
弔客 疾厄宮</td>
<td>大寡破大
梁宿碎德
旺平陷廟
祿
死
伏兵 62~71 癸
攀鞍 丑
天德 遷移宮</td>
<td>廉天擎天天臺
貞相羊姚傷輔
平廟陷陷陷
墓
官府 72~81 壬
將星 子
白虎 交友宮</td>
<td>巨右祿紅天天天天大龍
門弼存鸞貴才壽巫耗德
旺平廟廟平廟旺　陷
絕
博士 82~91 辛
亡神 亥
龍德 官祿宮</td>
</tr>
</table>

星情直讀：1969 年

流年命宮貪狼、文曲星；

流年官祿宮七殺、天馬星，照紫微化權；

流年福德宮天相、陷落的擎羊星，加會紫微化權；

所以：1969 年命主一曲成名，被世人熟知。

第十一節　父母不吉　例題

觀察宮位：

父親：父母宮（父親宮）、財帛宮（父親的疾厄宮），交友宮（父親的官祿宮）。

母親：兄弟宮（母親宮）、遷移宮（母親的疾厄宮）、田宅宮（母親的官祿宮）

觀察星：

七殺、鈴星、截空、旬空、天刑、天傷、破碎、陀羅、天月、天壽、陰煞、巨門、擎羊、天哭、寡宿、天梁星。

紫微破軍。

天相火星。

武曲地劫天刑。

天梁天空、天梁擎羊、天梁天機、天梁天虛。

天同天虛、天同截空天哭、天同天虛、天同太陰、天同天空。

巨門天哭、巨門地空天傷。

破軍廉貞、破軍地空、破軍天傷天刑、破軍天傷封誥。

太陰火星地空。

七殺天廚、七殺鈴星截空、七殺天壽。

太陽地空、太陽擎羊。

天空旬空。

天傷陰煞、天傷鈴星、天傷地空、天傷旬空破碎、天傷封誥。

封誥天月、封誥天廚。

天哭截空旬空、天哭天虛、天哭地空地劫天傷。

天刑天壽。

天廚火星。

條件：凶星在宮，或者吉星陷落於宮，或者宮氣衰弱、或者有化忌星。

判斷：以上宮之中最少有兩個宮，含有凶星惡煞或者化忌，可判斷父母不吉利。

以下例題，所用到的流年的命宮，標註在大運起止數字之上，為了使圖片簡潔清晰，對於其他的宮位不一一標註，您在心裡逆數就可以了。

例題 1

<table>
<tr>
<td>廉貪地地紅恩天天大龍
貞狼劫空鸞光巫廚耗德
陷陷不廟旺平　　陷
祿
長生
小耗
亡神　94～103　己
龍德　子女宮　巳</td>
<td>巨三天天
門臺才壽
旺旺旺平
沐浴
將軍
將星　104～113　庚
白虎　夫妻宮　午</td>
<td>天天火天寡天
相鉞星官宿德
得旺利廟不廟
冠帶
奏書
攀鞍　114～123　辛
天德　兄弟宮　未</td>
<td>天天天八封解截旬天
同梁馬座誥神空空哭
旺陷旺廟　不廟廟廟
身宮
臨官
飛廉
歲驛　4～13　壬
弔客　命 宮　申</td>
</tr>
<tr>
<td>太左文天
陰輔昌虛
陷廟得陷
養
青龍
月煞　84～93　戊
歲破　財帛宮　辰</td>
<td colspan="2" rowspan="2">出生西曆：1934年2月16日12時0分，星期五.
出生農曆：甲戌年 正月 初三日 午時.

乾造 甲　丙　戊　戊 (日空子、醜)
　　 戌　寅　午　午

1命宮　2兄弟　3夫妻　4子女　5財帛　6疾厄
7遷移　8交友　9官祿　10田宅　11福德　12父母

甲干 廉貞-太陽　乙干 天機-太陰　丙干 天同-廉貞　丁干 太陰-巨門
戊干 貪狼-天機　己干 武曲-文曲
庚干 太陽-天同　辛干 巨門-文昌　壬干 天梁-武曲　癸干 破軍-貪狼</td>
<td>武七鈴天天
曲殺星刑福
利旺得廟廟
科
帝旺
喜神
息神　14～23　癸
病符　父母宮　酉</td>
</tr>
<tr>
<td>天擎天咸月
府羊使池德
得陷平平
胎
力士
咸池　74～83　丁
小耗　疾厄宮　卯</td>
<td>太右文天華
陽弼曲月蓋
不廟陷　平
忌
衰
病符
華蓋　24～33　甲
歲建　福德宮　戌</td>
</tr>
<tr>
<td>祿龍陰
存池煞
廟平
1981年　絕
博士
指背　64～73　丙
官符　遷移宮　寅</td>
<td>紫破天陀天天破
微軍魁羅姚傷碎
廟旺旺廟平平陷
權
墓
官府
天煞　54～63　丁
貫索　交友宮　丑</td>
<td>天鳳臺蜚年
機閣輔廉解
廟廟　　廟
死
伏兵
災煞　44～53　丙
喪門　官祿宮　子</td>
<td>天天天孤劫
喜貴空辰煞
旺平平陷
病
大耗
劫煞　34～43　乙
晦氣　田宅宮　亥</td>
</tr>
</table>

星情直讀：1981 年

流年母親宮破軍、陀羅、天傷、破碎星；

流年遷移宮天同、天梁、天哭、封誥星；

流年田宅宮廉貞、地劫、地空、天廚星；

所以判斷：命主 1981 年母親不吉，有喪母之憂。

事實上：命主 1981 年母親去世。

例題 2

<table>
<tr>
<td>天文祿紅天天天大龍
府昌存鸞貴壽巫耗德
得廟廟旺平平　陷

博士
亡神　83 ~ 92　病
龍德　財帛宮　丁巳</td>
<td>天太擎火地天
同陰羊星空廚
陷不陷廟廟
權
力士
將星　93 ~ 102　死
白虎　子女宮　戊午</td>
<td>武貪天天封寡天
曲狼鉞才誥宿德
廟廟旺平　不廟
祿　身宮
青龍
攀鞍　103 ~ 112　墓
天德　夫妻宮　己未</td>
<td>太巨鈴天解天
陽門星馬神哭
得廟陷旺不廟

小耗
歲驛　113 ~ 122　絕
弔客　兄弟宮　庚申</td>
</tr>
<tr>
<td>左陀地天旬天
輔羅劫使空虛
廟廟陷陷陷陷

官府
月煞　73 ~ 82　衰
歲破　疾厄宮　丙辰</td>
<td colspan="2" rowspan="2">出生西曆：1958年3月11日10時0分，星期二.
出生農曆：戊戌年 正月 廿二日 巳時.

乾造 戊　乙　丁　乙 (日空午、未)
　　 戌　卯　亥　巳

1命宮　2兄弟　3夫妻　4子女　5財帛　6疾厄
7遷移　8交友　9官祿　10田宅　11福德　12父母

甲干 廉貞-太陽　乙干 天機-太陰　丙干 天同-廉貞　丁干 太陰-巨門
戊干 貪狼-天機　己干 武曲-文曲
庚干 太陽-天同　辛干 巨門-文昌　壬干 天梁-武曲　癸干 破軍-貪狼</td>
<td>天文天
相曲刑
陷廟廟

將軍
息神　3 ~ 12　胎
病符　命宮　辛酉</td>
</tr>
<tr>
<td>廉破天天咸月
貞軍官福池德
平陷旺平平

1977年　帝旺
伏兵
咸池　63 ~ 72
小耗　遷移宮　乙卯</td>
<td>天天右天華
機梁弼月蓋
利廟廟　平
忌　科
奏書
華蓋　13 ~ 22　養
歲建　父母宮　壬戌</td>
</tr>
<tr>
<td>龍天陰
池傷煞
平平

大耗
指背　63 ~ 62　臨官
官符　交友宮　甲寅</td>
<td>天天三八恩破
魁姚臺座光碎
旺平廟廟廟陷

病符
天煞　43 ~ 52　冠帶
貫索　官祿宮　乙丑</td>
<td>鳳截蜚年
閣空廉解
廟陷　廟

喜神
災煞　33 ~ 42　沐浴
喪門　田宅宮　甲子</td>
<td>紫七天臺天孤劫
微殺喜輔空辰煞
旺平旺　平陷

飛廉
劫煞　23 ~ 32　長生
晦氣　福德宮　癸亥</td>
</tr>
</table>

星情直讀： 1977 年

流年父親宮陀羅、地劫、旬空、天虛星；

流年財帛宮紫微、七殺星；

流年交友宮巨門化忌、太陽、天哭星；

所以判斷：命主 1977 年父親不吉，父親會有嚴重疾病，有喪父之憂。

事實上：命主 1977 年父親去世。

例題 3

<table>
<tr>
<td>天陀天龍天天
相羅刑池巫哭
得陷陷陷　不
臨官
力士
指背　82～91　己
官符　官祿宮　巳</td>
<td>天祿天旬咸大月
梁存傷空池耗德
廟廟陷廟陷旺
科
1993年　冠帶
博士
咸池　72～81　庚
小耗　交友宮　午</td>
<td>廉七擎鈴天
貞殺羊星虛
利廟廟利陷
身宮
沐浴
官府
月煞　62～71　辛
歲破　遷移宮　未</td>
<td>天地天天天天龍
鉞劫喜壽使廚德
廟廟旺旺平
長生
伏兵
亡神　52～61　壬
龍德　疾厄宮　申</td>
</tr>
<tr>
<td>巨三恩天解
門臺光貴神
陷廟廟旺廟
帝旺
青龍
天煞　92～101　戊
貫索　田宅宮　辰</td>
<td colspan="2" rowspan="2">出生西曆：1949年11月19日18時0分，星期六。
出生農曆：己丑年 九月 廿九日 酉時。

坤造 己　乙　癸　辛 (日空寅、卯)
　　 丑　亥　丑　酉

1命宮 2兄弟 3夫妻 4子女 5財帛 6疾厄
7遷移 8交友 9官祿 10田宅 11福德 12父母

甲干 廉貞-太陽 乙干 天機-太陰 丙干 天同-廉貞 丁干 太陰-巨門
戊干 貪狼-天機 己干 武曲-文曲
庚干 太陽-天同 辛干 巨門-文昌 壬干 天梁-武曲 癸干 破軍-貪狼</td>
<td>天鳳天截蜚年
姚閣官空廉解
廟廟平廟　旺
養
大耗
將星　42～51　癸
白虎　財帛宮　酉</td>
</tr>
<tr>
<td>紫貪臺
微狼輔
旺利
權
衰
小耗
災煞　102～111　丁
喪門　福德宮　卯</td>
<td>天八寡陰天
同座宿煞德
平平陷　廟
胎
病符
攀鞍　32～41　甲
天德　子女宮　戌</td>
</tr>
<tr>
<td>天太右地紅天天天天孤劫
機陰弼空鸞才福月空辰煞
得旺旺陷旺廟旺　陷平
病
將軍
劫煞　112～121　丙
晦氣　父母宮　寅</td>
<td>天文文破華
府昌曲碎蓋
廟廟廟陷陷
忌
死
奏書
華蓋　2～11　丁
歲建　命 宮　丑</td>
<td>太左天火
陽輔魁星
陷旺旺陷
墓
飛廉
息神　12～21　丙
病符　兄弟宮　子</td>
<td>武破天封
曲軍馬誥
平平平
祿
絕
喜神
歲驛　22～31　乙
弔客　夫妻宮　亥</td>
</tr>
</table>

星情直讀：1993 年

流年命宮天梁、天傷星，加會太陰；

流年母親宮天相、天刑、陀羅星；

流年遷移宮火星、陷落的太陽；

所以判斷：命主 1993 年不利長輩，注意母親的身體。

事實上：命主 1993 年母親摔傷腿致殘。

例題 4

<table>
<tr>
<td>太文天八天破
陽昌鉞座福碎
旺廟旺廟旺陷

喜神　　　　臨官
指背　115～124　丁
白虎　父母宮　巳</td>
<td>破地紅天天咸天
軍空鸞貴官池德
廟廟旺廟廟陷旺
祿
飛廉　　　　冠帶
咸池　105～114　戊
天德　福德宮　午</td>
<td>天封天寡
機誥月宿
陷　不

奏書　　　　沐浴
月煞　95～104　己
弔客　田宅宮　未</td>
<td>紫天火天
微府星姚
旺得陷陷

將軍　　　　長生
亡神　85～94　庚
病符　官祿宮　申</td>
</tr>
<tr>
<td>武地天龍
曲劫刑德
廟陷平

病符　　　　帝旺
天煞　5～14　丙
龍德　命宮　辰</td>
<td colspan="2" rowspan="2">出生西曆：1933年10月12日10時0分，星期四.
出生農曆：癸酉年 八月 廿三日 巳時.

乾造 癸　壬　辛　癸 (日空寅、卯)
　　 酉　戌　亥　巳

1命宮 2兄弟 3夫妻 4子女 5財帛 6疾厄
7遷移 8交友 9官祿 10田宅 11福德 12父母

甲干 廉貞-太陽 乙干 天機-太陰 丙干 天同-廉貞 丁干 太陰-巨門
戊干 貪狼-天機 己干 武曲-文曲
庚干 太陽-天同 辛干 巨門-文昌 壬干 天梁-武曲 癸干 破軍-貪狼</td>
<td>太文三天天
陰曲臺傷哭
旺廟廟平不
科
1955年
小耗　　　　養
將星　75～84　辛
歲建　交友宮　酉</td>
</tr>
<tr>
<td>天右天鈴天
同弼魁星虛
平陷廟利廟

大耗　　　　衰
災煞　15～24　乙
歲破　兄弟宮　卯</td>
<td>貪旬天
狼空空
廟陷陷
忌
青龍　　　　胎
攀鞍　65～74　壬
晦氣　遷移宮　戌</td>
</tr>
<tr>
<td>七恩解大劫月
殺光神耗煞德
廟平廟陷
身宮
伏兵　　　　病
劫煞　25～34　甲
小耗　夫妻宮　寅</td>
<td>天擎龍鳳天截年華
梁羊池閣才空解蓋
旺廟平平平不得陷

官府　　　　死
華蓋　35～44　乙
官符　子女宮　丑</td>
<td>廉天祿天陰
貞相存喜煞
平廟廟旺

博士　　　　墓
息神　45～54　甲
貫索　財帛宮　子</td>
<td>巨左陀天天天臺天天孤蜚
門輔羅馬壽使輔巫廚辰廉
旺不陷平旺旺　陷
權
力士　　　　絕
歲驛　55～64　癸
喪門　疾厄宮　亥</td>
</tr>
</table>

星情直讀： 1955 年

流年命宮太陰化忌、天傷、天哭星；

流年母親宮天府、火星；

流年遷移宮天同、鈴星、天虛星；

流年田宅宮天相陰煞星，照破軍化權、地空星；

所以判斷：命主 1955 年母親不吉，有喪母之憂。

事實上：命主 1955 年母親去世。

例題 5

<table>
<tr>
<td>紫七天天截孤蜚破
微殺馬福空辰廉碎
旺平平旺廟陷　陷

將軍　　　　臨官
歲驛　85～94　癸
喪門　官祿宮　巳</td>
<td>天天天臺解天旬
鉞喜傷輔神廚空
廟陷　廟　廟

小耗　　　　冠帶
息神　75～84　甲
貫索　交友宮　午</td>
<td>龍鳳年華
池閣解蓋
廟陷得陷

青龍　　　　沐浴
華蓋　65～74　乙
官符　遷移宮　未</td>
<td>陀天恩天大劫月
羅刑光使耗煞德
陷陷平平陷

力士　　　　長生
劫煞　55～64　丙
小耗　疾厄宮　申</td>
</tr>
<tr>
<td>天天文天天天陰
機梁曲才壽空煞
利廟得陷廟廟
科

奏書　1993年　帝旺
攀鞍　95～104　壬
晦氣　田宅宮　辰</td>
<td colspan="2" rowspan="2">出生西曆：1952年1月20日0時40分，星期日.
出生農曆：辛卯年 十二月 廿四日 子時.

乾造 辛　辛　乙　丙 (日空戌、亥)
　　 卯　丑　丑　子

1命宮 2兄弟 3夫妻 4子女 5財帛 6疾厄
7遷移 8交友 9官祿 10田宅 11福德 12父母

甲干 廉貞-太陽　乙干 天機-太陰　丙干 天同-廉貞　丁干 太陰-巨門
戊干 貪狼-天機　己干 武曲-文曲
庚干 太陽-天同　辛干 巨門-文昌　壬干 天梁-武曲　癸干 破軍-貪狼</td>
<td>廉破祿火天天
貞軍存星官虛
平陷廟得平旺

博士　　　　養
災煞　45～54　丁
歲破　財帛宮　酉</td>
</tr>
<tr>
<td>天左天
相輔哭
陷陷廟

飛廉　　　　衰
將星　105～114　辛
歲建　福德宮　卯</td>
<td>文擎鈴龍
昌羊星德
陷廟廟
忌

官府　　　　胎
天煞　35～44　戊
龍德　子女宮　戌</td>
</tr>
<tr>
<td>太巨天三天封天
陽門魁臺貴誥月
旺廟　平平
權祿

喜神　　　　病
亡神　115～124　庚
病符　父母宮　寅</td>
<td>武貪寡
曲狼宿
廟廟平
身宮

病符　　　　死
月煞　5～14　辛
弔客　命　宮　丑</td>
<td>天太紅天八咸天
同陰鸞姚座池德
旺廟廟陷陷陷廟

大耗　　　　墓
咸池　15～24　庚
天德　兄弟宮　子</td>
<td>天右地地天
府弼劫空巫
得平　陷

伏兵　　　　絕
指背　25～34　己
白虎　夫妻宮　亥</td>
</tr>
</table>

星情直讀： 1993 年

流年命宮天梁、天機、天空星；

流年母親宮天相、天哭星；

流年遷移宮擎羊、鈴星、文昌化忌，照天機、天梁、文曲星；

所以判斷： 命主 1993 年不利長輩，應防母親病重病、危等。

事實上： 命主 1993 年母親去世。

例題 6

<table>
<tr>
<td>天左天天天
梁輔馬月虛
得平平　旺
權
1984年　長生
伏兵
歲驛　4～13　辛
歲破　命宮　巳</td>
<td>七三天截龍
殺臺廚空德
旺旺　廟
養
大耗
息神　114～123　壬
龍德　父母宮　午</td>
<td>火天華
星哭蓋
利平陷
胎
病符
華蓋　104～113　癸
白虎　福德宮　未</td>
<td>廉天鈴八天解天旬劫天
貞鉞星座福神巫空煞德
廟廟陷廟廟不　廟　平
絕
喜神
劫煞　94～103　甲
天德　田宅宮　申</td>
</tr>
<tr>
<td>紫天擎紅天天臺大月
微相羊鸞才官輔耗德
得得廟廟陷旺　平
科
沐浴
官府
攀鞍　14～23　庚
小耗　兄弟宮　辰</td>
<td colspan="2" rowspan="2">出生西曆：1935年3月6日20時0分，星期三.
出生農曆：乙亥年 一月 初二日 戌時.

乾造　乙　戊　辛　戊 (日空申、酉)
　　　亥　寅　巳　戌

1命宮　2兄弟　3夫妻　4子女　5財帛　6疾厄
7遷移　8交友　9官祿　10田宅　11福德　12父母

甲干　廉貞-太陽　乙干　天機-太陰　丙干　天同-廉貞　丁干　太陰-巨門
戊干　貪狼-天機　己干　武曲-文曲
庚干　太陽-天同　辛干　巨門-文昌　壬干　天梁-武曲　癸干　破軍-貪狼</td>
<td>右地破
弼劫碎
陷平平
墓
飛廉
災煞　84～93　乙
弔客　官祿宮　酉</td>
</tr>
<tr>
<td>天巨祿龍
機門存池
旺廟廟廟
祿
冠帶
博士
將星　24～33　己
官符　夫妻宮　卯</td>
<td>破天天天寡
軍喜刑傷宿
旺陷廟平陷
死
奏書
天煞　74～83　丙
病符　交友宮　戌</td>
</tr>
<tr>
<td>貪文陀天天孤
狼曲羅姚貴辰
平平陷旺平平
臨官
力士
亡神　34～43　戊
貫索　子女宮　寅</td>
<td>太太地蜚
陽陰空廉
不廟陷
忌
身宮
帝旺
青龍
月煞　44～53　己
喪門　財帛宮　丑</td>
<td>武天文天恩天天封天咸陰
曲府昌魁光壽使誥空池煞
旺廟得旺平平陷　陷陷
衰
小耗
咸池　54～63　戊
晦氣　疾厄宮　子</td>
<td>天鳳年
同閣解
廟旺得
病
將軍
指背　64～73　丁
歲建　遷移宮　亥</td>
</tr>
</table>

星情直讀：1984 年

流年父親宮七殺、截空、天廚星；

流年財帛宮太陰、地空星；

流年交友宮破軍化權、天傷、天刑星；

所以判斷：命主 1984 年不利長輩，有喪父之憂。

事實上：命主 1984 年喪父。

例題 7

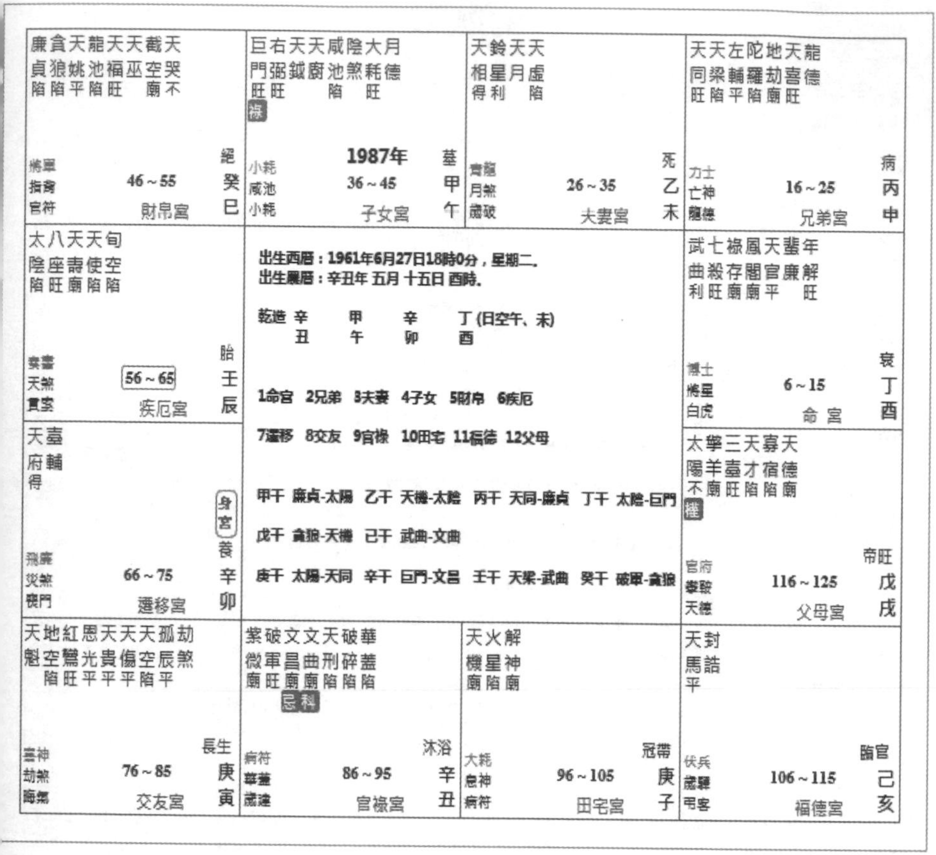

星情直讀： 1987 年

流年父親宮天月、鈴星、天虛星；

流年財帛宮地空、天空、天傷、紅鸞星，照天同天梁星；

流年交友宮封誥星；

所以判斷：命主 1987 年不利父親，會有嚴重疾患，不過有高明的醫生救助。

事實上：命主 1987 年父親做心臟方面大手術。

例題 8

<table>
<tr>
<td>天陀地地天龍天天天
同羅劫空姚池傷巫哭
廟陷不廟平陷平 不
力士 臨官
指背 72 ~ 81 己
官符 交友宮 巳</td>
<td>武天右祿旬咸陰大月
曲府弼存空池煞耗德
旺旺旺廟廟陷 旺
祿
博士 冠帶
咸池 62 ~ 71 庚
小耗 遷移宮 午</td>
<td>太太擎天天天
陽陰羊使月虛
得不廟平 陷
官府 沐浴
月煞 52 ~ 61 辛
歲破 疾厄宮 未</td>
<td>貪左天天恩封天龍
狼輔鉞喜光誥廚德
平平廟旺平
權
伏兵 長生
亡神 42 ~ 51 壬
龍德 財帛宮 申</td>
</tr>
<tr>
<td>破文鈴
軍昌星
旺得陷
青龍 帝旺
天煞 82 ~ 91 戊
貫索 官祿宮 辰</td>
<td colspan="2" rowspan="2">出生西曆：1949年6月14日12時0分，星期二.
出生農曆：己丑年 五月 十八日 午時.
乾造 己 庚 乙 壬 (日空申、酉)
丑 午 亥 午
1命宮 2兄弟 3夫妻 4子女 5財帛 6疾厄
7遷移 8交友 9官祿 10田宅 11福德 12父母
甲干 廉貞-太陽 乙干 天機-太陰 丙干 天同-廉貞 丁干 太陰-巨門
戊干 貪狼-天機 己干 武曲-文曲
庚干 太陽-天同 辛干 巨門-文昌 壬干 天梁-武曲 癸干 破軍-貪狼</td>
<td>天巨火鳳天截蜚年
機門星閣官空廉解
旺廟得廟平廟 旺
大耗 養
將星 32 ~ 41 癸
白虎 子女宮 酉</td>
</tr>
<tr>
<td>小耗 衰
災煞 92 ~ 101 丁
喪門 田宅宮 卯</td>
<td>紫天文寡天
微相曲宿德
得得陷陷廟
忌
病符 胎
攀鞍 22 ~ 31 甲
天德 夫妻宮 戌</td>
</tr>
<tr>
<td>廉紅天天天孤劫
貞鸞貴福空辰煞
廟旺平旺陷平
將軍 病
劫煞 102 ~ 111 丙
晦氣 福德宮 寅</td>
<td>天三八天天破華
刑臺座才壽碎蓋
陷廟廟平廟陷陷
奏書 死
華蓋 112 ~ 121 丁
歲建 父母宮 丑</td>
<td>七天臺解
殺魁輔神
旺旺 廟
身宮
飛廉 1985年 墓
息神 2 ~ 11 丙
病符 命 宮 子</td>
<td>天天
梁馬
陷平
科
喜神 絕
歲驛 12 ~ 21 乙
弔客 兄弟宮 亥</td>
</tr>
</table>

星情直讀：1985 年

流年父親宮天梁化權，照天同、地空星；

流年財帛宮陰煞、旬空星，照七殺星；

流年交友宮無主星，照巨門截空；

所以判斷：命主 1985 年破財，不利父親，嚴重的會喪父。

事實上：命主 1985 年喪父。

例題 9

<table>
<tr>
<td>巨天紅恩大龍
門鉞鸞光耗德
旺旺旺平陷

飛廉 絕
亡神 95～104 乙
龍德 子女宮 巳</td>
<td>廉天左天天
貞相輔才福
平廟旺旺平
科
喜神 胎
將星 105～114 丙
白虎 夫妻宮 午</td>
<td>天地寡天
梁劫宿德
旺平不廟
祿
病符 養
攀鞍 115～124 丁
天德 兄弟宮 未</td>
<td>七右天天
殺弼馬哭
廟不旺廟

大耗 長生
歲驛 5～14 戊
弔客 命宮 申</td>
</tr>
<tr>
<td>貪八天天
狼座月虛
廟旺　陷

奏書 墓
月煞 85～94 甲
歲破 財帛宮 辰</td>
<td colspan="2" rowspan="2">出生西曆：1982年3月29日16時0分，星期一.
出生農曆：壬戌年 三月 初五日 申時.

乾造 壬 癸 辛 丙 (日空寅、卯)
戌 卯 亥 申

1命宮 2兄弟 3夫妻 4子女 5財帛 6疾厄
7遷移 8交友 9官祿 10田宅 11福德 12父母

甲干 廉貞-太陽 乙干 天機-太陰 丙干 天同-廉貞 丁干 太陰-巨門
戊干 貪狼-天機 己干 武曲-文曲
庚干 太陽-天同 辛干 巨門-文昌 壬干 天梁-武曲 癸干 破軍-貪狼</td>
<td>天火天
同星廚
平得

伏兵 1998年 沐浴
息神 15～24 己
病符 父母宮 酉</td>
</tr>
<tr>
<td>太天地天天天截咸月
陰魁空姚貴使空池德
陷廟平廟旺平平平

將軍 死
咸池 75～84 癸
小耗 疾厄宮 卯</td>
<td>武陀三天天封解陰華
曲羅臺壽官誥神煞蓋
廟廟旺廟平　廟　平
忌
官府 冠帶
華蓋 25～34 庚
歲建 福德宮 戌</td>
</tr>
<tr>
<td>紫天文龍臺天
微府昌池輔巫
旺廟陷平
權
小耗 病
指背 65～74 壬
官符 遷移宮 寅</td>
<td>天天破
機傷碎
陷平陷

青龍 衰
天煞 55～64 癸
貫索 交友宮 丑</td>
<td>破文擎鳳旬蜚年
軍曲羊閣空廉解
廟得陷廟陷　廟
身宮
力士 帝旺
災煞 45～54 壬
喪門 官祿宮 子</td>
<td>太祿鈴天天天孤劫
陽存星喜刑空辰煞
陷廟利旺陷平陷

博士 臨官
劫煞 35～44 辛
晦氣 田宅宮 亥</td>
</tr>
</table>

星情直讀：1998 年

流年父親宮武曲化忌、陀羅、封誥、陰煞、天壽星；

流年財帛宮巨門、紅鸞星；

流年交友宮文昌、截空星，照七殺、天哭星；

所以判斷：命主 1998 年不利父親，生命關口。

事實上：命主 1998 年父親去世。

例題 10

<table>
<tr>
<td>紫七鈴八龍天天截天
微殺星座池才福空哭
旺平得廟陷廟旺廟不
臨官
將軍
指背
官符
112～121
父母宮
癸巳</td>
<td>天地天天天天咸大月
鉞劫刑貴廚月池耗德
廟平廟 陷旺
身宮
冠帶
小耗
咸池
小耗
102～111
福德宮
甲午</td>
<td>天天
壽虛
旺陷
沐浴
青龍
月煞
歲破
92～101
田宅宮
乙未</td>
<td>陀天天陰龍
羅喜巫煞德
陷旺
長生
力士
亡神
龍德
82～91
官祿宮
丙申</td>
</tr>
<tr>
<td>天天地解旬
機梁空神空
利廟陷廟陷
帝旺
奏書
天煞
貫索
2～11
命宮
壬辰</td>
<td colspan="2" rowspan="2">出生西曆：1961年11月16日14時0分，星期四。
出生農曆：辛丑年 十月 初九日 未時。

乾造 辛 己 癸 己（日空寅、卯）
丑 亥 丑 未

1命宮 2兄弟 3夫妻 4子女 5財帛 6疾厄
7遷移 8交友 9官祿 10田宅 11福德 12父母

甲干 廉貞-太陽 乙干 天機-太陰 丙干 天同-廉貞 丁干 太陰-巨門
戊干 貪狼-天機 己干 武曲-文曲
庚干 太陽-天同 辛干 巨門-文昌 壬干 天梁-武曲 癸干 破軍-貪狼</td>
<td>廉破祿三風天天封蜚年
貞軍存臺閣官傷誥廉解
平陷廟廟廟平平 旺
養
博士
將星
白虎
72～81
交友宮
丁酉</td>
</tr>
<tr>
<td>天文
相昌
陷利
忌
衰
飛廉
災煞
喪門
12～21
兄弟宮
辛卯</td>
<td>擎火天恩寡天
羊星姚光宿德
廟廟廟廟陷廟
胎
官府
攀鞍
天德
62～71
遷移宮
戊戌</td>
</tr>
<tr>
<td>太巨天紅天孤劫
陽門魁鸞空辰煞
旺廟 旺陷平
權祿
1973年
病
喜神
劫煞
晦氣
22～31
夫妻宮
庚寅</td>
<td>武貪左右臺破華
曲狼輔弼輔碎蓋
廟廟廟廟 陷陷
死
病符
華蓋
歲建
32～41
子女宮
辛丑</td>
<td>天太
同陰
旺廟
墓
大耗
息神
病符
42～51
財帛宮
庚子</td>
<td>天文天天
府曲馬使
得旺平旺
科
絕
伏兵
歲驛
弔客
52～61
疾厄宮
己亥</td>
</tr>
</table>

星情直讀： 1973 年

流年父親宮天相、文昌化忌；

流年財帛宮擎羊、火星，照天梁星；

流年交友宮天虛、天壽星，照貪狼化忌；

所以判斷：命主 1973 年父親有災，有喪父之憂。

事實上：命主 1973 年父親去世。

例題 11

<table>
<tr>
<td>天祿鈴八天天破
同存星座才官碎
廟廟得廟廟旺陷
祿
病
博士
亡神 63～72 癸
病符 遷移宮 巳</td>
<td>武天文擎天解
曲府曲羊使神
旺旺陷陷平廟
死
力士
將星 73～82 甲
歲建 疾厄宮 午</td>
<td>太太天
陽陰空
得不陷
墓
青龍
攀鞍 83～92 乙
晦氣 財帛宮 未</td>
<td>貪文天天臺孤
狼昌馬刑輔辰
平得旺陷　平
科
絕
小耗
歲驛 93～102 丙
喪門 子女宮 申</td>
</tr>
<tr>
<td>破陀鳳天封截寡陰年
軍羅閣傷誥空宿煞解
旺廟陷平　陷陷　廟
衰
官府
月煞 53～62 壬
弔客 交友宮 辰</td>
<td colspan="2" rowspan="2">出生西曆：1967年1月29日4時0分，星期日.
出生農曆：丙午年 十二月 十九日 寅時.

乾造 丙 辛 癸 甲 (日空午、未)
午 丑 巳 寅

1命宮 2兄弟 3夫妻 4子女 5財帛 6疾厄
7遷移 8交友 9官祿 10田宅 11福德 12父母

甲干 廉貞-太陽 乙干 天機-太陰 丙干 天同-廉貞 丁干 太陰-巨門
戊干 貪狼-天機 己干 武曲-文曲
庚干 太陽-天同 辛干 巨門-文昌 壬干 天梁-武曲 癸干 破軍-貪狼</td>
<td>天巨天地紅三天
機門鉞空鸞臺壽
旺廟廟廟旺廟平
權
胎
將軍
息神 103～112 丁
貫索 夫妻宮 酉</td>
</tr>
<tr>
<td>左火天咸天
輔星喜池德
陷利旺平平
身宮
帝旺
伏兵
咸池 43～52 辛
天德 官祿宮 卯</td>
<td>紫天龍華
微相池蓋
得得陷平
養
奏書
華蓋 113～122 戊
官符 兄弟宮 戌</td>
</tr>
<tr>
<td>廉天旬蜚
貞月空廉
廟　陷
忌
臨官
大耗
指背 33～42 庚
白虎 田宅宮 寅</td>
<td>地恩大龍
劫光耗德
陷廟平
冠帶
病符
天煞 23～32 辛
龍德 福德宮 丑</td>
<td>七天天天天天
殺姚福廚哭虛
旺陷平　平陷
1971年 沐浴
喜神
災煞 13～22 庚
歲破 父母宮 子</td>
<td>天右天天天劫月
梁弼魁貴巫煞德
陷平旺平
長生
飛廉
劫煞 3～12 己
小耗 命 宮 亥</td>
</tr>
</table>

星情直讀：1971 年

流年父親宮地劫，合七殺、天哭、天虛、天廚星；

流年財帛宮貪狼、文昌、天刑星；

流年交友宮天同、鈴星、截空、破碎星，加會巨門、天機、地空星；

所以判斷：命主 1971 年不利父親，有喪父之憂。

事實上：命主 1971 年父親去世。

例題 12

<table>
<tr>
<td>天祿天天天天孤劫
同存喜姚巫空辰煞
廟廟廟平　廟陷
博士
劫煞　15～24　絕
晦氣　父母宮　丁巳</td>
<td>武天右文擎鳳天蜚陰年
曲府弼曲羊閣廚廉煞解
旺旺旺陷陷平　廟
科
力士　胎
災煞　25～34　戊
喪門　福德宮　午</td>
<td>太太天天
陽陰鉞月
得不旺
權
青龍　養
天煞　35～44　己
貫索　田宅宮　未</td>
<td>貪左文龍天臺
狼輔昌池才輔
平平得平廟
祿　身宮
小耗　長生
指背　45～54　庚
官符　官祿宮　申</td>
</tr>
<tr>
<td>破陀火三封華
軍羅星臺誥蓋
旺廟陷廟　廟
官府　墓
華蓋　5～14　丙
歲建　命宮　辰</td>
<td colspan="2" rowspan="2">出生西曆：1988年7月4日4時0分，星期一.
出生農曆：戊辰年 五月 廿一日 寅時.
乾造 戊 戊 庚 戊 (日空子、醜)
辰 午 申 寅
1命宮 2兄弟 3夫妻 4子女 5財帛 6疾厄
7遷移 8交友 9官祿 10田宅 11福德 12父母
甲干 廉貞-太陽 乙干 天機-太陰 丙干 天同-廉貞 丁干 太陰-巨門
戊干 貪狼-天機 己干 武曲-文曲
庚干 太陽-天同 辛干 巨門-文昌 壬干 天梁-武曲 癸干 破軍-貪狼</td>
<td>天巨地天咸月
機門空傷池德
旺廟廟平平
忌
將軍　沐浴
咸池　55～64　辛
小耗　交友宮　酉</td>
</tr>
<tr>
<td>恩天天
光官福
廟旺平
伏兵　死
息神　115～124　乙
病符　兄弟宮　卯</td>
<td>紫天八旬天
微相座空虛
得得平陷陷
奏書　2000年　冠帶
月煞　65～74　壬
歲破　遷移宮　戌</td>
</tr>
<tr>
<td>廉天天
貞馬哭
廟旺平
大耗　病
歲驛　105～114　甲
弔客　夫妻宮　寅</td>
<td>天地天天寡破天
魁劫刑貴宿碎德
旺陷陷旺平陷廟
病符　衰
攀鞍　95～104　乙
天德　子女宮　丑</td>
<td>七鈴天解截
殺星壽神空
旺陷平廟陷
喜神　帝旺
將星　85～94　甲
白虎　財帛宮　子</td>
<td>天紅天大龍
梁鸞使耗德
陷廟旺陷
飛廉　臨官
亡神　75～84　癸
龍德　疾厄宮　亥</td>
</tr>
</table>

星情直讀：2000 年

流年父親宮天梁、旬空星；

流年財帛宮天府、陰煞、天廚星，照七殺星；

流年交友宮天同化忌、祿存、天空星，加會天機化忌、巨門、地空星；

所以判斷：命主 2000 年父親有災難。

事實上：命主 2000 年父親去世。

第十二節　車禍或意外　例題

觀察宮：命宮、遷移宮、疾病宮、官祿宮。

觀察星：太陽、太陰、七殺、巨門、破軍、天機、文昌、天魁、紅鸞、金輿、天壽、擎羊、陀羅、火星、天空、地空、旬空、截空、天哭、天傷、地劫、三台、八座、武曲七殺、七殺廉貞、天府地空、天府旬空、紅鸞、天梁太陽化忌。

條件：如上的幾個宮坐有如上的星，或者所坐的吉星陷落，或者有化忌。

判斷：以上宮之中最少有兩個宮，含有凶星惡煞或者化忌，可判斷容易有意外或者車禍。

以下例題，所用到的流年的命宮，標註在大運起止數字之上，為了使圖片簡潔清晰，對於其他的宮位不一一標註，您在心裡逆數就可以了。

例題 1

<table>
<tr>
<td>天孤
鉞辰
旺陷
飛廉 臨官
亡神 16～25 乙
貫索 父母宮 巳</td>
<td>天龍天天解陰
機池才福神煞
廟不旺平廟
喜神 2007年 帝旺
將星 26～35 丙
官符 福德宮 午</td>
<td>紫破地天天月
微軍劫喜刑德
廟旺平陷陷
權
病符 衰
攀鞍 36～45 丁
小耗 田宅宮 未</td>
<td>天天鳳天年
馬貴閣虛解
旺陷不廟利
身宮
大耗 病
歲驛 46～55 戊
歲破 官祿宮 申</td>
</tr>
<tr>
<td>太旬天
陽空哭
旺陷平
奏書 冠帶
月煞 6～15 甲
喪門 命宮 辰</td>
<td colspan="2" rowspan="2">出生西曆：1962年12月18日16時0分，星期二.
出生農曆：壬寅年 十一月 廿二日 申時.

乾造 壬 壬 庚 甲 (日空午、未)
寅 子 寅 申

1命宮 2兄弟 3夫妻 4子女 5財帛 6疾厄
7遷移 8交友 9官祿 10田宅 11福德 12父母

甲干 廉貞-太陽 乙干 天機-太陰 丙干 天同-廉貞 丁干 太陰-巨門
戊干 貪狼-天機 己干 武曲-文曲
庚干 太陽-天同 辛干 巨門-文昌 壬干 天梁-武曲 癸干 破軍-貪狼</td>
<td>天火天天破大龍
府星傷廚碎耗德
旺得平 平不
伏兵 死
息神 56～65 己
龍德 交友宮 酉</td>
</tr>
<tr>
<td>武七天地八截天咸
曲殺魁空座空空池
利旺廟平平平平平
忌
將軍 沐浴
咸池 116～125 癸
晦氣 兄弟宮 卯</td>
<td>太陀恩天天封天蜚華
陰羅光壽官誥月廉蓋
旺廟廟廟平 平
官府 墓
華蓋 66～75 庚
白虎 遷移宮 戌</td>
</tr>
<tr>
<td>天天左文臺大
同梁輔昌輔耗
利廟廟陷
祿科
小耗 長生
指背 106～115 壬
歲建 夫妻宮 寅</td>
<td>天紅寡
相鸞宿
廟陷平
青龍 養
天煞 96～105 癸
病符 子女宮 丑</td>
<td>巨右文擎
門弼曲羊
旺廟得陷
力士 胎
災煞 86～95 壬
弔客 財帛宮 子</td>
<td>廉貪祿鈴天三大劫天
貞狼存星姚臺使煞德
陷陷廟利陷平旺 平
博士 絕
劫煞 76～85 辛
天德 疾厄宮 亥</td>
</tr>
</table>

星情直讀： 2007 年

流年命宮天機星；流年遷移宮巨門化忌、文曲；

流年疾厄宮天相星，照紫微星；

流年官祿宮太陰化祿、陀羅星，照太陽星；

所以判斷：命主 2007 年出行不利，會遇到口舌、是非、耗財，預防車禍。

事實上：命主 2007 年發生車禍，開車撞上一老人，賠了不少的錢，糾纏很長時間。

例題 2

<table>
<tr>
<td>廉貪臺破劫月
貞狼輔碎煞德
陷陷　陷
小耗　絕
劫煞　86～95　辛
小耗　官祿宮　巳</td>
<td>巨天天解天天陰
門福傷神哭虛煞
旺平陷廟陷平
青龍　墓
災煞　76～85　壬
歲破　交友宮　午</td>
<td>天天陀天截大龍
相鉞羅刑空耗德
得旺廟陷廟平
力士　死
天煞　66～75　癸
龍德　遷移宮　未</td>
<td>天天祿天蜚
同梁存使廉
旺陷廟平
忌
2006年
博士　病
指背　56～65　甲
白虎　疾厄宮　申</td>
</tr>
<tr>
<td>太三天龍旬華
陰臺貴池空蓋
陷廟旺廟陷廟
科
將軍　胎
華蓋　96～105　庚
官符　田宅宮　辰</td>
<td colspan="2" rowspan="2">出生西曆：1961年1月1日22時0分，星期日.
出生農曆：庚子年 十一月 十五日 亥時.
坤造 庚　戊　甲　乙 (日空辰、巳)
　　 子　子　午　亥
1命宮　2兄弟　3夫妻　4子女　5財帛　6疾厄
7遷移　8交友　9官祿　10田宅　11福德　12父母
甲干 廉貞-太陽　乙干 天機-太陰　丙干 天同-廉貞　丁干 太陰-巨門
戊干 貪狼-天機　己干 武曲-文曲
庚干 太陽-天同　辛干 巨門-文昌　壬干 天梁-武曲　癸干 破軍-貪狼</td>
<td>武七擎鈴天咸天
曲殺羊星喜池德
利旺陷得廟平不
權
官府　衰
咸池　46～55　乙
天德　財帛宮　酉</td>
</tr>
<tr>
<td>天文紅
府曲鸞
得旺廟
奏書　養
息神　106～115　己
貫索　福德宮　卯</td>
<td>太地八鳳天寡年
陽劫座閣月宿解
不平平廟　陷廟
祿
伏兵　帝旺
月煞　36～45　丙
弔客　子女宮　戌</td>
</tr>
<tr>
<td>左天天天孤
輔馬巫廚辰
廟旺　　平
飛廉　長生
歲驛　116～125　戊
喪門　父母宮　寅</td>
<td>紫破天火天封天
微軍魁星才誥空
廟旺旺得平　平
喜神　沐浴
攀鞍　6～15　己
晦氣　命 宮　丑</td>
<td>天右地恩
機弼空光
廟廟平平
病符　冠帶
將星　16～25　戊
歲建　兄弟宮　子</td>
<td>文天天天
昌姚壽官
利陷旺旺
身宮
大耗　臨官
亡神　26～35　丁
病符　夫妻宮　亥</td>
</tr>
</table>

星情直讀： 2006 年

流年夫妻宮巨門、天傷、截空、陰煞、天哭、天虛星，照天機化權星；

流年交友宮紫微、破軍、火星、天空星；

流年福德宮太陽、地劫、天月、八座星；

所以判斷：命主 2006 年丈夫出外不吉，預防車禍。

事實上：命主 2006 年丈夫在車禍中死亡。

例題 3

廉貪地地天截破 貞狼劫空福空碎 陷陷不廟旺廟陷 身宮 臨官 將軍 指背 2～11 癸 白虎 命 宮 巳	巨天紅天天天咸天 門鉞鸞刑廚月池德 旺 旺平 陷旺 祿 冠帶 小耗 咸池 112～121 甲 天德 父母宮 午	天寡 相宿 得不 沐浴 青龍 月煞 102～111 乙 弔客 福德宮 未	天天陀封天陰 同梁羅誥巫煞 旺陷陷 長生 力士 亡神 92～101 丙 病符 田宅宮 申
太文鈴解龍 陰昌星神德 陷得陷廟 忌 2005年 帝旺 奏書 12～21 壬 天煞 龍德 兄弟宮 辰	出生西曆：1981年10月28日12時0分，星期三。 出生農曆：辛酉年 十月 初一日 午時. 乾造 辛 戊 己 庚 (日空申、酉) 酉 戌 卯 午 1命宮 2兄弟 3夫妻 4子女 5財帛 6疾厄 7遷移 8交友 9官祿 10田宅 11福德 12父母 甲干 廉貞-太陽 乙干 天機-太陰 丙干 天同-廉貞 丁干 太陰-巨門 戊干 貪狼-天機 己干 武曲-文曲 庚干 太陽-天同 辛干 巨門-文昌 壬干 天梁-武曲 癸干 破軍-貪狼		武七祿火天天天 曲殺存星貴官哭 利旺廟得廟平不 養 博士 82～91 丁 將星 歲建 官祿宮 酉
天恩天 府光虛 得廟廟 衰 飛廉 災煞 22～31 辛 歲破 夫妻宮 卯			太文擎天天天 陽曲羊姚傷空 不陷廟廟平陷 權 科 胎 官府 攀鞍 72～81 戊 晦氣 交友宮 戌
天天天大劫月 魁才壽耗煞德 廟旺陷 病 喜神 劫煞 32～41 庚 小耗 子女宮 寅	紫破左右三八龍鳳年華 微軍輔弼臺座池閣解蓋 廟旺廟廟廟廟平平得陷 死 病符 華蓋 42～51 辛 官符 財帛宮 丑	天天天臺旬 機喜使輔空 廟旺陷 陷 墓 大耗 息神 52～61 庚 貫索 疾厄宮 子	天孤蜚 馬辰廉 平陷 絕 伏兵 歲驛 62～71 己 喪門 遷移宮 亥

星情直讀：2005 年

流年命宮太陰化權、文昌化忌、鈴星、截空星；流年遷移宮擎羊、天傷星；流年夫妻宮天魁、天壽星，照天同星；流年交友宮武曲、七殺、天哭、火星；流年福德宮巨門、天刑星，照天機化忌；

所以判斷：命主 2005 年出行不吉，如果是和妻子一起出行的就更加危險。

事實上：命主 2005 年年發生車禍，妻子當場死亡，命主受輕傷沒有生命危險。

例題 4

<table>
<tr>
<td>太天天破
陽刑巫碎
旺陷　陷
祿
身宮
絕
大耗
亡神　25～34　辛
病符　福德宮　巳</td>
<td>破地天
軍劫福
廟廟平
2008年　胎
伏兵
將星　35～44　壬
歲建　田宅宮　午</td>
<td>天天陀截天
機鉞羅空空
陷旺廟廟陷
養
官府
攀鞍　45～54　癸
晦氣　官祿宮　未</td>
<td>紫天祿火天天天孤
微府存星馬貴傷辰
旺得廟陷旺陷平平
長生
博士
歲驛　55～64　甲
喪門　交友宮　申</td>
</tr>
<tr>
<td>武地八風解寡年
曲空座閣神宿解
廟陷旺陷廟陷廟
權
墓
病符
月煞　15～24　庚
弔客　父母宮　辰</td>
<td colspan="2" rowspan="2">出生西曆：1990年10月28日14時0分，星期日.
出生農曆：庚午年 九月 十一日 未時.

乾造 庚　丙　丙　乙 (日空戌、亥)
　　 午　戌　寅　未

1命宮　2兄弟　3夫妻　4子女　5財帛　6疾厄
7遷移　8交友　9官祿　10田宅　11福德　12父母

甲干 廉貞-太陽　乙干 天機-太陰　丙干 天同-廉貞　丁干 太陰-巨門
戊干 貪狼-天機　己干 武曲-文曲
庚干 太陽-天同　辛干 巨門-文昌　壬干 天梁-武曲　癸干 破軍-貪狼</td>
<td>太擎紅天天封
陰羊鸞姚才誥
旺陷旺廟旺
科
沐浴
力士
息神　65～74　乙
貫索　遷移宮　酉</td>
</tr>
<tr>
<td>天文天咸天
同昌喜池德
平利旺平平
忌
死
喜神
咸池　5～14　己
天德　命 宮　卯</td>
<td>貪鈴三龍天旬陰華
狼星臺池使空煞蓋
廟廟旺陷陷陷　平
冠帶
青龍
華蓋　75～84　丙
官符　疾厄宮　戌</td>
</tr>
<tr>
<td>七右天天蜚
殺弼廚月廉
廟旺
病
飛廉
指背　115～124　戊
白虎　兄弟宮　寅</td>
<td>天天臺大龍
梁魁輔耗德
旺旺　平
衰
奏書
天煞　105～114　己
龍德　夫妻宮　丑</td>
<td>廉天左恩天天
貞相輔光哭虛
平廟旺平平陷
帝旺
將軍
災煞　95～104　戊
歲破　子女宮　子</td>
<td>巨文天天劫月
門曲壽官煞德
旺旺旺旺
臨官
小耗
劫煞　85～94　丁
小耗　財帛宮　亥</td>
</tr>
</table>

星情直讀：2008 年

流年命宮破軍、地劫、截空星，加會七殺星；

流年官祿宮貪狼、鈴星；

流年福德宮，紫微、天府、祿存星，被擎羊陀羅夾，照七殺星；

所以判斷：命主 2008 年有驚險、被劫或被盜類型的事件。

事實上：命主 2008 年被綁架，並受輕傷，後被救回。

例題 5

<table>
<tr>
<td>天紅八臺天天大龍
機鸞座輔巫廚耗德
平旺廟　　　陷
大耗
亡神　106~115　絕
龍德　福德宮　己巳</td>
<td>紫
微
廟
病符
將星　96~105　墓
白虎　田宅宮　庚午</td>
<td>天天天寡天
鉞貴官宿德
旺旺廟不廟
喜神
攀鞍　86~95　死
天德　官祿宮　辛未</td>
<td>破天天解截旬天
軍馬傷神空空哭
得旺平不廟廟廟
權
飛廉
歲驛　76~85　病
弔客　交友宮　壬申</td>
</tr>
<tr>
<td>七左天
殺輔虛
廟廟陷
伏兵
月煞　116~125　胎
歲破　父母宮　戊辰</td>
<td colspan="2" rowspan="2">出生西曆：1994年3月11日21時50分，星期五.
出生農曆：甲戌年 正月 三十日 亥時.
坤造 甲 丁 丙 己 (日空辰、巳)
戌 卯 申 亥
1命宮 2兄弟 3夫妻 4子女 5財帛 6疾厄
7遷移 8交友 9官祿 10田宅 11福德 12父母
甲干 廉貞-太陽 乙干 天機-太陰 丙干 天同-廉貞 丁干 太陰-巨門
戊干 貪狼-天機 己干 武曲-文曲
庚干 太陽-天同 辛干 巨門-文昌 壬干 天梁-武曲 癸干 破軍-貪狼</td>
<td>天三天
刑臺福
廟廟廟
2018年
奏書
息神　66~75　衰
病符　遷移宮　癸酉</td>
</tr>
<tr>
<td>太天文擎恩咸月
陽梁曲羊光池德
廟廟旺陷廟平
忌
官府
咸池　6~15　養
小耗　命宮　丁卯</td>
<td>廉天右地天天華
貞府弼劫使月蓋
利廟廟平陷　平
祿
將軍
華蓋　56~65　帝旺
歲建　疾厄宮　甲戌</td>
</tr>
<tr>
<td>武天祿鈴龍陰
曲相存星池煞
得廟廟廟平
科
博士
指背　16~25　長生
官符　兄弟宮　丙寅</td>
<td>天巨天陀天天封破
同門魁羅姚才誥碎
不不旺廟平平　陷
身宮
力士
天煞　26~35　沐浴
貫索　夫妻宮　丁丑</td>
<td>貪火地鳳蜚年
狼星空閣廉解
旺陷平廟　廟
青龍
災煞　36~45　冠帶
喪門　子女宮　丙子</td>
<td>太文天天天孤劫
陰昌喜壽空辰煞
廟利旺旺平陷
小耗
劫煞　46~55　臨官
晦氣　財帛宮　乙亥</td>
</tr>
</table>

星情直讀：2018 年

流年命宮旬空、截空、天刑星；

流年遷移宮太陽化忌、天梁星；

流年疾厄宮七殺星，加會貪狼星，破軍天馬星；

流年官祿宮巨門、陀羅星；

所以判斷：命主 2018 年出行不利，會有車禍類型的事件。

事實上：命主 2018 年發生車禍。

例題 6

<table>
<tr>
<td>天文天天三天天天
相昌鉞馬臺才福虛
得廟旺平平廟旺旺

絕
喜神
歲驛 16 ~ 25 丁
歲破 兄弟宮 巳</td>
<td>天地天天天龍
梁空刑官月德
廟廟平廟

墓
飛廉
息神 6 ~ 15 戊
龍德 命 宮 午</td>
<td>廉七封天華
貞殺誥哭蓋
利廟 平陷

死
奏書
華蓋 116 ~ 125 己
白虎 父母宮 未</td>
<td>恩天陰劫天
光巫煞煞德
平 平

病
將軍
劫煞 106 ~ 115 庚
天德 福德宮 申</td>
</tr>
<tr>
<td>巨地紅解大月
門劫鸞神耗德
陷陷廟廟平
權
身宮
胎
病符
攀鞍 26 ~ 35 丙
小耗 夫妻宮 辰</td>
<td colspan="2" rowspan="2">出生西曆：1983年11月21日10時37分，星期一.
出生農曆：癸亥年 十月 十七日 巳時.

乾造 癸 癸 癸 丁 (日空寅、卯)
亥 亥 丑 巳

1命宮 2兄弟 3夫妻 4子女 5財帛 6疾厄
7遷移 8交友 9官祿 10田宅 11福德 12父母

甲干 廉貞-太陽 乙干 天機-太陰 丙干 天同-廉貞 丁干 太陰-巨門
戊干 貪狼-天機 己干 武曲-文曲
庚干 太陽-天同 辛干 巨門-文昌 壬干 天梁-武曲 癸干 破軍-貪狼</td>
<td>文八破
曲座碎
廟廟平

衰
小耗
災煞 96 ~ 105 辛
弔客 田宅宮 酉</td>
</tr>
<tr>
<td>紫貪天鈴龍天
微狼魁星池壽
旺利廟利廟陷
忌

養
大耗
將星 36 ~ 45 乙
官符 子女宮 卯</td>
<td>天天天寡
同喜姚宿
平陷廟陷

帝旺
青龍
天煞 86 ~ 95 壬
病符 官祿宮 戌</td>
</tr>
<tr>
<td>天太火孤
機陰星辰
得旺廟平
科

長生
伏兵
亡神 46 ~ 55 甲
貫索 財帛宮 寅</td>
<td>天左右擎天截蜚
府輔弼羊使空廉
廟廟廟廟陷不

沐浴
官府
月煞 56 ~ 65 乙
喪門 疾厄宮 丑</td>
<td>太祿天旬天咸
陽存貴空空池
陷廟廟陷陷陷

2007年 冠帶
博士
咸池 66 ~ 75 甲
晦氣 遷移宮 子</td>
<td>武破陀鳳天臺天年
曲軍羅閣傷輔廚解
平平陷旺旺 得
祿

臨官
力士
指背 76 ~ 85 癸
歲建 交友宮 亥</td>
</tr>
</table>

星情直讀：2007 年

流年命宮太陽、截空、旬空、天空星；

流年遷移宮天梁、地空、天刑、天月星；

流年疾厄宮七殺、天哭、封誥星，照天府、左輔、右弼、擎羊星；

流年官祿宮巨門、地劫、紅鸞星；

所以判斷：命主 2007 年，諸事不宜，出行有災，會對身體有嚴重傷害。

事實上：命主 2007 年死於車禍。

例題 7

<table>
<tr>
<td>天天天劫天
同傷廚煞德
廟平　　旺

小耗　　　　　　絕
劫煞　52～61　己
天德　交友宮　巳</td>
<td>武天左文火封旬
曲府輔昌星誥空
旺旺旺陷廟　廟
科
將軍　　　　　　胎
災煞　62～71　庚
弔客　遷移宮　午</td>
<td>太太天地紅天天寡
陽陰鉞空鸞官使宿
得不旺平陷廟平不
忌
奏書　　　　　　養
天煞　72～81　辛
病符　疾厄宮　未</td>
<td>貪右文天截
狼弼曲才空
平不得廟廟
身宮
飛廉　　　　　　長生
指背　82～91　壬
歲建　財帛宮　申</td>
</tr>
<tr>
<td>破天天蜚華
軍壽月廉蓋
旺廟　　廟
權
青龍　　　　　　墓
華蓋　42～51　戊
白虎　官祿宮　辰</td>
<td colspan="2" rowspan="2">出生西曆：2004年5月6日8時0分，星期四.
出生農曆：甲申年 三月 十八日 辰時.

乾造 甲　己　乙　庚 (日空午、未)
　　 申　巳　酉　辰

1命宮　2兄弟　3夫妻　4子女　5財帛　6疾厄
7遷移　8交友　9官祿　10田宅　11福德　12父母

甲干 廉貞-太陽　乙干 天機-太陰　丙干 天同-廉貞　丁干 太陰-巨門
戊干 貪狼-天機　己干 武曲-文曲
庚干 太陽-天同　辛干 巨門-文昌　壬干 天梁-武曲　癸干 破軍-貪狼</td>
<td>天巨天天咸破
機門福空池碎
旺廟廟旺平平

喜神　　　　　　沐浴
咸池　92～101　癸
晦氣　子女宮　酉</td>
</tr>
<tr>
<td>擎地天八大龍
羊劫姚座耗德
陷平廟平不

力士　　　　　　死
息神　32～41　丁
龍德　田宅宮　卯</td>
<td>紫天恩臺解天陰
微相光輔神哭煞
得得廟　廟平

病符　　　　　　冠帶
月煞　102～111　甲
喪門　夫妻宮　戌</td>
</tr>
<tr>
<td>廉祿鈴天凰天天年
貞存星馬閣巫虛解
廟廟廟旺廟　旺廟
祿
博士　　　　　　病
歲驛　22～31　丙
歲破　福德宮　寅</td>
<td>天陀天月
魁羅喜德
旺廟陷

官府　　　　　　衰
攀鞍　12～21　丁
小耗　父母宮　丑</td>
<td>七天龍
殺貴池
旺廟旺

伏兵　　　　　　帝旺
將星　2～11　丙
官符　命宮　子</td>
<td>天天三孤
梁刑臺辰
陷陷平陷

大耗　2006年　臨官
亡神　112～121　乙
貫索　兄弟宮　亥</td>
</tr>
</table>

星情直讀： 2006 年

流年命宮天梁、天刑星；

流年遷移宮天同、天傷星，合貪狼、截空星；

流年疾厄宮武曲、天府、火星、旬空星，加會廉貞化忌、鈴星、天馬星；流年官祿宮擎羊、地劫星，照巨門、天機、天空、截空星；

流年父母宮七殺星；

所以判斷： 命主 2006 年有涉及法律或者傷害的事情，預防車禍。

事實上： 命主 2006 年發生車禍，命主母親當場死亡，命主也受重傷成為殘疾。

例題 8

<table>
<tr>
<td>武破天劫天
曲軍廚煞德
平平　　旺
科權
病
小耗
劫煞　13 ~ 22　己
天德　父母宮　巳</td>
<td>太文火封旬
陽昌星誥空
旺陷廟　廟
忌
死
將軍
災煞　23 ~ 32　庚
弔客　福德宮　午</td>
<td>天天地紅天天寡
府鉞空鸞姚官宿
廟旺平陷旺廟不
墓
奏書
天煞　33 ~ 42　辛
病符　田宅宮　未</td>
<td>天太文恩天截
機陰曲光壽空
得利得平旺廟
絕
飛廉
指背　43 ~ 52　壬
歲建　官祿宮　申</td>
</tr>
<tr>
<td>天右蜚華
同弼廉蓋
平廟　廟
衰
青龍
華蓋　3 ~ 12　戊
白虎　命 宮　辰</td>
<td colspan="2" rowspan="2">出生西曆：1944年9月3日8時0分，星期日.
出生農曆：甲申年 七月 十六日 辰時.

乾造 甲　壬　庚　庚 (日空戌、亥)
　　 申　申　午　辰

1命宮 2兄弟 3夫妻 4子女 5財帛 6疾厄
7遷移 8交友 9官祿 10田宅 11福德 12父母

甲干 廉貞-太陽 乙干 天機-太陰 丙干 天同-廉貞 丁干 太陰-巨門
戊干 貪狼-天機 己干 武曲-文曲
庚干 太陽-天同 辛干 巨門-文昌 壬干 天梁-武曲 癸干 破軍-貪狼</td>
<td>紫貪天天天咸破
微狼福傷空池碎
旺利廟平旺平平
胎
喜神
咸池　53 ~ 62　癸
晦氣　交友宮　酉</td>
</tr>
<tr>
<td>擎地天大龍
羊劫刑耗德
陷平廟不
2004年　帝旺
力士
息神　113 ~ 122　丁
龍德　兄弟宮　卯</td>
<td>巨左天臺天
門輔貴輔哭
陷廟旺　平
養
病符
月煞　63 ~ 72　甲
喪門　遷移宮　戌</td>
</tr>
<tr>
<td>祿鈴天鳳解天天陰年
存星馬閣神巫虛煞解
廟廟旺廟廟　旺　廟
臨官
博士
歲驛　103 ~ 112　丙
歲破　夫妻宮　寅</td>
<td>廉七天陀天三八月
貞殺魁羅喜臺座德
利廟旺廟陷廟廟
祿
冠帶
官府
攀鞍　93 ~ 102　丁
小耗　子女宮　丑</td>
<td>天龍天
梁池才
廟旺旺
身宮
沐浴
伏兵
將星　83 ~ 92　丙
官符　財帛宮　子</td>
<td>天天天孤
相使月辰
得旺　陷
長生
大耗
亡神　73 ~ 82　乙
貫索　疾厄宮　亥</td>
</tr>
</table>

星情直讀：2004 年

流年命宮擎羊、地劫、天刑星；

流年遷移宮紫微、天空、截空星；

流年疾厄宮巨門、天哭、左輔星；

所以判斷：命主 2004 年出行有災難，防備嚴重車禍。

事實上：命主 2004 年車禍死亡。

例題 9

<table>
<tr>
<td>天祿紅大龍
機存鸞耗德
平廟旺陷
忌
1994年
身宮
博士 62～71 絕
亡神 丁
龍德 遷移宮 巳</td>
<td>紫擎八天天
微羊座使廚
廟陷旺平
力士 胎
將星 72～81 戊
白虎 疾厄宮 午</td>
<td>天天寡天
鉞姚宿德
旺旺不廟
青龍 養
攀鞍 82～91 己
天德 財帛宮 未</td>
<td>破地天三天
軍劫馬臺哭
得廟旺旺廟
小耗 長生
歲驛 92～101 庚
弔客 子女宮 申</td>
</tr>
<tr>
<td>七右陀天旬天
殺弼羅傷空虛
廟廟廟平陷陷
科
官府 墓
月煞 52～61 丙
歲破 交友宮 辰</td>
<td colspan="2" rowspan="2">出生西曆：1958年8月25日18時0分，星期一.
出生農曆：戊戌年 七月 十一日 酉時.

乾造 戊 庚 甲 癸 (日空申、酉)
戌 申 戌 酉

1命宮 2兄弟 3夫妻 4子女 5財帛 6疾厄
7遷移 8交友 9官祿 10田宅 11福德 12父母

甲干 廉貞-太陽 乙干 天機-太陰 丙干 天同-廉貞 丁干 太陰-巨門
戊干 貪狼-天機 己干 武曲-文曲
庚干 太陽-天同 辛干 巨門-文昌 壬干 天梁-武曲 癸干 破軍-貪狼</td>
<td>天
才
旺
將軍 沐浴
息神 102～111 辛
病符 夫妻宮 酉</td>
</tr>
<tr>
<td>太天天天天天蟗咸月
陽梁刑壽官福輔池德
廟廟廟陷旺平 平
伏兵 死
咸池 42～51 乙
小耗 官祿宮 卯</td>
<td>廉天左火恩天華
貞府輔星光貴蓋
利廟廟廟廟旺平
奏書 冠帶
華蓋 112～121 壬
歲建 兄弟宮 戌</td>
</tr>
<tr>
<td>武天地龍解天陰
曲相空池神巫煞
得廟陷平廟
大耗 病
指背 32～41 甲
官符 田宅宮 寅</td>
<td>天巨文文天破
同門昌曲魁碎
不不廟廟旺陷
病符 衰
天煞 22～31 乙
貫索 福德宮 丑</td>
<td>貪鈴風截蜚年
狼星閣空廉解
旺陷廟陷 廟
祿
喜神 帝旺
災煞 12～21 甲
喪門 父母宮 子</td>
<td>太天封天天孤劫
陰喜誥月空辰煞
廟旺 平陷
權
飛廉 臨官
劫煞 2～11 癸
晦氣 命 宮 亥</td>
</tr>
</table>

星情直讀：1994 年

流年命宮天機、紅鸞、天空星；

流年遷移宮太陰、封誥、天鉞、天空星；

流年疾厄宮貪狼、鈴星、截空星，逢殺破狼；

流年官祿宮太陽化忌、天梁、天刑星；

所以判斷：命主 1994 年乘車開車等注意安全，預防車禍。

事實上：命主 1994 年車禍喪生。

第十三節 牢獄之災 例題

觀察宮：命宮或者官祿宮、田宅宮、福德宮、財帛宮。

觀察星：巨門、廉貞、七殺、官府、陀羅、擎羊、火星、天刑、鈴星、白虎、地劫、陰煞、封誥、蜚廉、飛廉、文曲、天傷、旬空、指背、貫鎖。

紫微擎羊（廟旺）、紫微化權火星、紫微天傷、紫微破軍化權。

天相廉貞（陷落）、天相地劫、天相天空、天相鈴星（廟旺）。

武曲化權、武曲七殺、天鉞天傷武曲（廟旺）、武曲擎羊（廟旺）。

貪狼天刑、貪狼化忌。

巨門火星、巨門文曲（陷落）。

破軍化權紫微，破軍天刑、破軍七殺、破軍鈴星。

廉貞七殺、廉貞天刑、天府廉貞（較弱）、廉貞地劫、廉貞陀羅。

天府地劫、天府廉貞（較弱）、天府陀羅、天府天傷、天府天刑、天府封誥。

七殺陰煞、殺破狼、七殺右弼化科、七殺陀羅（廟旺）、七殺文曲化忌、七殺鈴星、七殺擎羊、七殺火星。

天同截空（廟旺）、天同天梁（陷落）、天同地劫。

天梁太陽（較弱）、天梁地空、天梁天刑、天梁火星、天同天梁（陷落）。

太陽化忌或者陷落、太陽（較弱）天梁。

天刑鳳閣、天刑破軍。

文昌化忌。

地劫天魁。

條件：以上的星坐於以上的宮或者會照；凶星聚集；宮被凶煞星夾住；主星陷落或者化忌。

判斷：以上宮之中最少有兩個宮，含有凶星惡煞或者化忌，可判斷容易有牢獄之災或者官司。

以下例題，所用到的流年的命宮，標註在大運起止數字之上，為了使圖片簡潔清晰，對於其他的宮位不一一標註，您在心裡逆數就可以了。

例題 1

<table>
<tr>
<td>天文陀天天天天
梁昌羅馬姚巫廚
得廟陷平平
病
官府 歲驛 弔客
43～52
官祿宮
乙巳</td>
<td>七右祿地天天陰
殺弼存空壽傷煞
旺旺廟廟平陷
死
博士 息神 病符
53～62
交友宮
丙午</td>
<td>擎封天華
羊誥月蓋
廟　陷
墓
力士 華蓋 歲建
63～72
遷移宮
丁未</td>
<td>廉左紅天天天孤劫
貞輔鸞才使空辰煞
廟平廟廟平旺平
絕
青龍 劫煞 晦氣
73～82
疾厄宮
戊申</td>
</tr>
<tr>
<td>紫天地三天寡天
微相劫臺貴宿德
得得陷廟旺陷廟
衰
伏兵 攀鞍 天德
33～42
田宅宮
甲辰</td>
<td colspan="2" rowspan="2">出生西曆：1967年6月16日10時50分，星期五.
出生農曆：丁未年 五月 初九日 巳時.

坤造 丁 丙 辛 癸 (日空寅、卯)
　　 未 午 亥 巳

1命宮 2兄弟 3夫妻 4子女 5財帛 6疾厄
7遷移 8交友 9官祿 10田宅 11福德 12父母

甲干 廉貞-太陽 乙干 天機-太陰 丙干 天同-廉貞 丁干 太陰-巨門
戊干 貪狼-天機 己干 武曲-文曲
庚干 太陽-天同 辛干 巨門-文昌 壬干 天梁-武曲 癸干 破軍-貪狼</td>
<td>文天
曲鉞
廟廟
2006年
胎
小耗 災煞 喪門
83～92
財帛宮
己酉</td>
</tr>
<tr>
<td>天巨鈴鳳蜚年
機門星閣廉解
旺廟利旺　廟
科忌
帝旺
大耗 將星 白虎
23～32
福德宮
癸卯</td>
<td>破八
軍座
旺平
養
將軍 天煞 貫索
93～102
子女宮
庚戌</td>
</tr>
<tr>
<td>貪火天天截旬龍
狼星喜官空空德
平廟廟平陷陷
臨官
病符 亡神 龍德
13～22
父母宮
壬寅</td>
<td>太太天天破
陽陰刑虛碎
不廟陷廟陷
祿
冠帶
喜神 月煞 歲破
3～12
命 宮
癸丑</td>
<td>武天恩解咸大月
曲府光神池耗德
旺廟平廟陷旺
沐浴
飛廉 咸池 小耗
113～122
兄弟宮
壬子</td>
<td>天天龍天臺天
同魁池福輔哭
廟旺旺廟　平
權
身宮
長生
奏書 指背 官符
103～112
夫妻宮
辛亥</td>
</tr>
</table>

星情直讀：2006 年

流年命宮文曲星，照巨門化忌、蜚廉星；

流年官祿宮太陽、天刑星，照擎羊星；

流年遷移宮巨門化忌、鈴星、蜚廉星；

流年福德宮天同、龍池星，巨門化忌飛入；

所以判斷：命主 2006 年有官司是非。

事實上：命主 2006 年因涉黃被捕，一個月後出獄。

例題 2

<table>
<tr>
<td>太祿火天封天孤劫
陽存星喜誥空辰煞
旺廟得廟　廟陷

病
博士
劫煞　43 ~ 52　丁
晦氣　財帛宮　巳</td>
<td>破擎鳳解天蜚陰年
軍羊閣神廚廉煞解
廟陷平廟　　廟

衰
官府
災煞　33 ~ 42　戊
喪門　子女宮　午</td>
<td>天文文天天天
機昌曲鉞刑壽
陷利旺旺陷旺
忌

帝旺
伏兵
天煞　23 ~ 32　己
貫索　夫妻宮　未</td>
<td>紫天地龍
微府空池
旺得廟平

臨官
大耗
指背　13 ~ 22　庚
官符　兄弟宮　申</td>
</tr>
<tr>
<td>武陀八天華
曲羅座使蓋
廟廟旺陷廟

死
力士
華蓋　53 ~ 62　丙
歲建　疾厄宮　辰</td>
<td colspan="2" rowspan="2">出生西曆：1988年12月29日6時18分，星期四.
出生農曆：戊辰年 十一月 廿一日 卯時.

坤造 戊　甲　戊　乙 (日空子、醜)
　　 辰　子　午　卯

1命宮　2兄弟　3夫妻　4子女　5財帛　6疾厄
7遷移　8交友　9官祿　10田宅　11福德　12父母

甲干 廉貞-太陽　乙干 天機-太陰　丙干 天同-廉貞　丁干 太陰-巨門
戊干 貪狼-天機　己干 武曲-文曲
庚干 太陽-天同　辛干 巨門-文昌　壬干 天梁-武曲　癸干 破軍-貪狼</td>
<td>太臺咸月
陰輔池德
旺　平
權

2014年　冠帶
病符
咸池　3 ~ 12　辛
小耗　命 宮　酉</td>
</tr>
<tr>
<td>天天天
同官福
平旺平

身宮
墓
青龍
息神　63 ~ 72　乙
病符　遷移宮　卯</td>
<td>貪三天旬天
狼臺月空虛
廟旺　陷陷
祿

沐浴
喜神
月煞　113 ~ 122　壬
歲破　父母宮　戌</td>
</tr>
<tr>
<td>七左地天恩天天天天
殺輔劫馬光貴傷巫哭
廟廟平旺平平平　平

絕
小耗
歲驛　73 ~ 82　甲
弔客　交友宮　寅</td>
<td>天天鈴天寡破天
梁魁星才宿碎德
旺旺得平平陷廟

胎
將軍
攀鞍　83 ~ 92　乙
天德　官祿宮　丑</td>
<td>廉天右截
貞相弼空
平廟廟陷
科

養
奏書
將星　93 ~ 102　甲
白虎　田宅宮　子</td>
<td>巨紅天大龍
門鸞姚耗德
旺廟陷陷

長生
飛廉
亡神　103 ~ 112　癸
龍德　福德宮　亥</td>
</tr>
</table>

星情直讀：2014 年

流年官祿宮天梁、鈴星、破碎星，照破軍星（破軍合文曲星）；

流年福德宮巨門星，合七殺星；

流年田宅宮廉貞化忌、天相星；

所以判斷：命主 2014 年不吉，會遭遇工作被炒、是非、官非等。

事實上：命主 2014 年職務犯罪，判刑六年。

例題 3

<table>
<tr>
<td>太陀天天
陽羅馬虛
旺陷平旺
臨官
力士
歲驛 82 ~ 91 己
歲破 官祿宮 巳</td>
<td>破祿天臺解龍
軍存傷輔神德
廟廟陷　廟
冠帶
博士
息神 72 ~ 81 庚
龍德 交友宮 午</td>
<td>天擎天華
機羊哭蓋
陷廟平陷
沐浴
官府
華蓋 62 ~ 71 辛
白虎 遷移宮 未</td>
<td>紫天天天天天劫天
微府鉞刑使廚煞德
旺得廟陷平　　平
長生
伏兵
劫煞 52 ~ 61 壬
天德 疾厄宮 申</td>
</tr>
<tr>
<td>武文紅三天旬陰大月
曲曲鸞臺貴空煞耗德
廟得廟廟旺陷　平
祿忌
帝旺
青龍
攀鞍 92 ~ 101 戊
小耗 田宅宮 辰</td>
<td colspan="2" rowspan="2">出生西曆：1960年1月12日0時0分，星期二.
出生農曆：己亥年 十二月 十四日 子時.

乾造 己 丁 己 甲 (日空辰、巳)
　　 亥 丑 亥 子

1命宮 2兄弟 3夫妻 4子女 5財帛 6疾厄
7遷移 8交友 9官祿 10田宅 11福德 12父母

甲干 廉貞-太陽 乙干 天機-太陰 丙干 天同-廉貞 丁干 太陰-巨門
戊干 貪狼-天機 己干 武曲-文曲
庚干 太陽-天同 辛干 巨門-文昌 壬干 天梁-武曲 癸干 破軍-貪狼</td>
<td>太火天截破
陰星官空碎
旺得平廟平
養
大耗
災煞 42 ~ 51 癸
弔客 財帛宮 酉</td>
</tr>
<tr>
<td>天左龍
同輔池
平陷廟
衰
小耗
將星 102 ~ 111 丁
官符 福德宮 卯</td>
<td>貪文鈴天八恩寡
狼昌星喜座光宿
廟陷廟陷平廟陷
權
胎
病符
天煞 32 ~ 41 甲
病符 子女宮 戌</td>
</tr>
<tr>
<td>七天封天孤
殺福誥月辰
廟旺　　平
1974年 病
將軍
亡神 112 ~ 121 丙
貫室 父母宮 寅</td>
<td>天蜚
梁廉
旺
科
身宮
死
奏書
月煞 2 ~ 11 丁
喪門 命 宮 丑</td>
<td>廉天天天天天天咸
貞相魁姚才壽空池
平廟旺陷旺平陷陷
墓
飛廉
咸池 12 ~ 21 丙
晦氣 兄弟宮 子</td>
<td>巨右地地鳳天年
門弼劫空閣巫解
旺平　陷旺　得
絕
喜神
指背 22 ~ 31 乙
歲建 夫妻宮 亥</td>
</tr>
</table>

星情直讀： 1974 年

流年命宮七殺星，被巨門化忌合；

流年官祿宮破軍、天傷星；

流年福德宮武曲星，照貪狼、鈴星，加會廉貞、天相星；

流年田宅宮太陽、天虛、旬空星，照巨門化忌；

所以判斷：命主 1974 年容易遇到口舌、打架、違法等事情。

事實上：命主 1974 年因打架進入少管所兩年多。

例題 4

<table>
<tr>
<td>太左紅天大龍
陽輔鸞月耗德
旺平旺　陷
祿
大耗　　長生
亡神　4～13　辛
龍德　命宮　巳</td>
<td>破八天
軍座福
廟旺平
伏兵　　沐浴
將星　14～23　壬
白虎　父母宮　午</td>
<td>天天陀截寡天
機鉞羅空宿德
陷旺廟廟不廟
官府　　冠帶
攀鞍　24～33　癸
天德　福德宮　未</td>
<td>紫天祿天三解天天
微府存馬臺神巫哭
旺得廟旺旺不　廟
博士　1987年　臨官
歲驛　34～43　甲
弔客　田宅宮　申</td>
</tr>
<tr>
<td>武天臺天
曲貴輔虛
廟旺　陷
權
病符　　養
月煞　114～123　庚
歲破　兄弟宮　辰</td>
<td colspan="2" rowspan="2">出生西曆：1970年4月4日20時0分，星期六。
出生農曆：庚戌年 二月 廿八日 戌時.

乾造 庚 己 甲 甲 (日空子、醜)
　　 戌 卯 寅 戌

1命宮 2兄弟 3夫妻 4子女 5財帛 6疾厄
7遷移 8交友 9官祿 10田宅 11福德 12父母

甲干 廉貞-太陽 乙干 天機-太陰 丙干 天同-廉貞 丁干 太陰-巨門
戊干 貪狼-天機 己干 武曲-文曲
庚干 太陽-天同 辛干 巨門-文昌 壬干 天梁-武曲 癸干 破軍-貪狼</td>
<td>太右擎地
陰弼羊劫
旺陷陷平
科
力士　　帝旺
息神　44～53　乙
病符　官祿宮　酉</td>
</tr>
<tr>
<td>天天咸月
同才池德
平旺平
忌
喜神　　胎
咸池　104～113　己
小耗　夫妻宮　卯</td>
<td>貪天天華
狼刑傷蓋
廟廟平平
青龍　　衰
華蓋　54～63　丙
歲建　交友宮　戌</td>
</tr>
<tr>
<td>七文天恩龍天旬
殺曲姚光池廚空
廟平旺平平　陷
飛廉　　絕
指背　94～103　戊
官符　子女宮　寅</td>
<td>天天鈴地破
梁魁星空碎
旺旺得陷陷
身宮
奏書　　墓
天煞　84～93　己
貫索　財帛宮　丑</td>
<td>廉天文鳳天對蜚陰年
貞相昌閣使誥廉煞解
平廟得廟陷　　　廟
將星　　死
災煞　74～83　戊
喪門　疾厄宮　子</td>
<td>巨火天天天天孤劫
門星喜壽官空辰煞
旺利旺旺旺平陷
小耗　　病
劫煞　64～73　丁
晦氣　遷移宮　亥</td>
</tr>
</table>

星情直讀： 1987 年

流年官祿宮廉貞、天相、陰煞、蜚廉星，照破軍、截空，加會武曲化權；

流年福德宮貪狼天刑，照武曲化權；

流年田宅宮巨門、火星、天空星；

所以判斷：命主 1987 年有官非、牢獄之苦。

事實上：命主 1987 年，因打架坐牢一年。

例題 5

<table>
<tr>
<td>天陀天天三天天
機羅馬姚臺巫虛
平陷平平平　旺

長生
力士
歲驛　44～53　己
歲破　財帛宮　巳</td>
<td>紫右祿火陰龍
微弼存星煞德
廟旺廟廟

養
博士
息神　34～43　庚
龍德　子女宮　午</td>
<td>擎鈴天天華
羊星月哭蓋
廟利　平陷

2006年　胎
官府
華蓋　24～33　辛
白虎　夫妻宮　未</td>
<td>破左天地天天劫天
軍輔鉞劫才廚煞德
得平廟廟廟　　平

絕
伏兵
劫煞　14～23　壬
天德　兄弟宮　申</td>
</tr>
<tr>
<td>七紅天旬大月
殺鸞使空耗德
廟廟陷陷平

沐浴
青龍
攀鞍　54～63　戊
小耗　疾厄宮　辰</td>
<td colspan="2" rowspan="2">出生西曆：1959年6月15日17時26分，星期一.
出生農曆：己亥年 五月 初十日 酉時.

乾造 己　庚　戊　辛 (日空戌、亥)
　　 亥　午　辰　酉

1命宮 2兄弟 3夫妻 4子女 5財帛 6疾厄
7遷移 8交友 9官祿 10田宅 11福德 12父母

甲干 廉貞-太陽 乙干 天機-太陰 丙干 天同-廉貞 丁干 太陰-巨門
戊干 貪狼-天機 己干 武曲-文曲
庚干 太陽-天同 辛干 巨門-文昌 壬干 天梁-武曲 癸干 破軍-貪狼</td>
<td>八恩天天截破
座光貴官空碎
廟陷廟平廟平

墓
大耗
災煞　4～13　癸
弔客　命 宮　酉</td>
</tr>
<tr>
<td>太天龍臺
陽梁池輔
廟廟廟
科
身宮
冠帶
小耗
將星　64～73　丁
官符　遷移宮　卯</td>
<td>廉天天寡
貞府喜宿
利廟陷陷

死
病符
天煞　114～123　甲
病符　父母宮　戌</td>
</tr>
<tr>
<td>武天地天天天孤
曲相空壽福傷辰
得廟陷旺旺平平
祿
臨官
將軍
亡神　74～83　丙
貫索　交友宮　寅</td>
<td>天巨文文天蜚
同門昌曲刑廉
不不廟廟陷
忌
帝旺
奏書
月煞　84～93　丁
喪門　官祿宮　丑</td>
<td>貪天解天咸
狼魁神空池
旺旺廟陷陷
權
衰
飛廉
咸池　94～103　丙
晦氣　田宅宮　子</td>
<td>太鳳封年
陰閣誥解
廟旺　得

病
喜神
指背　104～113　乙
歲建　福德宮　亥</td>
</tr>
</table>

星情直讀：

2006 年

流年命宮擎羊、鈴星、天哭星，合紫薇、火星；

流年官祿宮太陰、封誥星；

流年田宅宮天府、廉貞化忌，照七殺星；

所以判斷，命主 2006 年容易有傷害、官非、牢獄之災等。

事實上，命主2006年因經濟問題被判刑6年，後來保外就醫獲得自由。

例題 6

<table>
<tr>
<td>天天三天天臺截天
同馬臺福使輔空虛
廟平平旺平　廟旺
將軍　　病
歲驛　53～62　癸
歲破　疾厄宮　巳</td>
<td>武天天天龍
曲府鉞廚德
旺旺
小耗　　衰
息神　43～52　甲
龍德　財帛宮　午</td>
<td>太太天天天華
陽陰壽月哭蓋
得不旺　平陷
權
青龍　　帝旺
華蓋　33～42　乙
白虎　子女宮　未</td>
<td>貪陀火天天劫天
狼羅星姚貴煞德
平陷陷陷陷　平
身宮
力士　　臨官
劫煞　23～32　丙
天德　夫妻宮　申</td>
</tr>
<tr>
<td>破紅天恩大月
軍鸞刑光耗德
旺廟平廟平
奏書　　死
攀鞍　63～72　壬
小耗　遷移宮　辰</td>
<td colspan="2" rowspan="2">出生西曆：1971年10月7日22時0分，星期四。
出生農曆：辛亥年 八月 十九日 亥時。

乾造 辛 丁 乙 丁(日空戌、亥)
亥 酉 丑 亥

1命宮 2兄弟 3夫妻 4子女 5財帛 6疾厄
7遷移 8交友 9官祿 10田宅 11福德 12父母

甲干 廉貞-太陽 乙干 天機-太陰 丙干 天同-廉貞 丁干 太陰-巨門
戊干 貪狼-天機 己干 武曲-文曲
庚干 太陽-天同 辛干 巨門-文昌 壬干 天梁-武曲 癸干 破軍-貪狼</td>
<td>天巨祿鈴八天天破
機門存星座才官碎
旺廟廟得廟旺平平
祿
博士　　冠帶
災煞　13～22　丁
弔客　兄弟宮　酉</td>
</tr>
<tr>
<td>右文龍天
弼曲池傷
陷旺廟陷
科
飛廉　　墓
將星　73～82　辛
官符　交友宮　卯</td>
<td>紫天擎地天寡
微相羊劫喜宿
得得廟平陷陷
官府　　沐浴
天煞　3～12　戊
病符　命宮　戌</td>
</tr>
<tr>
<td>廉天解旬孤
貞魁神空辰
廟　廟陷平
2001年
喜神　　絕
亡神　83～92　庚
貫索　官祿宮　寅</td>
<td>封蜚
誥廉
病符　　胎
月煞　93～102　辛
喪門　田宅宮　丑</td>
<td>七地天咸陰
殺空空池煞
旺平陷陷
大耗　　養
咸池　103～112　庚
晦氣　福德宮　子</td>
<td>天天文鳳天年
梁輔昌閣巫解
陷不利旺　得
忌
伏兵　　長生
指背　113～122　己
歲建　父母宮　亥</td>
</tr>
</table>

星情直讀：2001 年

流年官祿宮紫微、天府星，照七殺、陰煞星，加會廉貞、紫微、擎羊、天相、地劫星；

流年福德宮破軍、天刑星；

流年田宅宮天同、截空星；

所以判斷：命主 2001 年會有破財、違法一類的事情。

事實上：命主 2001 年因為錢財坐牢，2002 年出獄。

例題 7

<table>
<tr>
<td>太鈴天天天截破
陽星刑福巫空碎
旺得陷旺　廟陷
權
身宮
將軍　　病
指背　103～112　癸
白虎　福德宮　巳</td>
<td>破天地紅八天天咸天
軍鉞劫鸞座貴廚池德
廟　廟旺旺廟　陷旺
小耗　　衰
咸池　93～102　甲
天德　田宅宮　午</td>
<td>天寡
機宿
陷不
青龍　　帝旺
月煞　83～92　乙
弔客　官祿宮　未</td>
<td>紫天陀三天
微府羅臺傷
旺得陷旺平
力士　　臨官
亡神　73～82　丙
病符　交友宮　申</td>
</tr>
<tr>
<td>武地解龍
曲空神德
廟陷廟
奏書　　死
天煞　113～122　壬
龍德　父母宮　辰</td>
<td colspan="2" rowspan="2">出生西曆：1981年10月18日14時0分，星期日.
出生農曆：辛酉年 九月 廿一日 未時.

乾造 辛　戊　己　辛 (日空戌、亥)
　　 酉　戌　巳　未

1命宮　2兄弟　3夫妻　4子女　5財帛　6疾厄
7遷移　8交友　9官祿　10田宅　11福德　12父母

甲干 廉貞-太陽　乙干 天機-太陰　丙干 天同-廉貞　丁干 太陰-巨門
戊干 貪狼-天機　己干 武曲-文曲
庚干 太陽-天同　辛干 巨門-文昌　壬干 天梁-武曲　癸干 破軍-貪狼</td>
<td>太祿天天封天
陰存姚官誥哭
旺廟廟平　不
博士　　冠帶
將星　63～72　丁
歲建　遷移宮　酉</td>
</tr>
<tr>
<td>天文天
同昌虛
平利廟
忌
飛廉　　墓
災煞　3～12　辛
歲破　命 宮　卯</td>
<td>貪擎火恩天天陰
狼羊星光使空煞
廟廟廟廟陷陷
官府　　沐浴
攀鞍　53～62　戊
晦氣　疾厄宮　戌</td>
</tr>
<tr>
<td>七右天天天大劫月
殺弼魁壽月耗煞德
廟旺　旺　陷
喜神　　絕
劫煞　13～22　庚
小耗　兄弟宮　寅</td>
<td>天龍鳳臺年華
梁池閣輔解蓋
旺平平　得陷
病符　　胎
華蓋　23～32　辛
官符　夫妻宮　丑</td>
<td>廉天左天天旬
貞相輔喜才空
平廟旺旺旺陷
2004年
大耗　　養
息神　33～42　庚
貫索　子女宮　子</td>
<td>巨文天孤蜚
門曲馬辰廉
旺旺平陷
祿 科
伏兵　　長生
歲驛　43～52　己
喪門　財帛宮　亥</td>
</tr>
</table>

星情直讀： 2004 年

流年官祿宮武曲、地空、截空星，照貪狼化祿、擎羊、火星、陰煞星，加會廉貞、天相星；

流年福德宮七殺、右弼化科，加會破軍、地劫星；

流年田宅宮天同、文昌化忌、照太陰化權、祿存星；

所以判斷：命主 2004 年會有破財、傷災或者牢獄之苦。

事實上：命主 2004 年因為錢財坐牢三年。

例題 8

<table>
<tr>
<td>太祿鈴天破
陰存星壽碎
陷廟得平陷
權
臨官
博士
亡神 106～115 丁
病符 夫妻宮 巳</td>
<td>貪文擎天
狼曲羊廚
旺陷陷
祿
帝旺
力士
將星 116～125 戊
歲建 兄弟宮 午</td>
<td>天巨天三八天天
同門鉞臺座月空
不不旺廟平　陷
衰
青龍
攀鞍 6～15 己
晦氣 命 宮 未</td>
<td>武天文天天臺孤
曲相昌馬姚輔辰
得廟得旺陷　平
病
小耗
歲驛 16～25 庚
喪門 父母宮 申</td>
</tr>
<tr>
<td>廉天陀天鳳封寡年
貞府羅刑閣誥宿解
利廟廟平陷　陷廟
冠帶
官府
月煞 96～105 丙
弔客 子女宮 辰</td>
<td colspan="2" rowspan="2">出生西曆：1978年9月11日4時0分，星期一.
出生農曆：戊午年 八月 初九日 寅時.

乾造 戊　辛　丙　庚 (日空申、酉)
　　 午　酉　子　寅

1命宮 2兄弟 3夫妻 4子女 5財帛 6疾厄
7遷移 8交友 9官祿 10田宅 11福德 12父母

甲干 廉貞-太陽 乙干 天機-太陰 丙干 天同-廉貞 丁干 太陰-巨門
戊干 貪狼-天機 己干 武曲-文曲
庚干 太陽-天同 辛干 巨門-文昌 壬干 天梁-武曲 癸干 破軍-貪狼</td>
<td>太天地紅
陽梁空鸞
平得廟旺
死
將軍
息神 26～35 辛
貫索 福德宮 酉</td>
</tr>
<tr>
<td>右火天恩天天咸天
弼星喜光官福池德
陷利旺廟旺平平平
科
沐浴
伏兵
咸池 86～95 乙
天德 財帛宮 卯</td>
<td>七龍華
殺池蓋
廟陷平
墓
奏書
華蓋 36～45 壬
官符 田宅宮 戌</td>
</tr>
<tr>
<td>破天解蜚
軍使神廉
得平廟
長生
大耗
指背 76～85 甲
白虎 疾厄宮 寅</td>
<td>天地天天大龍
魁劫貴才耗德
旺陷旺平平
2000年 養
病符
天煞 66～75 乙
龍德 遷移宮 丑</td>
<td>紫天截旬天天陰
微傷空空哭虛煞
平陷陷陷平陷
胎
喜神
災煞 56～65 甲
歲破 交友宮 子</td>
<td>天左天劫月
機輔巫煞德
平不
忌
身宮
絕
飛廉
劫煞 46～55 癸
小耗 官祿宮 亥</td>
</tr>
</table>

星情直讀：2000 年

流年官祿宮太陰化權、祿存、鈴星；

流年福德宮火星，照天梁、地空星；

流年田宅宮廉貞、天刑、天府、陀羅星，照七殺星；

所以判斷：命主 2000 年會有破財、犯法的事情。

事實上：命主 2000 年因竊盜犯罪，判三年。

例題 9

<table>
<tr>
<td>武破祿鈴天天天破
曲軍存星官傷巫碎
平平廟得旺平　陷
博士
亡神　55～64　絕
病符　交友宮　癸巳</td>
<td>太文擎天
陽曲羊才
旺陷陷旺
力士
將星　65～74　胎
歲建　遷移宮　甲午</td>
<td>天三八天天
府臺座使空
廟廟平平陷
青龍
攀鞍　75～84　養
晦氣　疾厄宮　乙未</td>
<td>天太文天天臺解孤
機陰昌馬貴輔神辰
得利得旺陷　不平
權　科
小耗
歲驛　85～94　長生
喪門　財帛宮　丙申</td>
</tr>
<tr>
<td>天左陀鳳封截寡年
同輔羅閣誥空宿解
平廟廟陷　陷陷廟
祿　身宮
官府
月煞　45～54　墓
弔客　官祿宮　壬辰</td>
<td colspan="2" rowspan="2">出生西曆：1966年2月17日4時0分，星期四.
出生農曆：丙午年 正月 廿八日 寅時.

乾造 丙　庚　丁　壬 (日空寅、卯)
　　 午　寅　未　寅

1命宮　2兄弟　3夫妻　4子女　5財帛　6疾厄
7遷移　8交友　9官祿　10田宅　11福德　12父母

甲干 廉貞-太陽　乙干 天機-太陰　丙干 天同-廉貞　丁干 太陰-巨門
戊干 貪狼-天機　己干 武曲-文曲
庚干 太陽-天同　辛干 巨門-文昌　壬干 天梁-武曲　癸干 破軍-貪狼</td>
<td>紫貪天地紅天
微狼鉞空鸞刑
旺利廟廟旺廟
將軍
息神　95～104　沐浴
貫索　子女宮　丁酉</td>
</tr>
<tr>
<td>火天咸天
星喜池德
利旺平平
1993年
伏兵
咸池　35～44　死
天德　田宅宮　辛卯</td>
<td>巨右恩龍天天華
門弼光池壽月蓋
陷廟廟陷廟　平
奏書
華蓋　105～114　冠帶
官符　夫妻宮　戊戌</td>
</tr>
<tr>
<td>旬蜚陰
空廉煞
陷
大耗
指背　25～34　病
白虎　福德宮　庚寅</td>
<td>廉七地天大龍
貞殺劫姚耗德
利廟陷平平
忌
病符
天煞　15～24　衰
龍德　父母宮　辛丑</td>
<td>天天天天天
梁福廚哭虛
廟平　平陷
喜神
災煞　5～14　帝旺
歲破　命 宮　庚子</td>
<td>天天劫月
相魁煞德
得旺
飛廉
劫煞　115～124　臨官
小耗　兄弟宮　己亥</td>
</tr>
</table>

星情直讀： 1993 年

流年官祿宮天府星，照廉貞化忌、七殺、地劫星；

流年田宅宮太陽、文曲化忌，照天梁化科；

流年福德宮武曲、祿存、破軍、天傷、截空星；

所以判斷：命主 1993 年容易發生破財、違法、免職等事情。

事實上：命主 1993 年因為經濟犯罪，判處五年有期徒刑。

例題 10

<table>
<tr>
<td>廉貪天臺天破
貞狼使輔廚碎
陷陷平　　陷
祿
2013年 臨官
小耗
亡神 76～85 己
病符 疾厄宮 巳</td>
<td>巨
門
旺
帝旺
將軍
將星 86～95 庚
歲建 財帛宮 午</td>
<td>天天天天天
相鉞官月空
得旺廟　陷
衰
奏書
攀鞍 96～105 辛
晦氣 子女宮 未</td>
<td>天天天天截孤
同梁馬姚空辰
旺陷旺陷廟平
身宮
病
飛廉
歲驛 106～115 壬
喪門 夫妻宮 申</td>
</tr>
<tr>
<td>太天天鳳天旬寡年
陰刑貴閣才空宿解
陷平旺陷陷陷陷廟
冠帶
青龍
月煞 66～75 戊
弔客 遷移宮 辰</td>
<td colspan="2" rowspan="2">出生西曆：1954年9月11日21時23分，星期六。
出生農曆：甲午年 八月 十五日 亥時.

乾造 甲 癸 庚 丁 (日空戌、亥)
　　 午 酉 午 亥

1命宮 2兄弟 3夫妻 4子女 5財帛 6疾厄
7遷移 8交友 9官祿 10田宅 11福德 12父母

甲干 廉貞-太陽 乙干 天機-太陰 丙干 天同-廉貞 丁干 太陰-巨門
戊干 貪狼-天機 己干 武曲-文曲
庚干 太陽-天同 辛干 巨門-文昌 壬干 天梁-武曲 癸干 破軍-貪狼</td>
<td>武七紅天
曲殺鸞福
利旺旺廟
科
死
喜神
息神 116～125 癸
貫索 兄弟宮 酉</td>
</tr>
<tr>
<td>天右文擎天天咸天
府弼曲羊喜傷池德
得陷旺陷旺陷平平
沐浴
力士
咸池 56～65 丁
天德 交友宮 卯</td>
<td>太地龍華
陽劫池蓋
不平陷平
忌
墓
病符
華蓋 6～15 甲
官符 命 宮 戌</td>
</tr>
<tr>
<td>祿鈴天解蜚
存星壽神廉
廟廟旺廟
長生
博士
指背 46～55 丙
白虎 官祿宮 寅</td>
<td>紫破天陀三八封大龍
微軍魁羅臺座誥耗德
廟旺旺廟廟廟　平
權
養
官府
天煞 36～45 丁
龍德 田宅宮 丑</td>
<td>天火地恩天天陰
機星空光哭虛煞
廟陷平平平陷
胎
伏兵
災煞 26～35 丙
歲破 福德宮 子</td>
<td>左文天劫月
輔昌巫煞德
不利
絕
大耗
劫煞 16～25 乙
小耗 父母宮 亥</td>
</tr>
</table>

星情直讀：2013 年

流年官祿宮七殺、武曲、截空星，照天府、天傷、擎羊星；

流年田宅宮天同、天梁、截空星；

流年福德宮天相、天空星，照紫微、破軍化權祿、陀羅、封誥星；

所以：命主 2013 年因受賄罪等被判無期徒刑。

例題 11

<table>
<tr>
<td>天陀天八天天
梁羅馬座巫虛
得陷平廟　旺
科
絕
力士
歲驛 96～105 己
歲破 田宅宮 巳</td>
<td>七祿臺龍
殺存輔德
旺廟
墓
博士
息神 86～95 庚
龍德 官祿宮 午</td>
<td>擎天天華
羊傷哭蓋
廟陷平陷
死
官府
華蓋 76～85 辛
白虎 交友宮 未</td>
<td>廉天天解天劫天
貞鉞貴神廚煞德
廟廟陷不　　平
病
伏兵
劫煞 66～75 壬
天德 遷移宮 申</td>
</tr>
<tr>
<td>紫天左文紅旬大月
微相輔曲鸞空耗德
得得廟得廟陷平
忌
胎
青龍
攀鞍 106～115 戊
小耗 福德宮 辰</td>
<td colspan="2" rowspan="2">出生西曆：1959年2月25日0時23分，星期三.
出生農曆：己亥年 正月 十八日 子時.

乾造 己　丙　戊　壬 (日空申、酉)
　　 亥　寅　寅　子

1命宮 2兄弟 3夫妻 4子女 5財帛 6疾厄
7遷移 8交友 9官祿 10田宅 11福德 12父母

甲干 廉貞-太陽 乙干 天機-太陰 丙干 天同-廉貞 丁干 太陰-巨門
戊干 貪狼-天機 己干 武曲-文曲
庚干 太陽-天同 辛干 巨門-文昌 壬干 天梁-武曲 癸干 破軍-貪狼</td>
<td>火天三天天截破
星刑臺官使空碎
得廟廟平陷廟平
衰
大耗
災煞 56～65 癸
弔客 疾厄宮 酉</td>
</tr>
<tr>
<td>天巨龍
機門池
旺廟廟
2011年
養
小耗
將星 116～125 丁
官符 父母宮 卯</td>
<td>破右文鈴天天寡
軍弼昌星喜月宿
旺廟陷廟陷　陷
帝旺
病符
天煞 46～55 甲
病符 財帛宮 戌</td>
</tr>
<tr>
<td>貪恩天封孤陰
狼光福誥辰煞
平平旺　平
權
身宮
長生
將軍
亡神 6～15 丙
貫索 命 宮 寅</td>
<td>太太天天天蜚
陽陰姚才壽廉
不廟平平廟
沐浴
奏書
月煞 16～25 丁
喪門 兄弟宮 丑</td>
<td>武天天天咸
曲府魁空池
旺廟旺陷陷
祿
冠帶
飛廉
咸池 26～35 丙
晦氣 夫妻宮 子</td>
<td>天地地鳳年
同劫空閣解
廟　陷旺得
臨官
喜神
指背 36～45 乙
歲建 子女宮 亥</td>
</tr>
</table>

星情直讀：2011 年

流年命宮天機巨門化祿，加會天同星；

流年官祿宮擎羊、天傷、天哭星，合七殺星；

流年疾厄宮破軍、文昌化忌、鈴星、天月星，巨門化祿飛入；

流年田宅宮七殺祿存星，照武曲天府星；

所以判斷：命主 2011 年因為貪污受賄罪被判處死刑。

例題 12

<table>
<tr>
<td>右陀龍天天天
弼羅池壽使哭
平陷陷平平不
力士 絕
指背 56 ~ 65 己
官符 疾厄宮 巳</td>
<td>天祿天旬咸大月
機存姚空池耗德
廟廟平廟陷旺
博士 墓
咸池 46 ~ 55 庚
小耗 財帛宮 午</td>
<td>紫破擎鈴恩天天
微軍羊星光貴虛
廟旺廟利旺旺陷
官府 死
月煞 36 ~ 45 辛
歲破 子女宮 未</td>
<td>天地天天天龍
鉞劫喜巫廚德
廟廟旺
伏兵 病
亡神 26 ~ 35 壬
龍德 夫妻宮 申</td>
</tr>
<tr>
<td>太三陰
陽臺煞
旺廟
身宮
青龍 胎
天煞 66 ~ 75 戊
貫索 遷移宮 辰</td>
<td colspan="2" rowspan="2">出生西曆：1949年7月3日18時0分，星期日.
出生農曆：己丑年 六月 初八日 酉時.
乾造 己 庚 甲 癸 (日空辰、巳)
丑 午 午 酉
1命宮 2兄弟 3夫妻 4子女 5財帛 6疾厄
7遷移 8交友 9官祿 10田宅 11福德 12父母
甲干 廉貞-太陽 乙干 天機-太陰 丙干 天同-廉貞 丁干 太陰-巨門
戊干 貪狼-天機 己干 武曲-文曲
庚干 太陽-天同 辛干 巨門-文昌 壬干 天梁-武曲 癸干 破軍-貪狼</td>
<td>天左鳳天截蜚年
府輔閣官空廉解
旺陷廟平廟 旺
大耗 衰
將星 16 ~ 25 癸
白虎 兄弟宮 酉</td>
</tr>
<tr>
<td>武七天臺天
曲殺傷輔月
利旺陷
祿
小耗 養
災煞 76 ~ 85 丁
喪門 交友宮 卯</td>
<td>太八寡天
陰座宿德
旺平陷廟
病符 帝旺
攀鞍 6 ~ 15 甲
天德 命宮 戌</td>
</tr>
<tr>
<td>天天地紅天天天孤劫
同梁空鸞刑福空辰煞
利廟陷旺廟旺陷平
科
將軍 長生
劫煞 86 ~ 95 丙
晦氣 官祿宮 寅</td>
<td>天文文破華
相昌曲碎蓋
廟廟廟陷陷
忌
奏書 沐浴
華蓋 96 ~ 105 丁
歲建 田宅宮 丑</td>
<td>巨天火解
門魁星神
旺旺陷廟
飛廉 2013年 冠帶
息神 106 ~ 115 丙
病符 福德宮 子</td>
<td>廉貪天天封
貞狼馬才誥
陷陷平廟
權
喜神 臨官
歲驛 116 ~ 125 乙
弔客 父母宮 亥</td>
</tr>
</table>

星情直讀：2013 年

流年命宮巨門、火星；

流年官祿宮太陽、貫鎖星，合天府、截空、蜚廉星；

流年田宅宮武曲、七殺、天傷星；

流年福德宮天梁、天刑星，照地劫、截空星；

所以判斷：命主 2013 年因為貪汙受賄等被判處無期徒刑。

第十四節　流年疾病　例題

觀察宮：命宮、疾病宮、夫妻宮、兄弟宮。

觀察星：七殺、衰弱的廉貞、破軍、貪狼、天同、天梁、天相、擎羊、鈴星、化忌、陀羅、火星、天刑、紅鸞、破碎、天虛、天月、截空、天傷、天哭、天壽、天空、地空、旬空、陰煞、病符、白虎、息神。

紫微破軍擎羊。

天府天刑。

天相火星（廟旺）。

武曲化權七殺、武曲貪狼化祿。

巨門太陽、巨門天同。

天同太陰、天同紅鸞、天同天梁、天同天梁火星。

衰弱的天梁並祿存、天梁陰煞、天梁火星、太陰太陽天梁。

七殺鈴星、七殺廉貞。

太陽（較弱）天使。

破軍天刑天使。

貪狼擎羊。

天刑天壽、天月天壽文昌（較弱）、擎羊紅鸞、天魁亡神、火星天空地空。

條件：以上最少三個宮含有如上的星曜，星在宮或者在對宮，星廟旺。歲運或者歲命並臨。

疾病的經絡看五行，而星的五行太弱、太旺的就是病症所在的。

但是星曜五行的旺衰不同於命主八字中的五行情況，有很多時候是相反的，比如（利勢）廉貞化忌，這是因為八字中火太弱嗎？不是的，而是表示八字中火為忌神，注意這一點。

以下例題，所用到的流年的命宮，標註在大運起止數字之上，為了使圖片簡潔清晰，對於其他的宮位不一一標註，您在心裡逆數就可以了。

例題 1

<table>
<tr>
<td>紫七天天天封
微殺鉞馬福誥
旺平旺平旺

奏書 1997年 臨官
歲驛 116～125 丁
弔客 兄弟宮 巳</td>
<td>天
官
廟

飛廉 帝旺
息神 6～15 戊
病符 命 宮 午</td>
<td>文文天天華
昌曲壽月蓋
利旺旺 陷

喜神 衰
華蓋 16～25 己
歲建 父母宮 未</td>
<td>地紅天旬天孤劫
空鸞姚空空辰煞
廟廟陷廟旺平

病符 病
劫煞 26～35 庚
晦氣 福德宮 申</td>
</tr>
<tr>
<td>天天天寡天
機梁刑宿德
利廟平陷廟

將軍 冠帶
攀鞍 106～115 丙
天德 夫妻宮 辰</td>
<td colspan="2" rowspan="2">出生西曆：1943年9月28日6時10分，星期二。
出生農曆：癸未年 八月 廿九日 卯時.

坤造 癸 辛 己 丁 (日空午、未)
未 酉 丑 卯

1命宮 2兄弟 3夫妻 4子女 5財帛 6疾厄
7遷移 8交友 9官祿 10田宅 11福德 12父母

甲干 廉貞-太陽 乙干 天機-太陰 丙干 天同-廉貞 丁干 太陰-巨門
戊干 貪狼-天機 己干 武曲-文曲
庚干 太陽-天同 辛干 巨門-文昌 壬干 天梁-武曲 癸干 破軍-貪狼</td>
<td>廉破臺
貞軍輔
平陷
祿

大耗 死
災煞 36～45 辛
喪門 田宅宮 酉</td>
</tr>
<tr>
<td>天右天三鳳蜚年
相弼魁臺閣廉解
陷陷廟陷旺 廟

小耗 沐浴
將星 96～105 乙
白虎 子女宮 卯</td>
<td>恩天
光貴
廟旺

伏兵 墓
天煞 46～55 壬
貫索 官祿宮 戌</td>
</tr>
<tr>
<td>太巨地天解龍
陽門劫喜神德
旺廟平廟廟
權

青龍 長生
亡神 86～95 甲
龍德 財帛宮 寅</td>
<td>武貪擎鈴天天截天破
曲狼羊星才使空虛碎
廟廟廟得平陷不廟陷
忌

力士 養
月煞 76～85 乙
歲破 疾厄宮 丑</td>
<td>天太祿火咸陰大月
同陰存星池煞耗德
旺廟廟陷陷 旺
科 身宮

博士 胎
咸池 66～75 甲
小耗 遷移宮 子</td>
<td>天左陀八龍天天天天
府輔羅座池傷巫廚哭
得不陷廟旺旺 平

官府 絕
指背 56～65 癸
官符 交友宮 亥</td>
</tr>
</table>

星情直讀：1997 年

流年命宮紫微七殺星，合地空、天空、旬空星；

流年疾病宮太陰化祿、天同化權；流年夫妻宮天相陷落；

流年財帛宮擎羊、鈴星、武曲、貪狼星；

流年福德宮天月、天壽、文曲、文昌星；

所以判斷：命主 1997 年有嚴重病災，病灶所在為肝腎經絡。

事實上：命主 1997 年農曆九月肝癌去世。

例題 2

<table>
<tr>
<td>天文天破
機曲廚碎
平廟　陷

長生
大耗
亡神　34 ~ 43　己
病符　子女宮　巳</td>
<td>紫
微
廟

養
病符
將星　24 ~ 33　庚
歲建　夫妻宮　午</td>
<td>天天臺天天
鉞官輔月空
旺廟　　陷

胎
喜神
攀鞍　14 ~ 23　辛
晦氣　兄弟宮　未</td>
<td>破天天天截孤
軍馬姚貴空辰
得旺陷陷廟平
權

絕
飛廉
歲驛　4 ~ 13　壬
喪門　命 宮　申</td>
</tr>
<tr>
<td>七鈴天鳳天旬寡年
殺星刑閣壽空宿解
廟陷平陷廟陷陷廟

沐浴
伏兵
月煞　44 ~ 53　戊
弔客　財帛宮　辰</td>
<td colspan="2" rowspan="2">出生西曆：1954年9月25日2時0分，星期六。
出生農曆：甲午年 八月 廿九日 丑時.

坤造 甲　癸　甲　乙 (日空午、未)
　　午　酉　申　丑

1命宮 2兄弟 3夫妻 4子女 5財帛 6疾厄
7遷移 8交友 9官祿 10田宅 11福德 12父母

甲干 廉貞-太陽 乙干 天機-太陰 丙干 天同-廉貞 丁干 太陰-巨門
戊干 貪狼-天機 己干 武曲-文曲
庚干 太陽-天同 辛干 巨門-文昌 壬干 天梁-武曲 癸干 破軍-貪狼</td>
<td>文紅天
昌鸞福
廟旺廟

墓
奏書
息神　114 ~ 123　癸
貫索　父母宮　酉</td>
</tr>
<tr>
<td>太天右擎天三天封咸天
陽梁弼羊喜臺使誥池德
廟廟陷陷旺陷平　平平
忌

冠帶
官府
咸池　54 ~ 63　丁
天德　疾厄宮　卯</td>
<td>廉天地龍華
貞府空池蓋
利廟陷陷平
祿

身宮
死
將軍
華蓋　104 ~ 113　甲
官符　福德宮　戌</td>
</tr>
<tr>
<td>武天祿火天解蜚
曲相存星才神廉
得廟廟廟廟廟
科

2008年　臨官
博士
指背　64 ~ 73　丙
白虎　遷移宮　寅</td>
<td>天巨天陀天人龍
同門魁羅傷耗德
不不旺廟平平

帝旺
力士
天煞　74 ~ 83　丁
龍德　交友宮　丑</td>
<td>貪地恩天天陰
狼劫光哭虛煞
旺陷平平陷

衰
青龍
災煞　84 ~ 93　丙
歲破　官祿宮　子</td>
<td>太左八天劫月
陰輔座巫煞德
廟不廟

病
小耗
劫煞　94 ~ 103　乙
小耗　田宅宮　亥</td>
</tr>
</table>

星情直讀： 2008 年

流年命宮天相、火星；

流年疾病宮截空、紅鸞星，照太陽廟旺化忌、天梁星廟旺；

流年夫妻宮貪狼化祿、地劫、天哭、天虛星；

流年福德宮七殺、鈴星、天刑、天壽星；

所以判斷：命主 2008 年易有疾病，一般為出血、行動不便、心血管、心腦性質的疾病，比如中風、腦梗、心梗等。

事實上：命主 2008 年 4 月突然中風，十分嚴重。

例題 3

<table>
<tr>
<td>天天鈴紅天天大龍
同鉞星鸞姚巫耗德
廟旺得旺平　陷

飛廉　　　　　　絕
亡神　116～125　乙
龍德　父母宮　巳</td>
<td>武天右文天天陰
曲府弼曲壽福煞
旺旺旺陷平平
忌
奏書　　　　　　墓
將星　106～115　丙
白虎　福德宮　午</td>
<td>太太天寡天
陽陰月宿德
得不　不廟

將軍　　　　　　死
攀鞍　96～105　丁
天德　田宅宮　未</td>
<td>貪左文天臺天
狼輔昌馬輔哭
平平得旺　廟
科
身宮
小耗　　　　　　病
歲驛　86～95　戊
弔客　官祿宮　申</td>
</tr>
<tr>
<td>破封天
軍誥虛
旺　陷

喜神　　　　　　胎
月煞　6～15　甲
歲破　命宮　辰</td>
<td colspan="2" rowspan="2">出生西曆：1982年6月27日4時18分，星期日.
出生農曆：壬戌年 五月 初七日 寅時.

坤造 壬　丙　辛　庚 (日空申、酉)
　　 戌　午　巳　寅

1命宮　2兄弟　3夫妻　4子女　5財帛　6疾厄
7遷移　8交友　9官祿　10田宅　11福德　12父母

甲干 廉貞-太陽　乙干 天機-太陰　丙干 天同-廉貞　丁干 太陰-巨門
戊干 貪狼-天機　己干 武曲-文曲
庚干 太陽-天同　辛干 巨門-文昌　壬干 天梁-武曲　癸干 破軍-貪狼</td>
<td>天巨地天天
機門空傷廚
旺廟廟平

青龍　　　　　　衰
息神　76～85　己
病符　交友宮　酉</td>
</tr>
<tr>
<td>天火截咸月
魁星空池德
廟利平平

病符　　　　　　養
咸池　16～25　癸
小耗　兄弟宮　卯</td>
<td>紫天陀天華
微相羅官蓋
得得廟平平
權
力士　　　　　　帝旺
華蓋　66～75　庚
歲建　遷移宮　戌</td>
</tr>
<tr>
<td>廉三龍天
貞臺池才
廟平平廟

大耗　　　　　　長生
指背　26～35　壬
官符　夫妻宮　寅</td>
<td>地天恩破
劫刑光碎
陷陷廟陷

伏兵　　　　　　沐浴
天煞　36～45　癸
貫索　子女宮　丑</td>
<td>七擎八鳳解旬蜚年
殺羊座閣神空廉解
旺陷陷廟廟陷　廟

官府　2007年　冠帶
災煞　46～55　壬
喪門　財帛宮　子</td>
<td>天祿天天天天孤劫
梁存喜貴使空辰煞
陷廟旺平旺平陷
祿
博士　　　　　　臨官
劫煞　56～65　辛
晦氣　疾厄宮　亥</td>
</tr>
</table>

星情直讀： 2007 年

流年命宮七殺星，合地劫、擎羊星；

流年疾病宮太陰、太陽化忌、天月星；

流年夫妻宮紫微天相陀羅星，加會廉貞化祿，武曲化科天府星，照破軍化權；

所以判斷：命主 2007 年容易有疾病，多注意胸部、心、肺部位。

事實上：命主 2007 年被診斷為肺結核。

例題 4

<table>
<tr>
<td>天天紅天恩天天大龍
相鉞鸞姚光使巫耗德
得旺旺平平平　陷

長生
飛廉
亡神　54～63　乙
龍德　疾厄宮　巳</td>
<td>天右天陰
梁弼福煞
廟旺平
祿

養
奏書
將星　44～53　丙
白虎　財帛宮　午</td>
<td>廉七地天寡天
貞殺劫月宿德
利廟平　不廟

胎
將軍
攀鞍　34～43　丁
天德　子女宮　未</td>
<td>左天天天
輔馬才哭
平旺廟廟
科

2007年　絕
小耗
歲驛　24～33　戊
弔客　夫妻宮　申</td>
</tr>
<tr>
<td>巨天
門虛
陷陷

沐浴
喜神
月煞　64～73　甲
歲破　遷移宮　辰</td>
<td colspan="2" rowspan="2">出生西曆：1982年6月8日16時20分，星期二.
出生農曆：壬戌年 閏四月 十七日 申時.

坤造　壬　丙　壬　戊 (日空子、醜)
　　　戌　午　戌　申

1命宮　2兄弟　3夫妻　4子女　5財帛　6疾厄
7遷移　8交友　9官祿　10田宅　11福德　12父母

甲干　廉貞-太陽　乙干　天機-太陰　丙干　天同-廉貞　丁干　太陰-巨門
戊干　貪狼-天機　己干　武曲-文曲
庚干　太陽-天同　辛干　巨門-文昌　壬干　天梁-武曲　癸干　破軍-貪狼</td>
<td>火天
星廚
得

墓
青龍
息神　14～23　己
病符　兄弟宮　酉</td>
</tr>
<tr>
<td>紫貪天地天天截咸月
微狼魁空貴傷空池德
旺利廟平旺陷平平
權

冠帶
病符
咸池　74～83　癸
小耗　交友宮　卯</td>
<td>天陀天封華
同羅官誥蓋
平廟平　平

死
力士
華蓋　4～13　庚
歲建　命宮　戌</td>
</tr>
<tr>
<td>天太文八龍臺
機陰昌座池輔
得旺陷廟平
身宮

臨官
大耗
指背　84～93　壬
官符　官祿宮　寅</td>
<td>天天破
府刑碎
廟陷陷

帝旺
伏兵
天煞　94～103　癸
貫索　田宅宮　丑</td>
<td>太文擎三鳳天解旬蜚年
陽曲羊臺閣壽神空廉解
陷得陷平廟平廟陷　廟

衰
官府
災煞　104～113　壬
喪門　福德宮　子</td>
<td>武破祿鈴天天孤劫
曲軍存星喜空辰煞
平平廟利旺平陷
忌

病
博士
劫煞　114～123　辛
晦氣　父母宮　亥</td>
</tr>
</table>

星情直讀： 2007 年

流年疾病宮地空、截空、天傷、病符、貪狼化權、紫微星（較弱）；

流年兄弟宮七殺、地劫、天月星，照天府、天刑星；

流年夫妻宮天梁化科、白虎星；

所以判斷：命主 2007 年會有腹部、生殖系統手術。

事實上：命主 2007 年因為子宮肌瘤而動手術。

例題 5

<table>
<tr>
<td>太天天天三天天天
陰鉞馬姚臺福巫虛
陷旺平平平旺 旺
科
奏書 絕
歲驛 32~41 丁
歲破 田宅宮 巳</td>
<td>貪右文天封陰龍
狼弼昌官誥煞德
旺旺陷廟
忌
飛廉 胎
息神 42~51 戊
龍德 官祿宮 午</td>
<td>天巨地天天天華
同門空傷月哭蓋
不不平陷 平陷
權
喜神 養
華蓋 52~61 己
白虎 交友宮 未</td>
<td>武天左文劫天
曲相輔曲煞德
得廟平得 平
病符 長生
劫煞 62~71 庚
天德 遷移宮 申</td>
</tr>
<tr>
<td>廉天紅天大月
貞府鸞貴耗德
利廟廟旺平
將軍 墓
攀鞍 22~31 丙
小耗 福德宮 辰</td>
<td colspan="2" rowspan="2">出生西曆：1983年7月2日8時18分，星期六.
出生農曆：癸亥年 五月 廿二日 辰時.
坤造 癸 戊 辛 壬 (日空午、未)
亥 午 卯 辰
1命宮 2兄弟 3夫妻 4子女 5財帛 6疾厄
7遷移 8交友 9官祿 10田宅 11福德 12父母
甲干 廉貞-太陽 乙干 天機-太陰 丙干 天同-廉貞 丁干 太陰-巨門
戊干 貪狼-天機 己干 武曲-文曲
庚干 太陽-天同 辛干 巨門-文昌 壬干 天梁-武曲 癸干 破軍-貪狼</td>
<td>太天八天天破
陽梁座壽使碎
平得廟平陷平
大耗 沐浴
災煞 72~81 辛
弔客 疾厄宮 酉</td>
</tr>
<tr>
<td>天地龍
魁劫池
廟平廟
小耗 死
將星 12~21 乙
官符 父母宮 卯</td>
<td>七天臺寡
殺喜輔宿
廟陷 陷
身宮
伏兵 冠帶
天煞 82~91 壬
病符 財帛宮 戌</td>
</tr>
<tr>
<td>破鈴恩孤
軍星光辰
得廟平平
祿
2004年
青龍 病
亡神 2~11 甲
貫索 命 宮 寅</td>
<td>擎火天天截蜚
羊星刑才空廉
廟得陷平不
力士 衰
月煞 112~121 乙
喪門 兄弟宮 丑</td>
<td>紫祿解旬天咸
微存神空空池
平廟廟陷陷陷
博士 帝旺
咸池 102~111 甲
晦氣 夫妻宮 子</td>
<td>天陀鳳天年
機羅閣廚解
平陷旺 得
官府 臨官
指背 92~101 癸
歲建 子女宮 亥</td>
</tr>
</table>

星情直讀： 2004 年，命歲並臨，

流年命宮破軍、鈴星；流年疾病宮天梁（較弱）、太陽、天使星；

流年兄弟宮擎羊、火星、天刑、截空、旬空星；

流年夫妻宮旬空、截空、天空、紫微（平勢）；

所以判斷：命主 2004 年易有手術或者傷害，一般為結石或者腫瘤，發生在腦部或者內分泌方面、婦科等。

事實上：命主 2004 年因為卵巢腫瘤開刀，2005 年做完化療。

例題 6

<table>
<tr>
<td>天天破劫月
傷廚碎煞德
平　陷

小耗　　　　絕
劫煞　52～61　己
小耗　交友宮　巳</td>
<td>天臺解天天陰
機輔神哭虛煞
廟　廟陷平

將軍　　　　胎
災煞　62～71　庚
歲破　遷移宮　午</td>
<td>紫破天天天天大龍
微軍鉞刑官使耗德
廟旺旺陷廟平平
權
奏書　　　　養
天煞　72～81　辛
龍德　疾厄宮　未</td>
<td>恩截蜚
光空廉
平廟

飛廉　　　　長生
指背　82～91　壬
白虎　財帛宮　申</td>
</tr>
<tr>
<td>太文龍華
陽曲池蓋
旺得廟廟
忌
青龍　　　　墓
華蓋　42～51　戊
官符　官祿宮　辰</td>
<td colspan="2" rowspan="2">出生西曆：1984年12月4日0時23分，星期二.
出生農曆：甲子年 閏十月 十二日 子時.

乾造 甲　乙　壬　庚 (日空戌、亥)
　　 子　亥　申　子

1命宮　2兄弟　3夫妻　4子女　5財帛　6疾厄
7遷移　8交友　9官祿　10田宅　11福德　12父母

甲干 廉貞-太陽　乙干 天機-太陰　丙干 天同-廉貞　丁干 太陰-巨門
戊干 貪狼-天機　己干 武曲-文曲
庚干 太陽-天同　辛干 巨門-文昌　壬干 天梁-武曲　癸干 破軍-貪狼</td>
<td>天天天咸天
府喜福池德
旺廟廟平不

喜神　　　　沐浴
咸池　92～101　癸
天德　子女宮　酉</td>
</tr>
<tr>
<td>武七擎紅
曲殺羊鸞
利旺陷廟
科
1990年
力士　　　　死
息神　32～41　丁
貫索　田宅宮　卯</td>
<td>太文鈴鳳天旬寡年
陰昌星閣月空宿解
旺陷廟廟　陷陷廟

病符　　　　冠帶
月煞　102～111　甲
弔客　夫妻宮　戌</td>
</tr>
<tr>
<td>天天左祿火天天封天孤
同梁輔存星馬貴誥巫辰
利廟廟廟廟旺平　　平

博士　　　　病
歲驛　22～31　丙
喪門　福德宮　寅</td>
<td>天天陀三八天
相魁羅台座空
廟旺廟廟廟平

官府　　　　衰
攀鞍　12～21　丁
晦氣　父母宮　丑</td>
<td>巨右天天
門弼才壽
旺廟旺平
身宮
伏兵　　　　帝旺
將星　2～11　丙
歲建　命宮　子</td>
<td>廉貪地地天
貞狼劫空姚
陷陷　陷陷
祿
大耗　　　　臨官
亡神　112～121　乙
病符　兄弟宮　亥</td>
</tr>
</table>

星情直讀： 1990 年

流年命宮七殺、擎羊、紅鸞星；

流年疾病宮文昌、鈴星、太陰、鳳閣、天月、旬空星，照太陽化忌、文曲星；

流年兄弟宮天同、天梁、火星，加會天機星，照截空星；

流年夫妻宮陀羅、天相星，照紫微、破軍、天刑星；

所以判斷：命主 1990 年易有手術或者外傷，患病一般是口腔、聲道頭頸部位等。

事實上：命主 1990 年動扁桃腺手術。

例題 7

<table>
<tr>
<td>右鈴天破劫月
弼星傷碎煞德
平得平陷

小耗 絕
劫煞 76～85 辛
小耗 交友宮 巳</td>
<td>天地天三天天天
機劫姚臺福哭虛
廟廟平旺平陷平

青龍 墓
災煞 66～75 壬
歲破 遷移宮 午</td>
<td>紫破天陀天天截大龍
微軍鉞羅貴使空耗德
廟旺旺廟旺平廟平

力士 死
天煞 56～65 癸
龍德 疾厄宮 未</td>
<td>祿八天蜚
存座巫廉
廟廟

博士 病
指背 46～55 甲
白虎 財帛宮 申</td>
</tr>
<tr>
<td>太地龍旬陰華
陽空池空煞蓋
旺陷廟陷　廟
祿

將軍 胎
華蓋 86～95 庚
官符 官祿宮 辰</td>
<td colspan="2" rowspan="2">出生西曆：1960年7月15日14時0分，星期五。
出生農曆：庚子年 六月 廿二日 未時.

坤造 庚 癸 甲 辛 (日空寅、卯)
子 未 辰 未

1命宮 2兄弟 3夫妻 4子女 5財帛 6疾厄
7遷移 8交友 9官祿 10田宅 11福德 12父母

甲干 廉貞-太陽 乙干 天機-太陰 丙干 天同-廉貞 丁干 太陰-巨門
戊干 貪狼-天機 己干 武曲-文曲
庚干 太陽-天同 辛干 巨門-文昌 壬干 天梁-武曲 癸干 破軍-貪狼</td>
<td>天左擎火天封咸天
府輔羊星喜誥池德
旺陷陷得廟　平不

官府 衰
咸池 36～45 乙
天德 子女宮 酉</td>
</tr>
<tr>
<td>武七文紅天
曲殺昌鸞月
利旺利廟
權

奏書 養
息神 96～105 己
貫索 田宅宮 卯</td>
<td>太鳳寡年
陰閣宿解
旺廟陷廟
科

伏兵 2009年 帝旺
月煞 26～35 丙
弔客 夫妻宮 戌</td>
</tr>
<tr>
<td>天天天天天天孤
同梁馬刑壽廚辰
利廟旺廟旺　平
忌 身宮

飛廉 長生
歲驛 106～115 戊
喪門 福德宮 寅</td>
<td>天天臺天
相魁輔空
廟旺　平

喜神 沐浴
攀鞍 116～125 己
晦氣 父母宮 丑</td>
<td>巨天解
門才神
旺旺廟

病符 冠帶
將星 6～15 戊
歲建 命 宮 子</td>
<td>廉貪文恩天
貞狼曲光官
陷陷旺不旺

大耗 臨官
亡神 16～25 丁
病符 兄弟宮 亥</td>
</tr>
</table>

星情直讀：2009 年

流年命宮太陰、鳳閣星，照太陽、龍池星，加會天梁、天刑星，天機地、劫星；

流年疾病宮鈴星、旬空、天傷星；

流年兄弟宮天府、火星，照七殺星；

所以判斷：命主 2009 年容易患病，一般為生殖泌尿系統的疾病，慢性或者不太嚴重。但需要治療，打針或者動手術等。

事實上：命主 2009 年有糖尿病和高血壓。

例題 8

<table>
<tr>
<td>廉貪祿天天天天劫天
貞狼存姚官使巫煞德
陷陷廟平旺平　　旺
忌
博士　　　　　　病
劫煞　53～62　癸
天德　疾厄宮　巳</td>
<td>巨右擎鈴天陰
門弼羊星才煞
旺旺陷廟旺
官府　　　　　　衰
災煞　43～52　甲
弔客　財帛宮　午</td>
<td>天地紅天寡
相劫鸞月宿
得平陷　不
伏兵　　　　　　帝旺
天煞　33～42　乙
病符　子女宮　未</td>
<td>天天左
同梁輔
旺陷平
祿
大耗　　　　　　臨官
指背　23～32　丙
歲建　夫妻宮　申</td>
</tr>
<tr>
<td>太陀恩截旬蜚華
陰羅光空空廉蓋
陷廟廟陷陷　廟
2009年
力士　　　　　　死
華蓋　63～72　壬
白虎　遷移宮　辰</td>
<td colspan="2" rowspan="2">出生西曆：1956年7月6日16時0分，星期五.
出生農曆：丙申年 五月 廿八日 申時.

坤造 丙　甲　甲　壬 (口空中、酉)
　　 申　午　戌　申

1命宮　2兄弟　3夫妻　4子女　5財帛　6疾厄
7遷移　8交友　9官祿　10田宅　11福德　12父母

甲干 廉貞-太陽　乙干 天機-太陰　丙干 天同-廉貞　丁干 太陰-巨門
戊干 貪狼-天機　己干 武曲-文曲
庚干 太陽-天同　辛干 巨門-文昌　壬干 天梁-武曲　癸干 破軍-貪狼</td>
<td>武七天天咸破
曲殺鉞空池碎
利旺廟旺平平
病符　　　　　　冠帶
咸池　13～22　丁
晦氣　兄弟宮　酉</td>
</tr>
<tr>
<td>天地八天大龍
府空座傷耗德
得平平陷不
青龍　　　　　　墓
息神　73～82　辛
龍德　交友宮　卯</td>
<td>太火天封天
陽星壽誥哭
不廟廟　平
喜神　　　　　　沐浴
月煞　3～12　戊
喪門　命宮　戌</td>
</tr>
<tr>
<td>文天天鳳臺天年
昌馬貴閣輔虛解
陷旺平廟　旺廟
科　　　　　　身宮
小耗　　　　　　絕
歲驛　83～92　庚
歲破　官祿宮　寅</td>
<td>紫破天天月
微軍喜刑德
廟旺陷陷
將軍　　　　　　胎
攀鞍　93～102　辛
小耗　田宅宮　丑</td>
<td>天文龍天解天
機曲池福神廚
廟得旺平廟
權
奏書　　　　　　養
將星　103～112　庚
官符　福德宮　子</td>
<td>天三孤
魁臺辰
旺平陷
飛廉　　　　　　長生
亡神　113～122　己
貫索　父母宮　亥</td>
</tr>
</table>

星情直讀： 2009 年

流年命宮陀羅、太陰，旬空、截空星，照火星；

流年疾病宮天魁、亡神星；

流年兄弟宮地空、天傷星，照七殺、天空星；

流年夫妻宮文昌化科、天同化祿、天馬、天虛星；

所以判斷：命主 2009 年身體不好，易突發嚴重的神經、心理方面疾病

事實上：命主 2009 年患精神疾病，很嚴重。

例題 9

<table>
<tr>
<td>武破陀鈴天恩天孤蜚破
曲軍羅星馬光廚辰廉碎
平平陷得平平　陷　陷
官府　　　　　　病
歲驛　43～52　乙
喪門　官祿宮　巳</td>
<td>太祿地天天天
陽存劫喜壽傷
旺廟廟廟平陷
博士　　　　　　死
息神　53～62　丙
貫索　交友宮　午</td>
<td>天擎天龍鳳年華
府羊姚池閣解蓋
廟廟旺廟陷得陷
力士　　　　　　墓
華蓋　63～72　丁
官符　遷移宮　未</td>
<td>天太天大劫月
機陰使耗煞德
得利平陷
科 祿
青龍　　　　　　絕
劫煞　73～82　戊
小耗　疾厄宮　申</td>
</tr>
<tr>
<td>天右火地天天
同弼星空才空
平廟陷陷陷廟
權
伏兵　　　　　　衰
攀鞍　33～42　甲
晦氣　田宅宮　辰</td>
<td colspan="2" rowspan="2">出生西曆：1987年9月8日14時0分，星期二.
出生農曆：丁卯年 七月 十六日 未時.

坤造 丁　己　庚　癸 (日空子、醜)
　　 卯　酉　申　未

1命宮　2兄弟　3夫妻　4子女　5財帛　6疾厄
7遷移　8交友　9官祿　10田宅　11福德　12父母

甲干 廉貞-太陽　乙干 天機-太陰　丙干 天同-廉貞　丁干 太陰-巨門
戊干 貪狼-天機　己干 武曲-文曲
庚干 太陽-天同　辛干 巨門-文昌　壬干 天梁-武曲　癸干 破軍-貪狼</td>
<td>紫貪天封天
微狼鉞誥虛
旺利廟　旺
2008年
小耗　　　　　　胎
災煞　83～92　己
歲破　財帛宮　酉</td>
</tr>
<tr>
<td>文天天
昌刑哭
利廟廟
身宮
大耗　　　　　　帝旺
將星　23～32　癸
歲建　福德宮　卯</td>
<td>巨左旬龍
門輔空德
陷廟陷
忌
將軍　　　　　　養
天煞　93～102　庚
龍德　子女宮　戌</td>
</tr>
<tr>
<td>天解天截陰
官神巫空煞
平廟　陷
病符　　　　　　臨官
亡神　13～22　壬
病符　父母宮　寅</td>
<td>廉七三八天臺寡
貞殺臺座貴輔宿
利廟廟廟旺　平
喜神　　　　　　冠帶
月煞　3～12　癸
弔客　命 宮　丑</td>
<td>天紅咸天
梁鸞池德
廟廟陷廟
飛廉　　　　　　沐浴
咸池　113～122　壬
天德　兄弟宮　子</td>
<td>天文天天天
相曲魁福月
得旺旺廟
奏書　　　　　　長生
指背　103～112　辛
白虎　夫妻宮　亥</td>
</tr>
</table>

星情直讀： 2008 年

流年命宮貪狼、天鉞、天虛星，照天刑、天哭星；

流年疾病宮火星、地空、天空星；

流年兄弟宮天機化忌，天梁化祿飛入；

流年夫妻宮天府、擎羊，照七殺、廉貞星，文曲化忌飛入；

所以判斷： 命主 2008 年會有很苦惱的事情，外傷或者疾病，一般是皮膚或者腸胃方面的。

事實上： 命主 2008 年得的白癜風。後來去鄭州的一家醫院治好。

例題 10

<table>
<tr>
<td>左文祿三天天破
輔昌存臺使月碎
平廟廟平平　陷
臨官
博士
亡神　52 ~ 61　丁
病符　疾厄宮　巳</td>
<td>天擎火地天
機羊星空廚
廟陷廟廟
忌
冠帶
官府
將星　42 ~ 51　戊
歲建　財帛宮　午</td>
<td>紫破天封天
微軍鉞誥空
廟旺旺　陷
2011年　沐浴
伏兵
攀鞍　32 ~ 41　己
晦氣　子女宮　未</td>
<td>鈴天天解天孤
星馬貴神巫辰
陷旺陷不　平
身宮
長生
大耗
歲驛　22 ~ 31　庚
喪門　夫妻宮　申</td>
</tr>
<tr>
<td>太陀地恩鳳天寡年
陽羅劫光閣才宿解
旺廟陷廟陷陷陷廟
帝旺
力士
月煞　62 ~ 71　丙
弔客　遷移宮　辰</td>
<td colspan="2" rowspan="2">出生西曆：1978年3月21日10時0分，星期二.
出生農曆：戊午年 二月 十三日 巳時.

坤造 戊　乙　壬　乙 (日空申、酉)
　　 午　卯　午　巳

1命宮　2兄弟　3夫妻　4子女　5財帛　6疾厄
7遷移　8交友　9官祿　10田宅　11福德　12父母

甲干 廉貞-太陽　乙干 天機-太陰　丙干 天同-廉貞　丁干 太陰-巨門
戊干 貪狼-天機　己干 武曲-文曲
庚干 太陽-天同　辛干 巨門-文昌　壬干 天梁-武曲　癸干 破軍-貪狼</td>
<td>天右文紅八
府弼曲鸞座
旺陷廟旺廟
科
養
病符
息神　12 ~ 21　辛
貫索　兄弟宮　酉</td>
</tr>
<tr>
<td>武七天天天天咸天
曲殺喜官福傷池德
利旺旺旺平陷平平
衰
青龍
咸池　72 ~ 81　乙
天德　交友宮　卯</td>
<td>太天龍華
陰刑池蓋
旺廟陷平
權
胎
喜神
華蓋　2 ~ 11　工
官符　命 宮　戌</td>
</tr>
<tr>
<td>天天天天蜚
同梁姚壽廉
利廟旺旺
病
小耗
指背　82 ~ 91　甲
白虎　官祿宮　寅</td>
<td>天天大龍
相魁耗德
廟旺平
死
將星
天煞　92 ~ 101　乙
龍德　田宅宮　丑</td>
<td>巨截旬天天陰
門空空哭虛煞
旺陷陷平陷
墓
奏書
災煞　102 ~ 111　甲
歲破　福德宮　子</td>
<td>廉貪臺劫月
貞狼輔煞德
陷陷
祿
絕
飛廉
劫煞　112 ~ 121　癸
小耗　父母宮　亥</td>
</tr>
</table>

星情直讀：2011 年

流年疾病宮天梁，白虎星；

流年兄弟宮天機化忌、火星、地空，照巨門星；

流年夫妻宮文昌化忌，天月星；

所以判斷：命主 2011 年易患乳部或者眼睛、婦科等疾病。

事實上：命主 2011 年查出乳腺囊腫。

例題 11

天祿火八天封劫天 機存星座官誥煞德 平廟得廟旺　　旺 權 博士　　　　病 劫煞　93～102　癸 天德　田宅宮　巳	紫擎 微羊 廟陷 官府　　　　衰 災煞　83～92　甲 弔客　官祿宮　午	左右文文紅天寡 輔弼昌曲鸞傷宿 廟廟利旺陷陷不 科 伏兵　　　　帝旺 天煞　73～82　乙 病符　交友宮　未	破地恩天陰 軍空光貴煞 得廟平陷 身宮 大耗　　　　臨官 指背　63～72　丙 歲建　遷移宮　申
七陀天天截旬蜚華 殺羅姚壽空空廉蓋 廟廟陷廟陷陷　廟 力士　　　　死 華蓋　103～112　壬 白虎　福德宮　辰	出生西曆：1956年5月24日5時50分，星期四. 出生農曆：丙申年 四月 十五日 卯時. 坤造 丙　癸　辛　辛 (日空午、未) 　　 申　巳　卯　卯 1命宮 2兄弟 3夫妻 4子女 5財帛 6疾厄 7遷移 8交友 9官祿 10田宅 11福德 12父母 甲干 廉貞-太陽 乙干 天機-太陰 丙干 天同-廉貞 丁干 太陰-巨門 戊干 貪狼-天機 己干 武曲-文曲 庚干 太陽-天同 辛干 巨門-文昌 壬干 天梁-武曲 癸干 破軍-貪狼		天三天臺天咸破 鉞臺使輔空池碎 廟廟陷　旺平平 病符　　　　冠帶 咸池　53～62　丁 晦氣　疾厄宮　酉
太天大龍 陽梁耗德 廟廟不 青龍　　　　墓 息神　113～122　辛 龍德　父母宮　卯			廉天天解天 貞府才神哭 利廟陷廟平 忌 喜神　2011年　沐浴 月煞　43～52　戊 喪門　財帛宮　戌
武天地天鳳天天年 曲相劫馬閣月虛解 得廟平旺廟　旺廟 小耗　　　　絕 歲驛　3～12　庚 歲破　命 宮　寅	天巨鈴天月 同門星喜德 不不得陷 祿 將軍　　　　胎 攀鞍　13～22　辛 小耗　兄弟宮　丑	貪天龍天天 狼刑池福廚 旺平旺平 奏書　　　　養 將星　23～32　庚 官符　夫妻宮　子	太天天孤 陰魁巫辰 廟旺　陷 飛廉　　　　長生 亡神　33～42　己 貫索　子女宮　亥

星情直讀：2011 年

流年命宮，照七殺、陀羅星；

流年疾病宮天機（不旺）、火星、截空、旬空星，照天機化權；

流年夫妻宮破軍、天空星；

所以判斷：命主 2011 年會有是非糾纏或者慢性疾病，疾患一般為寒、濕、痰、膿或者肛腸、呼吸系統的。

事實上：命主 2011 年哮喘病發作，非常厲害，吃了很多藥，效果都不好。

例題 12

<table>
<tr>
<td>廉貪天紅天封大龍
貞狼鉞鸞壽誥耗德
陷陷旺旺平　陷

飛廉　病
亡神　83～92　乙
龍德　官祿宮　巳</td>
<td>巨左鈴天天
門輔星福傷
旺旺廟平陷
科

奏書　衰
將星　73～82　丙
白虎　交友宮　午</td>
<td>天文文三八恩天寡天
相昌曲臺座光貴宿德
得利旺廟平旺旺不廟
身宮

將軍　帝旺
攀鞍　63～72　丁
天德　遷移宮　未</td>
<td>天天右地天天天
同梁弼空馬使哭
旺陷不廟旺平廟
祿

小耗　臨官
歲驛　53～62　戊
弔客　疾厄宮　申</td>
</tr>
<tr>
<td>太火天天
陰星月虛
陷陷　陷

2011年
喜神　死
月煞　93～102　甲
歲破　田宅宮　辰</td>
<td colspan="2" rowspan="2">出生西曆：1982年3月26日5時26分，星期五.
出生農曆：壬戌年 三月 初二日 卯時.

坤造 壬　癸　戊　乙 (日空寅、卯)
　　 戌　卯　申　卯

1命宮 2兄弟 3夫妻 4子女 5財帛 6疾厄
7遷移 8交友 9官祿 10田宅 11福德 12父母

甲干 廉貞-太陽 乙干 天機-太陰 丙干 天同-廉貞 丁干 太陰-巨門
戊干 貪狼-天機 己干 武曲-文曲
庚干 太陽-天同 辛干 巨門-文昌 壬干 天梁-武曲 癸干 破軍-貪狼</td>
<td>武七臺天
曲殺輔廚
利旺
忌

青龍　冠帶
息神　43～52　己
病符　財帛宮　酉</td>
</tr>
<tr>
<td>天天天截咸月
府魁姚空池德
得廟廟平平

病符　墓
咸池　103～112　癸
小耗　福德宮　卯</td>
<td>太陀天解陰華
陽羅官神煞蓋
不廟平廟　平

力士　沐浴
華蓋　33～42　庚
歲破　子女宮　戌</td>
</tr>
<tr>
<td>地龍天
劫池巫
平平

大耗　絕
指背　113～122　壬
官符　父母宮　寅</td>
<td>紫破破
微軍碎
廟旺陷
權

伏兵　胎
天煞　3～12　癸
貫索　命　宮　丑</td>
<td>天擎鳳旬蜚年
機羊閣空廉解
廟陷廟陷　廟

官府　養
災煞　13～22　壬
喪門　兄弟宮　子</td>
<td>祿天天天天孤劫
存喜刑才空辰煞
廟旺陷廟平陷

博士　長生
劫煞　23～32　辛
晦氣　夫妻宮　亥</td>
</tr>
</table>

星情直讀：2011 年

流年命宮火星、天月、天虛星，照陀羅星；

流年疾病宮天刑、天喜、天空星；

流年兄弟宮天府、天姚、截空星，照武曲化忌、七殺星；

流年夫妻宮地劫、截空星，照天同、地空、天哭星；

所以判斷：命主 2011 年容易懷孕，但是過程不順利，注意保胎。

事實上：命主 2011 懷孕，但產檢結果胎死腹中。

寫在後面的話

學習紫微斗數，它遵守學習其他知識的一般規律，那就是：學習理論加上練習與實戰。同時，還要明白「功夫在詩外」的道理，那就是：想有更大突破——

1、必須學習天文學。

2、必須多接觸現代前沿科技。

3、必須學習佛學。

如果有一天，你認真讀了本書的前言和後語，我想，你會有另外一種的收穫。以此共勉吧！

有預測需求的朋友，可以透過下面方式聯繫到我：

QQ：1801021569

電話：0086-19929203989

郵箱：sanheshanren@188.com

業務範圍：

擇吉日（公司開業、結婚等）

取名字（人名、公司名、店鋪名）

合婚（男女合婚）

預測（財運、官運、婚姻等）

國家圖書館出版品預行編目資料

學會紫微斗數，就看這一本 / 三禾山人著.
－－第一版－－臺北市：知青頻道出版；
紅螞蟻圖書發行，2020.11
面　　公分－－(Quick；169)
ISBN 978-986-488-211-3（平裝）

1.紫微斗數

293.11　　109014695

Easy Quick 169

學會紫微斗數，就看這一本

作　　者／三禾山人
發 行 人／賴秀珍
總 編 輯／何南輝
校　　對／周英嬌、三禾山人
美術構成／沙海潛行
封面設計／引子設計
出　　版／知青頻道出版有限公司
發　　行／紅螞蟻圖書有限公司
地　　址／台北市內湖區舊宗路二段121巷19號(紅螞蟻資訊大樓)
網　　站／www.e-redant.com
郵撥帳號／1604621-1　紅螞蟻圖書有限公司
電　　話／(02)2795-3656（代表號）
傳　　真／(02)2795-4100
登 記 證／局版北市業字第796號
法律顧問／許晏賓律師
印 刷 廠／卡樂彩色製版印刷有限公司
出版日期／2020年 11月　第一版第一刷

定價 320 元　港幣 107 元

ISBN 978-986-488-211-3　　Printed in Taiwan